AF311856

PETITES LEÇONS

SUR LES

PRINCIPALES INVENTIONS

INDUSTRIELLES

ET LES

PRINCIPALES INDUSTRIES

LIVRE DE LECTURE COURANTE A L'USAGE DE TOUTES LES ÉCOLES

IMPRIMÉ EN GROS CARACTÈRES

et orné de nombreuses figures intercalées dans le texte

PAR

P. MAIGNE

AUTEUR DE L'HISTOIRE DE L'INDUSTRIE, DU DICTIONNAIRE
DES INVENTIONS ET DÉCOUVERTES, DES ARTS ET MANUFACTURES, ETC.

PARIS

LIBRAIRIE CLASSIQUE D'EUGÈNE BELIN

RUE DE VAUGIRARD, N° 52

—

1879

SAINT-CLOUD. — IMPRIMERIE DE Mme V^e EUG. BELIN.

PRÉFACE

———

Notre *Histoire de l'Industrie* et nos *Arts et Manufactures* ne s'adressant qu'aux élèves de l'Enseignement spécial, à ceux des Écoles normales et, en général, aux personnes déjà pourvues d'une certaine instruction, il nous a semblé qu'un résumé, à la fois simple et substantiel, des parties principales de ces deux ouvrages, pourrait ne pas être sans utilité pour les enfants des Écoles primaires. C'est ce résumé que nous publions sous le titre de *Petites leçons sur les principales Inventions industrielles et les principales Industries*. Il est particulièrement destiné à servir de livre de lecture. Aussi l'avons-nous divisé en chapitres ou leçons d'une étendue restreinte et en rapport avec les forces de ceux à qui nous l'adressons. Toutefois, rien n'empêche d'y trouver, notamment dans les parties essentiellement historiques, de nombreux sujets de dictées ou d'exercices de rédaction.

Les *Petites leçons* comprennent cent quarante-quatre parties. Elles commencent par quelques considérations sur la *chasse*, la *pêche*, la *vie pastorale* et l'*agriculture*, les premières industries que l'homme ait connues. Viennent ensuite des notions sur l'exploitation des *mines*, les *charbons*, le *gaz d'éclairage*, l'extraction et le travail des *métaux usuels*, l'*art du potier* et celui du *verrier*. Les *matières textiles* et les *peaux* des divers animaux ont aussi leur place, ainsi que les moyens de les approprier à nos besoins, y compris l'*art du fileur*, celui du *tisseur*, celui du *teinturier*, et les *industries du vêtement* (confection, chaussure, chapellerie, ganterie). Arrive ensuite le tour de la *boulangerie*, de la *boucherie*, de la *laiterie*, de la fabrication des *boissons fermentées*, etc., que suivent les diverses branches de travail qui s'occupent de la production du *papier*, des *livres* et des *estampes*. D'autres leçons sont consacrées à l'étude des *moteurs*, de la *navigation*, des *chemins de fer*, de la *poste*, de la *télégraphie*, de l'*aérostation*, des *travaux sous-marins*, de la *galvanoplastie*, de la *poudre à canon*, des *horloges* et des *montres*, des *plumes* et de l'*encre à écrire*, des *allumettes chimiques*. Enfin, la dernière a pour objet l'*utilisation des déchets*, matière absolument neuve dans les livres d'école, et à laquelle nous avons cru devoir donner une place, afin d'apprendre aux enfants que rien ne doit se perdre pour l'industrie, et comment les débris les plus infimes, les plus vils en apparence, peuvent devenir une source de profits entre les mains de ceux qui savent en tirer parti.

Comme on voit, nos *Petites leçons* sont bien remplies. Nous aurions pu leur donner une étendue plus considérable ; mais il faut une limite à tout. Dans tous les cas, les maîtres qui désireraient compléter, soit pour leur satisfaction personnelle, soit dans l'intérêt de leurs élèves, les matières que nous n'avons dû qu'effleurer, trouveront tous les détails dont ils pourront avoir besoin, dans les autres ouvrages que nous avons publiés et dont la réunion forme comme une petite bibliothèque technologique [1].

1. 1º *Lectures variées sur les sciences usuelles*, Paris, Belin, 1 vol. in-18, fig. — 2º *Histoire de l'Industrie*, Paris, Belin, 1 vol. in-18, fig. — *Arts et Manufactures*, Paris, même éd. 3 vol. in-18, fig. — 4º *Dictionnaire des inventions et découvertes*, Paris, Boyer, gros vol. in-18.

PETITES LEÇONS

SUR LES

PRINCIPALES INVENTIONS INDUSTRIELLES

ET LES

PRINCIPALES INDUSTRIES

INDUSTRIES PRIMITIVES

PREMIÈRE LEÇON

Quelles ont été les *premières industries* inventées[1]?

1. Les premiers habitants du globe ne vécurent que des produits spontanés du sol, en sorte que les fruits, les graines et les racines sauvages constituèrent d'abord leurs moyens d'existence. Mais les végétaux ne peuvent suffire longtemps à la nourriture de l'homme, dont l'organisation réclame impérieusement des substances animales. Entouré d'animaux, les uns inoffensifs, les autres plus ou moins dangereux, il fut bientôt obligé de lutter avec eux de force, d'agilité et de ruse ; poussé par la nécessité de vivre et de se défendre, il fabriqua des armes pour les détruire et des pièges pour les saisir. La **chasse** et la **pêche** furent ainsi ses premières industries.

2. A ce premier progrès en succéda bientôt un autre. Au lieu de tuer indistinctement tous les animaux, l'homme eut un jour l'idée d'en soumettre certaines espèces à son pouvoir, et de les élever pour se nourrir de leur lait et de leur chair, pour se couvrir de leurs dépouilles. De là l'origine de l'**industrie pastorale** ou de l'élevage du bétail. Le Chien sans doute subit le premier l'influence de l'homme, qui s'en servit ensuite, à titre d'auxiliaire, pour réduire à l'état domestique le Bœuf, le Mouton, la Chèvre, le Porc et le Cheval.

3. A mesure que les générations humaines se multi-

---

1. Pour les détails, voir ARTS ET MANUFACTURES, tom. I, première partie, chap. I, *la Pêche et ses produits;* chap. II, *la Chasse et ses produits;* et, même tome, toute la deuxième partie, *l'Agriculture.*

plièrent, les produits naturels du sol, réunis à ceux de la chasse, de la pêche et de l'industrie pastorale, finirent par ne plus suffire à leurs besoins. Tous les pays, en effet, ne fournissant pas, en plantes comestibles, en gibier, en poisson ou en pâturages, les quantités nécessaires à leurs habitants, ceux-ci eussent été condamnés à une existence précaire et misérable, si, mettant à profit les merveilleuses facultés dont Dieu l'a doté, l'homme n'avait découvert un moyen d'y suppléer. Au lieu donc de se borner comme précédemment à se servir des végétaux sauvages, il apprit à les multiplier par les semis, à les rendre meilleurs par des soins convenables, et il s'assura ainsi des récoltes abondantes et presque toujours certaines. Quand ce nouveau progrès fut réalisé, l'**agriculture** se trouva un fait accompli.

4. La Chasse, la Pêche, l'Education du bétail et l'Agriculture sont donc les plus anciennes industries que l'homme ait inventées. Les tribus sauvages de l'Océanie, de l'Amérique et de l'intérieur de l'Afrique ne connaissent encore que les deux premières. Rarement, sauf au centre de l'Asie, on rencontre des peuples qui soient exclusivement pasteurs. Partout ailleurs, c'est au travail de la terre, combiné avec une production animale convenable, qu'on s'adresse pour subvenir aux besoins alimentaires, et, en général, les nations qui ont le mieux réussi à multiplier et améliorer par la culture les végétaux comestibles, et qui, en même temps, prennent le plus de soin de s'en assurer des récoltes annuelles, sont celles qui ont atteint la supériorité sociale la plus élevée.

INDUSTRIE MINIÈRE

DEUXIÈME LEÇON

Ce qu'on entend par *richesses souterraines*, où elles se trouvent, et comment on se les procure[1].

1. Outre les substances que la surface du globe fournit à nos besoins, et dont nous devons la possession à

---

1. Pour les détails, voir ARTS ET MANUFACTURES, tom. I, cinquième partie, chap. I et II.

la Chasse, à la Pêche et à l'Agriculture, il y en a d'autres, non moins utiles, comme, la houille et les métaux, que la Providence a cachées sous nos pas, à différentes profondeurs, d'où nous ne pouvons les retirer qu'au moyen d'un travail très pénible et souvent mortel. Les matières ainsi soustraites à nos regards sont désignées sous le nom de *richesses souterraines*, et l'on appelle **mines** les lieux où elles se trouvent. On distingue ensuite ces dernières en *mines de fer, mines de cuivre, mines d'or, mines de sel, mines de houille*, etc., suivant la nature du produit qu'elles renferment.

2. Les substances qui constituent les mines ne se présentent pas sous la même forme. Tantôt elles sont en *couches*, c'est-à-dire ressemblent à des rubans gigantesques qui s'étendent horizontalement (*fig.* 1) ou bien s'inclinent ou se contournent dans tous les sens (*fig.* 2). Tantôt elles sont en *filons*, c'est-à-dire offrent l'aspect d'espèces

Fig. 1. — Couches horizontales.

de coins dont la pointe est dirigée vers la surface du sol. Tantôt encore, elles sont en masses isolées, qu'on nomme *amas*, quand elles ont des dimensions un peu considérables, et *rognons, nodules* ou *noyaux*, quand elles ont un petit volume et que, de plus, elles sont sensiblement arrondies. Dans tous les cas, il arrive quelquefois que les couches et les filons se montrent à la surface, tandis que les amas et les rognons sont toujours cachés dans le sol.

Fig. 2. — Couches inclinées.

3. C'est le plus souvent dans les pays montagneux, incultes, que l'on rencontre les mines. Aussi, leur exploitation, quand des obstacles trop considérables n'empêchent pas de l'entreprendre, procure-t-elle aux habitants le bien-être que la nature semblait leur avoir refusé. Remarquons, en passant, qu'en général, chez les

anciens, le travail des mines était regardé comme déshonorant et réservé presque exclusivement aux esclaves et aux criminels. Mieux avisés, les modernes l'ont élevé au rang que lui méritent son utilité et le dévouement qu'il exige, en sorte que la profession de mineur est aujourd'hui considérée comme une des plus nobles que les hommes de cœur puissent embrasser.

4. Comment découvre-t-on les mines ? Dans les pays qui ont déjà été exploités, les indices fournis par les traditions orales et les tas de déblais facilitent beaucoup les recherches. Les choses sont autrement difficiles dans ceux où il n'y a encore eu aucun travail de ce genre. La science donne bien quelques renseignements utiles, mais ils sont généralement très vagues. L'examen des fragments de roches qu'on rencontre dans le lit des torrents ou sur le flanc des montagnes, indique beaucoup mieux l'existence des *affleurements,* c'est-à-dire des endroits où les couches et les filons se montrent à la surface. En outre, le volume de ces fragments, comparé à leur dureté et à la pente du terrain, permet d'apprécier assez exactement la distance qui sépare le point où ils se trouvent de celui dont ils se sont détachés, et leur position relative montre en quelque sorte le chemin qu'il faut suivre pour rencontrer ce dernier. Enfin, une précaution qu'on ne doit jamais négliger, c'est d'interroger les bergers. Habitués par état à parcourir les montagnes, ces hommes en connaissent à fond les moindres particularités, et il est rare qu'ils ne puissent donner de précieuses indications. On leur doit la découverte des mines les plus importantes.

TROISIÈME LEÇON

Ce qu'on entend par *richesses souterraines,* où elles se trouvent, et comment on se les procure. (*Suite.*)

1. Une mine étant découverte, il s'agit de savoir si elle est assez *riche* pour être travaillée, c'est-à-dire si la matière utile qu'elle renferme est en quantité suffisante pour que le prix, provenant de sa vente, dépasse, dans une certaine mesure, la somme des dépenses occasion-

nées par son extraction. C'est que la richesse des mines varie à l'infini. Quelquefois même, elle est si petite, que la mine, en apparence la plus productive, serait-elle une mine d'or, ne pourrait qu'amener la ruine de celui qui aurait l'imprudence d'en entreprendre l'exploitation. Dans tous les cas, une mine, aussi riche qu'elle soit, ne saurait durer indéfiniment, car les substances qu'on en retire ne se reforment pas. Elle ne peut donc exister qu'une seule fois et, quand elle est épuisée, rien ne serait capable de la reconstituer.

2. Comment peut-on savoir si une mine est véritablement exploitable? il n'est possible d'acquérir cette connaissance qu'en étudiant avec soin le terrain sur une assez grande étendue et jusqu'à une profondeur assez considérable. Pour faire cette étude, tantôt il suffit d'enfoncer dans le sol, de distance en distance, une espèce de longue tarière, qu'on appelle *sonde,* et qui, chaque fois, rapporte des fragments des roches qu'elle a traversées. Tantôt, au contraire, on est obligé de creuser des puits, de la partie inférieure desquels on pousse des galeries dans le sens où se montrent les matières qu'on recherche. De quelque façon qu'on procède, on parvient ainsi à se former une idée à peu près exacte de la position, de l'épaisseur, de la longueur et de la direction des couches, des filons, ou des amas. Quant à la quantité de matière utile qu'on pourra extraire, on la connaît approximativement par l'analyse des échantillons qu'on s'est procurés, soit au moyen de la sonde, soit en perçant les puits et les galeries, mais rien n'est moins régulier que le rendement d'une mine.

3. La richesse d'une mine étant jugée suffisante, sa manière d'être bien connue, on s'occupe de l'exploitation proprement dite. Les travaux qu'on exécute pour cela consistent dans le percement de puits et de galeries (on utilise même, en les perfectionnant, ceux qui ont déjà servi pour les recherches), et l'on apporte les soins les plus minutieux à leur établissement, afin qu'ils soient en état de durer le plus longtemps possible, et qu'aucun éboulement ne puisse s'y produire. La disposition qu'on donne à ces ouvrages dépend d'une foule de circon-

stances. Néanmoins, on les conduit toujours de manière à dégager, sur plusieurs côtés, la masse à exploiter, et à faciliter la circulation de l'air, l'écoulement des eaux et le transport des produits. En général, on creuse plusieurs galeries horizontales, à différents niveaux, et on les recoupe par un ou plusieurs puits verticaux. On obtient ainsi un certain nombre de massifs qu'on attaque ensuite séparément, avec la poudre ou des outils de différentes formes, en ne laissant entre eux que la matière exploitable rigoureusement nécessaire pour soutenir les parties supérieures ; quelquefois cependant, on abat le tout, mais alors, à mesure qu'on avance, on étaie en arrière avec des pièces de bois (*fig.* 3).

Fig. 3. — Exploitation d'une mine de houille par la méthode dite *des gradins renversés ;* le puits de descente et d'extraction est à gauche, la galerie d'accès à la partie inférieure ; les ouvriers sont placés les uns sur les déblais, les autres sur des planchers mobiles ; dans le puits, la *benne* d'extraction suspendue à son câble.

4. C'est à la lueur de lampes qu'on abat la roche. Quand la matière est détachée, il faut la transporter au bas d'un des puits, d'où elle sera ensuite élevée au jour. Ce transport se fait de différentes manières. Dans les exploitations mal organisées, et il y en a encore beaucoup trop, ce sont des hommes, des femmes, quelquefois même des enfants, qui sont chargés de ce pénible travail : ils portent les produits dans un sac ou une hotte,

qu'ils maintiennent d'une main sur leurs épaules. Ailleurs, on fait usage de brouettes. Enfin, dans les mines d'une grande importance, on se sert de petites voitures que des hommes font glisser ou rouler sur le sol, ou bien de wagonnets que des chevaux traînent sur des chemins de fer. Arrivées au but de leur course, les matières sont jetées dans des tonneaux qu'on nomme *bennes* ou *cuffats*. Chacun de ces tonneaux est suspendu à une chaîne ou à un câble qui, passant sur une grande poulie fixée à une forte charpente, au-dessus de l'ouverture du puits, va s'enrouler sur un tambour cylindrique auquel un mouvement de rotation est communiqué par une machine à vapeur, un manège ou une roue hydraulique, et les choses sont disposées de telle sorte qu'une benne vide descend quand une benne pleine monte. Dans les mines de houille, afin d'éviter le transbordement du charbon, qui augmente beaucoup la proportion des menus fragments, on est presque partout dans l'usage, depuis plusieurs années, d'accrocher au câble les wagonnets et les autres appareils qui ont servi au transport souterrain. Seulement, tantôt on les y attache directement ; tantôt, au contraire, on les place dans une espèce de cage en charpente qui peut en recevoir plusieurs, et qui glisse sur deux fortes tiges de bois disposées de chaque côté, sur toute la hauteur du puits.

5. Les mines ont généralement plusieurs centaines de mètres de profondeur. Pour y descendre ou en remonter, on a recours à trois moyens fort différents. Le plus souvent, on se place dans les bennes ou dans les cages qui servent à monter les matières. D'autres fois, on emploie des échelles disposées les unes au-dessus des autres et séparées par des paliers de repos. D'autres fois encore, on fait usage d'une *warocquère* [1] : on appelle ainsi une espèce d'escalier mobile consistant en deux tiges de bois qui, munies de petits paliers, s'élèvent en face l'une de l'autre depuis le bas du puits jusqu'à son ouverture. Ces tiges sont suspendues aux extrémités d'un balancier

---

1. Du nom de M. Warocqué, ingénieur belge, qui a beaucoup contribué à en répandre l'usage. En France, on les appelle le plus souvent *échelles mobiles* ou *machines à monter*.

mû par une machine à vapeur, en sorte que lorsque celle-ci fonctionne, elles s'élèvent et descendent alternativement. Les petits paliers viennent ainsi vous chercher l'un après l'autre et, à chaque mouvement, vous enfoncent dans le sein de la terre avec une vitesse d'environ trente à quarante mètres par minute, sans que vous ayez autre chose à faire qu'à passer, au moment convenable, du palier ascendant sur le palier descendant.

QUATRIÈME LEÇON

Ce qu'on entend par *richesses souterraines*, où elles se trouvent et comment on se les procure. (*Suite.*)

1. On conçoit que l'exploitation souterraine fait une nécessité de l'éclairage ; mais de cette circonstance naît un grave danger dans beaucoup de mines, particulièrement dans celles de houille. Dans ces dernières, en effet il se dégage souvent un gaz particulier qu'on appelle communément *grisou,* et qui, en s'unissant à l'air atmosphérique, en certaines proportions, forme des mélanges détonants capables de prendre feu au contact de la moindre flamme. Quand une pareille inflammation a lieu, il se produit une explosion d'une extrême violence, qui tue les hommes, renverse et incendie les boisages, bouleverse les travaux (*fig.* 4). Pour prévenir des accidents si redoutables, on a imaginé des lampes spéciales, dites **lampes de sûreté,** dont la mèche est entourée d'une toile métallique très fine. Cette enveloppe possède la propriété de ne pas laisser passer la flamme à travers ses mailles, de telle sorte que si l'on porte la lampe dans une atmosphère détonante, le gaz, entrant dans l'intérieur de l'appareil, pourra bien s'allumer, mais l'inflammation ne se communiquera pas au dehors et, par suite, il n'y aura point d'explosion. Ces lampes sont d'origine anglaise ; les deux premières qui aient pu servir d'une manière courante, ont été inventées en 1815, à quelques jours d'intervalle, l'une à Killingworth, par un simple ouvrier mineur, appelé George Stephenson, l'autre à Londres, par le célèbre chimiste Humphry Davy. Toutefois, malgré leur nom et les perfectionnements sans

nombre dont on les a dotées, surtout depuis une vingtaine d'années, elles sont loin d'être absolument sûres,

Fig. 4. — Explosion de grisou.

comme le prouvent les coups de grisou qui viennent,
de temps en temps faire tant de victimes. Le problème
n'est donc pas encore entièrement résolu.

2. Ce n'est pas tout que de pourvoir à l'éclairage
des mines ; il faut encore y entretenir une bonne ven-
tilation, car, indépendamment de la viciation de l'air
par la respiration des hommes, la combustion des
lampes et les explosions de la poudre, l'extraction des
richesses souterraines donne lieu à des dégagements de
gaz nuisibles qui, en s'accumulant dans les galeries, ne
tarderaient pas à en rendre le séjour impossible. Plusieurs moyens peuvent être employés pour atteindre ce
but. Quel que soit celui qu'on adopte, il doit toujours
être capable d'entraîner au dehors l'air devenu irrespi-
rable, à mesure qu'il se présente, et de le remplacer, en
même temps, par de l'air frais.

3. Le grisou et la viciation de l'air ne sont pas les seuls
dangers qui menacent la vie du mineur. Il y en a a
d'autres qui ne sont pas moins redoutables. Tantôt, c'est
un éboulement subit que la prudence la plus minutieuse
n'a pas permis d'éviter ; tantôt, c'est une nappe d'eau à
laquelle un coup de pic ouvre un passage et qui inonde

les travaux ; tantôt encore, c'est une mine qui éclate au moment où l'on s'y attendait le moins. On peut dire que le mineur joue sa vie comme le soldat au feu. Lorsqu'il descend le matin à son poste, il ne sait pas s'il remontera. Pendant son dur travail, il affronte la mort sous toutes les formes, comme une conséquence de sa profession, sans avoir la conscience de ce que vaut ce perpétuel sacrifice. Un exemple, pris entre mille, donnera une idée du courage et de la trempe incomparables qui caractérisent la population des mines.

4. Le 28 février 1812 (la Belgique faisait alors partie de la France), dans une des houillères de Liège, une inondation subite surprit cent vingt-sept mineurs. Quelques-uns purent s'échapper à temps par le puits ; dix-neuf autres, dans leur précipitation à s'enfuir, se noyèrent ; le reste demeura prisonnier dans le haut de la galerie, qui, étant plus élevé que le reste, se trouvait à sec. Le maître-ouvrier, Hubert Goffin, aurait pu se sauver ; il ne le voulut point, et retint même son fils, un enfant de douze ans, auprès de lui. Comme le capitaine qui ne doit pas abandonner son navire au moment du péril, il entendit rester dans la mine. « Je sauverai tous mes hommes, dit-il, ou je mourrai avec eux. » Inébranlable à son poste, il encourageait, soutenait chacun, s'étudiait à relever le moral de ceux qui allaient succomber. Des scènes que la plume a peine à décrire eurent lieu. Deux ouvriers s'étaient pris de querelle, et comme Goffin essayait de les séparer : « Laissez-les se battre, dit quelqu'un, nous mangerons celui qui sera vaincu. » Une autre fois, le désespoir s'empare de tous ces hommes. Le travail que leur avait fait commencer Goffin pour trouver, s'il était possible, une issue au dehors, ayant amené des dégagements de grisou : « Ne fermez pas la communication, crièrent-ils à leur chef, portons-y les lampes et faisons-nous sauter. » Quelques mineurs épuisés semblaient près de mourir ; leurs camarades, comme ils l'avouèrent plus tard, guettaient l'instant pour se repaître de leurs cadavres.

5. Toutes les lampes s'étant éteintes faute d'air, les plus faibles, les plus peureux deviennent fous, se plai-

gnent de ce qu'on veut les faire mourir en les laissant
sans nourriture, sans lumière. Ils demandent impérieusement à manger et s'emportent contre Goffin. On se
dispute les chandelles, qu'on dévore. Quelques-uns, à tâ-
tons, vont étancher leur soif. « Il nous a semblé, dirent-
ils, que nous buvions le sang de nos camarades noyés. »
Cependant, on venait du dehors au secours des mineurs.
L'ingénieur, le préfet, dirigeaient avec ardeur les travaux de sauvetage. Après cinq jours d'efforts, on put rejoindre les prisonniers. Tous furent miraculeusement
sauvés, soixante-quatorze, y compris quinze enfants.
Goffin, poussant l'inflexibilité jusqu'au bout, sortit le
dernier. « Si j'avais abandonné mes hommes, je n'aurais
plus osé revoir le jour, » répondit-il à ceux qui lui de-
mandaient pourquoi il ne s'était pas sauvé tout d'abord
pour aller rejoindre sa femme et ses six enfants. En récompense de son admirable conduite, il obtint la croix
de la Légion d'honneur et une pension. Des récompenses
pécuniaires furent accordées à son fils et aux trois mineurs qui l'avaient le mieux secondé.

CINQUIÈME LEÇON

Notions sur le *sel*, son origine, ses usages[1].

1. Au premier rang des corps que nous trouvons dans
le sein ou à la surface du globe, se place incontestablement le **sel de cuisine** ou **sel commun**, qu'on appelle aussi tout simplement le *sel*, comme qui dirait la
matière saline par excellence. Quand rien n'altère sa
pureté, il est incolore et parfaitement limpide ; dans le
cas contraire, il a une teinte rouge, grise, jaune, bleue
ou verte. On le rencontre à l'état solide dans le sein de la
terre ou bien en dissolution dans les eaux de certains
lacs, de certaines sources et surtout de la mer.

2. On appelle *sel gemme* ou *sel en roche*, le sel qui
existe dans le sein de la terre. Il forme parfois des couches
ou amas d'une puissance très considérable. En Europe,

---

1. Pour les détails, voir ARTS ET MANUFACTURES, tom. 1, cinquième partie,
chap. III.

les mines les plus célèbres sont celles de Wieliczka et de
Bochnia, près de Cracovie, dans la Pologne autrichienne :
elles ont une longueur souterraine de plus de 100 myria-
mètres sur une largeur maximum de 20, et on les
exploite jusqu'à une profondeur de 300 mètres au-dessous de la surface du sol. En France, on ne connaît
guère que treize dépôts de sel gemme ; mais quelques-
uns seulement sont exploités. Les plus importants se
trouvent aux environs de Dieuze et de Vic, dans la vallée
de la Seille (Meurthe-et-Moselle).

3. Le sel gemme s'exploite de deux manières. Lorsqu'il
est pur et qu'il se présente en bancs d'une certaine épaisseur comme à Wieliczka, on l'extrait par les mêmes
procédés que la pierre à bâtir, en blocs plus ou moins
volumineux, qu'on pulvérise ensuite pour les livrer au
commerce. Quand il est disséminé dans les roches, on
introduit de l'eau douce dans la mine, puis on l'abandonne à elle-même. Cette eau dissout peu à peu le
sel, et lorsqu'elle en est suffisamment chargée, on la
retire, et on la chauffe dans de grandes chaudières, pour
la concentrer et en obtenir le produit solide.

4. Les *sources salées* doivent leur salure à ce que les
eaux qui les constituent circulent au milieu de bancs
de sel gemme situés dans l'intérieur du globe et souvent
à une très grande distance des lieux où elles se montrent
au jour. Elles sont très répandues en France et en Allemagne, mais elles ne sont pas toujours assez riches pour
qu'il y ait avantage à les exploiter. Quand elles contiennent beaucoup de sel, il suffit, pour en retirer ce dernier, de les faire évaporer dans des chaudières. Dans le
cas contraire, on est obligé de les soumettre à une concentration préliminaire qui a lieu en plein air, au moyen
d'appareils appelés *bâtiments de graduation*. Ces appareils sont des espèces de grands murs formés de fagots
d'épines, abrités par un toit et disposés au milieu d'un
bassin en maçonnerie. A l'aide d'une pompe, on élève
l'eau dans un canal supérieur, d'où elle tombe peu à peu
sur les fagots et se rend dans le bassin. On conçoit qu'en
effectuant ce voyage, elle s'évapore notablement, en
sorte qu'elle arrive au bas de la construction dans un

certain état de concentration. Enfin, quand, après avoir répété la même opération un certain nombre de fois, elle se trouve suffisamment évaporée, on achève de la concentrer dans des chaudières. Le sel ainsi produit est ordinairement assez pur, pour qu'on puisse le livrer immédiatement à la consommation. Autrement il faut le *raffiner,* en d'autres termes, le blanchir en le débarrassant des matières étrangères qui altèrent sa pureté.

SIXIÈME LEÇON

Notions sur le *sel,* son origine ses usages. (*Suite.*)

1. Le sel provenant de la mer est le *sel marin* proprement dit. Pour l'obtenir, on établit sur la plage une suite de bassins peu profonds, dont l'ensemble forme ce qu'on appelle un *marais salant* ou une *saline.* L'eau de mer, introduite dans ces bassins, passe successivement de l'un dans l'autre, en se concentrant peu à peu par l'action combinée des rayons solaires et des courants d'air, et elle circule ainsi jusqu'à ce qu'elle arrive dans les derniers, où elle abandonne son sel. Sauf un, qui est sur la Manche, tous les marais salants de notre pays sont situés sur l'Océan et la Méditerranée ; mais le travail n'est pas conduit dans tous de la même manière, ce qui produit une différence notable dans la qualité du sel. Ainsi, le sel des salines de la Méditerranée est généralement très pur, par conséquent d'une extrême blancheur. Au contraire, celui des marais de l'Océan est toujours d'une teinte grisâtre, parce qu'il contient des particules terreuses enlevées aux bassins. De là, le nom de *sel gris* sous lequel on le désigne dans le commerce ; on l'emploie souvent dans cet état, tandis que d'autres fois on n'en fait usage qu'après l'avoir blanchi.

2. Le sel a été employé de tout temps pour la nourriture des hommes et des animaux ; les uns et les autres en sentent même tellement l'impérieux besoin que, dans les pays où il manque, les premiers l'achètent au poids de l'or, et que les seconds, pour en trouver, parcourent souvent des distances énormes. De tout temps aussi, il a été utilisé pour la conservation de la viande et du pois-

son[1]. A ces applications, déjà si importantes, les modernes en ont ajouté une foule d'autres non moins utiles. Ainsi on a recours au sel pour fabriquer la soude artificielle[2], préparer le chlore[3], vernir des poteries, amender certaines terres, etc. De plus, en soumettant à des opérations convenables les eaux des marais salants, après qu'elles ont déposé le sel, on en extrait plusieurs substances dont les arts et la médecine tirent journellement parti.

INDUSTRIE DES CHARBONS

SEPTIÈME LEÇON

Charbons minéraux[4].

1. Les **charbons minéraux** ou **charbons naturels**[5], appelés aussi **charbons fossiles** ou **charbons de terre**, se trouvent tout faits dans le sein de la terre. Ils comprennent la *houille* proprement dite, l'*anthracite* et le *lignite*. Toutes ces matières ont la même origine. Elles proviennent des forêts gigantesques qui couvraient la surface du globe avant la création de l'homme, et dont les débris, accumulés et tassés sous les eaux, ont éprouvé une décomposition particulière à la suite de laquelle elles sont arrivées, avec le temps, à un état d'altération plus ou moins avancée, qui fait aujourd'hui leur différence. On suppose que le lignite est moins ancien que la houille, et que celle-ci s'est formée longtemps après l'anthracite. Partout où les charbons minéraux existent en abondance, leur extraction constitue une industrie de premier ordre et devient

1. Sur la conservation des substances alimentaires, voy. HISTOIRE DE L'INDUSTRIE, Première partie, chap. VI.

2. La **soude artificielle** est une des matières de la fabrication du **savon dur** ou savon de Marseille. L'art de la préparer a été inventé à la fin du siècle dernier, par le chimiste français Nicolas Leblanc.

3. On nomme **chlore** un corps simple qui possède des propriétés désinfectantes et décolorantes excessivement prononcées. On l'emploie, soit à l'état de pureté, soit uni à d'autres substances pour assainir les lieux malsains et blanchir les étoffes, ainsi que la pâte à papier.

4. Pour les détails, voir ARTS ET MANUFACTURES, tom. III, dixième partie.

5. On les appelle **charbons naturels** par opposition aux charbons de nature végétale ou animale, au coke, aux agglomérés et aux charbons moulés, qui sont qualifiés d'**artificiels**, parce qu'ils résultent du travail de l'homme.

une source de profits aussi bien pour ceux qui l'entre-
prennent que pour la population ordinaire du pays. Occupons-nous d'abord de la houille.

2. La **houille** proprement dite est le plus important
des combustibles minéraux, parce que, d'une part, elle
chauffe mieux, et que, d'autre part, les variétés nombreuses qu'elle renferme se prêtent à beaucoup plus
d'usages que les autres. Source principale de la chaleur,
elle rend aux arts et à l'économie domestique des services inappréciables ; elle est même tellement indispensable que, si elle venait à manquer, la plupart des
grandes industries s'en trouveraient mortellement frap-
pées. Voilà pourquoi les Anglais tiennent en si haute
estime leurs riches mines de houille, qu'ils appellent
les *Indes noires,* parce qu'ils en retirent autant de
richesses et de puissance que de leur immense empire
des Indes. Enfin, soumise à des opérations convenables, outre le *coke,* qu'on lui préfère pour certains
usages, elle nous donne le *gaz* qui, dans les villes, sert
à éclairer les rues, les places, les monuments publics,
les magasins, jusqu'aux maisons particulières d'une
grande importance.

3. Il y a de la houille dans la plupart des contrées du
monde, mais d'une manière fort inégale. En Europe,
c'est dans celles du centre et de l'ouest qu'elle abonde
le plus. Sous ce rapport, l'Angleterre occupe le premier
rang. Elle possède même des houillères d'une telle
richesse que sa production annuelle est au moins égale
à celle de tous les autres pays ensemble. La Belgique
vient ensuite, puis la France. Nos principaux centres
d'exploitation sont ceux d'Anzin (Nord), du Creuzot
(Saône-et-Loire), de Saint-Étienne (Loire), d'Alais (Gard)
et de Decazeville (Aveyron).

HUITIÈME LEÇON

Charbons minéraux. (Suite.)

1. Quelques mots maintenant sur l'anthracite et le
lignite. **L'anthracite** brûle moins facilement que la
houille. Néanmoins, quand on sait l'employer avec les

précautions convenables, il rend les mêmes services que celle-ci. Toutefois, il ne donne pas de gaz inflammable, et son coke est trop pulvérulent pour qu'il soit possible de l'utiliser. On exploite des mines d'anthracite à peu près partout. Les plus riches se trouvent aux Etats-Unis : elles sont tellement importantes que leur production dépasse celle des houillères anglaises.

2. Le **lignite** est ainsi appelé du latin *lignum*, bois, parce qu'il présente presque toujours la forme extérieure et l'aspect des arbres dont il provient. Il s'allume et brûle facilement, mais sans fournir ni gaz d'éclairage ni coke. C'est un excellent combustible pour le chauffage domestique. On s'en sert aussi pour la cuisson des briques et de la chaux. Une variété, qui est noire, luisante, sans apparence ligneuse, et assez dure pour être travaillée et polie, est utilisée, sous le nom de **jais** ou **jayet,** pour confectionner des bijoux de deuil. On exploite le lignite dans beaucoup de localités. En France, c'est surtout dans les départements des Bouches-du-Rhône, de l'Isère, du Gard et de la Haute-Saône.

3. Les combustibles minéraux ont dû être employés de tout temps, pour la consommation locale, dans les pays où ils se montrent à la surface du sol[1]; mais, pendant des milliers d'années, cet usage fut très borné, presque exceptionnel, parce que les forêts étaient anciennement si abondantes qu'elles suffisaient amplement à tous les besoins. Les choses ne changèrent même sérieusement que dans les premières années du dix-septième siècle, et ce fut en Angleterre que cet évènement se produisit. A cette époque, en effet, l'industrie du fer s'était déjà tellement développée dans ce pays, que les maîtres de forges éprouvaient les plus grandes difficultés à se procurer le bois dont ils avaient besoin, tant les défrichements avaient diminué le nombre et l'importance des forêts. Force leur fut donc de recourir à un nouveau combustible, et ils le trouvèrent dans les houillères dont la Providence a en quelque sorte pétri leur patrie. Dès ce moment, les célèbres mines de Newcastle et du pays

---

1. Voyez à ce sujet l'HISTOIRE DE L'INDUSTRIE, dix-huitième partie.

de Galles commencèrent à être exploitées sur une grande échelle, et l'invention de la machine à vapeur, qui eut lieu au siècle suivant, acheva ce qu'avait commencé le travail du fer, en faisant entrer l'extraction de la houille dans cette admirable voie de progrès incessants où la réalisation pratique des chemins de fer et de l'éclairage au gaz l'a conduite de nos jours.

NEUVIÈME LEÇON

Charbons de nature végétale[1].

1. Le charbon de bois est le plus important des charbons de nature végétale. On peut le préparer avec la partie ligneuse de toute espèce d'arbres ; mais, en général, on donne la préférence à celle du chêne, du hêtre et du châtaignier. Sa fabrication en grand se fait au milieu des forêts, mais suivant des procédés qui ne sont pas partout les mêmes. Nous décrirons seulement le plus usité.

2. Sur un terrain uni, ferme et sec, on forme une pyramide de bûchettes contenant ordinairement 140 à 150 stères de bois, et au centre de laquelle on ménage une espèce de cheminée. Quand cette pyramide (*fig.* 5), qu'on nomme *meule,* est achevée, on la recouvre d'une première couche faite de feuilles sèches et de gazon, puis

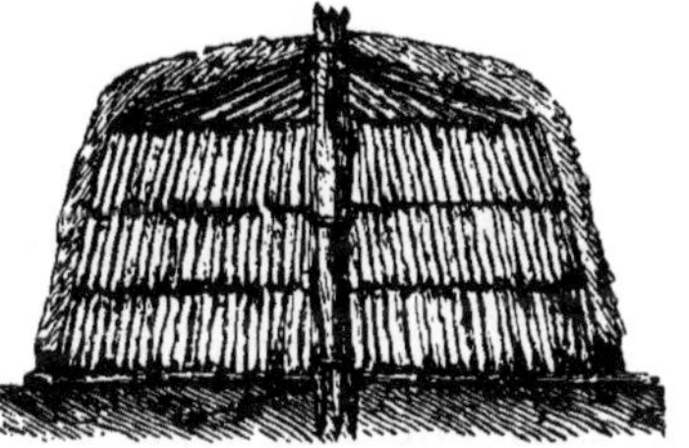

Fig. 5. — Coupe d'une meule.

d'une seconde de terre battue, en ayant soin de laisser à la partie inférieure quelques trous, appelés *évents,* afin de permettre l'accès de l'air au commencement du travail. Ces préparatifs terminés, on allume le feu en jetant dans la cheminée des brindilles enflammées, puis, quand la masse est bien embrasée, on bouche toutes les ouvertures avec des mottes de gazon[2]. La combustion

1. Pour les détails, voir ARTS ET MANUFACTURES, tom. III, chap. II, sect. 1.
2. Si l'on opérait au contact de l'air, les choses ne se passeraient pas ainsi. En effet, il arriverait un moment où le charbon, provenant de la car-

se continue alors lentement, et le bois se carbonise peu à peu sans se convertir en cendre. L'opération dure plus ou moins longtemps, suivant la grosseur des meules. Lorsqu'elle est achevée, on laisse refroidir le tas ; après quoi on le découvre pour retirer le charbon.

3. Ce système de fabrication est appelé *procédé des forêts* ou *carbonisation en meules*. Il a été décrit, pour la première fois, par le philosophe grec Théophraste, 280 ans av. J.-C. On lui reproche de ne donner que 17 à 18 pour 100 de charbon vendable, tandis que, théoriquement, il devrait en fournir au moins le double. La cause de ce fait est due à l'action de l'air, qui, malgré les précautions les plus minutieuses, est encore suffisamment énergique pour brûler en pure perte, une partie de la matière du charbon. Malgré ce défaut, le procédé des forêts est d'un usage général, parce qu'il peut être appliqué partout et, en quelque sorte, sans frais, au lieu que les méthodes par lesquelles on a proposé de le remplacer exigent toutes des constructions coûteuses ou des appareils difficiles à construire.

DIXIÈME LEÇON

Charbons de nature végétale. (Suite.)

1. Le charbon de bois ne sert pas seulement au chauffage ; il rend encore, sous d'autres rapports, de précieux services. Comme il résiste très longtemps à l'action destructive de l'humidité, on ne manque pas de carboniser la surface des pièces de bois qui doivent séjourner dans la terre ou dans l'eau. Une autre propriété non moins remarquable que possède le charbon végétal, c'est d'enlever aux liquides et aux substances animales les odeurs infectes qu'elles peuvent répandre. Ainsi, qu'on entoure de charbon en poudre le poisson, le gibier ou des morceaux de viande qui commencent

---

bonisation disparaîtrait complètement par suite de la combinaison de son carbone avec l'oxygène de l'air, et il ne resterait plus alors que les *cendres*, c'est-à-dire les matières minérales que le bois renfermait. C'est pour empêcher ce phénomène qu'on a soin de boucher les évents et de recouvrir le tas de bûchettes d'une couche épaisse de gazon et de terre.

à se gâter ; qu'on filtre sur cette même poudre de l'eau croupie de mare ou de fossé, et bientôt le poisson, le gibier, la viande, l'eau, ne sentiront plus mauvais et pourront dès lors être employés comme aliments.

2. Le charbon ne se borne pas à désinfecter, il empêche aussi la putréfaction. Si, en effet, on place de la viande, du gibier ou du poisson dans de la poudre de charbon, ils se conserveront pendant assez longtemps sans éprouver aucune altération, et il sera possible de les transporter au loin avec la certitude qu'ils arriveront à leur destination aussi frais que le jour de leur départ.

3. C'est parce que le charbon est à la fois un désinfectant et un antiseptique que les médecins l'emploient pour retarder la carie des dents, combattre la fétidité de l'haleine et des plaies gangréneuses, et qu'on y a journellement recours pour assainir le travail le plus insalubre et le plus dégoûtant du monde, c'est-à-dire le curage des fosses d'aisances. Le charbon végétal a d'autres applications non moins utiles. Comme il enlève avec une rapidité presque merveilleuse les principes colorants de la plus grande partie des liquides végétaux et animaux, on s'en sert à chaque instant pour décolorer les sucs des plantes, les vins rouges, les vinaigres, les sirops, et les rendre aussi limpides que l'eau de roche.

4. On admet généralement que la découverte des propriétés désinfectantes et décolorantes du charbon a été faite, en 1790, par Tobie Lowitz, chimiste à Saint-Pétersbourg. Quant aux propriétés conservatrices de ce produit, elles ne paraissent pas avoir été ignorées des anciens ; il est du moins certain que les Égyptiens se servaient du charbon en poudre pour l'embaumement des cadavres.

5. Une variété de charbon végétal porte le nom de **noir de fumée.** On l'obtient en brûlant, avec certaines précautions, dans des appareils diversement disposés, soit du goudron de bois, de la résine, des rognures de liège ou de la lie de vin, soit des grappes de raisin, des sarments de vigne, des noyaux de pêche, ou des branches de sapin, de hêtre, etc. En se refroidissant, la fumée dépose un charbon en poudre impalpable et d'un noir foncé, qu'on emploie dans la fabrica-

tion des crayons, de l'encre d'imprimerie, des couleurs de peinture, des cirages et des vernis.

ONZIÈME LEÇON

Charbons de nature animale[1].

1. Le **charbon** ou **noir animal** est également appelé **charbon** ou **noir d'os** parce qu'on le prépare en calcinant les os des animaux. Pour cela, on place les os dans des marmites de fonte, et l'on chauffe ces dernières jusqu'au rouge. Après trente-six heures environ de feu, l'opération est terminée. On retire alors le charbon, on le laisse refroidir, puis on le réduit en poudre ou en grains, suivant l'usage auquel on veut le destiner. Le *noir en poudre* sert à peu près aux mêmes usages que le noir de fumée. Quant au *noir en grains*, c'est dans l'industrie sucrière qu'il a son application la plus importante.

2. Depuis la découverte de Lowitz, on employait le charbon végétal pour décolorer et purifier le sucre brut. En 1810, M. Pierre Figuier, pharmacien à Montpellier, ayant reconnu que le noir animal possède les mêmes propriétés à un degré beaucoup plus élevé, M. Charles Derosne, ingénieur-mécanicien à Paris, proposa aussitôt de le substituer au précédent. Ce perfectionnement commença en 1811, et quelques années suffirent pour le faire adopter par tous les raffineurs. Comme le noir en grains absorbe rapidement la chaux, on l'utilise très souvent pour assainir les citernes neuves. On en tire encore parti, sur une grande échelle, pour désinfecter les eaux corrompues et les rendre ainsi propres à nos besoins.

3. Une espèce distincte de charbon animal se prépare, en traitant comme ci-dessus, les menus morceaux d'ivoire mis au rebut par les tablettiers. On l'appelle **noir d'ivoire,** et on l'emploie pour préparer des couleurs noires.

---

1. Pour les détails, voir ARTS ET MANUFACTURES, tom. III, dixième partie, chap. II, sect. 2.

DOUZIÈME LEÇON

Coke, charbons moulés, agglomérés [1].

1. Le coke, ou charbon de terre épuré, n'est autre chose que le résidu de la calcination de la houille. Comme l'action du feu l'a débarrassé des substances sulfureuses et bitumineuses que celle-ci renferme, on conçoit qu'il peut être employé dans beaucoup de circonstances où ces matières seraient nuisibles ou simplement incommodes. C'est le combustible qui, à volume égal, produit la température la plus élevée et la plus soutenue. Aussi, s'en sert-on partout pour le chauffage des locomotives, le traitement des minerais de fer et la fusion des métaux. Dans les ménages, on le préfère à la houille parce qu'il brûle sans fumée odorante et que, son pouvoir rayonnant étant plus considérable, il renvoie plus de chaleur dans les appartements.

2. La fabrication du coke a pris naissance en Angleterre, au commencement du dix-septième siècle. Elle a été introduite en France vers 1772. Suivant le procédé qu'elle emploie, elle donne deux produits bien distincts : le *coke ordinaire* ou *coke de gaz* et le *coke métallurgique.* Le premier est réservé au chauffage domestique et à celui des petits foyers : il est habituellement fourni par les usines où l'on distille la houille pour en extraire le gaz d'éclairage. Le second est destiné aux usages industriels : on l'obtient en calcinant la houille dans des fours spéciaux ou bien dans des meules ou tas élevés en plein air.

3. Les **charbons moulés** se trouvent, dans le commerce, sous la forme de petits cylindres longs d'environ $0^m,60$. On les prépare avec des débris végétaux carbonisés, réduits en poudre, puis convertis en pâte au moyen d'une substance bitumineuse, qui est ordinairement du goudron de houille, et, enfin, comprimés dans des moules. La fabrication de ces produits a été créée en

---

1. Pour les détails, voir ARTS ET MANUFACTURES, tom. III, dixième partie, chap. I (*coke*) et chap. III (*agglomérés, charbons moulés*).

France, en 1846, par M. Popelin-Ducarre, dont l'usine, située à Paris, a servi de modèle à tous les établissements semblables qui se sont élevés depuis dans notre pays. C'est cet industriel qui a imaginé le nom de *charbon de Paris* par lequel on les désigne généralement dans le langage vulgaire. Ces charbons sont très recherchés dans les ateliers et les ménages, parce qu'ils ne dégagent ni fumée ni odeur, et qu'ils brûlent d'une manière soutenue et régulière sans qu'il soit nécessaire d'activer la combustion avec un soufflet. Toutefois, comme ils se recouvrent de plus de cendres que le charbon ordinaire, ils donnent beaucoup moins de chaleur[1].

4. On appelle **agglomérés** des briquettes rectangulaires obtenues par le moulage de pâtes formées avec les menus débris provenant de l'exploitation des houillères. Ces menus avaient été jusqu'alors sans emploi, lorsque, dans le courant de 1842, M. Emile Marsais, directeur des mines de Saint-Etienne, imagina de les utiliser en les pétrissant avec le résidu goudronneux des usines à gaz, et convertissant ensuite le mélange en pains de différentes formes et dimensions. La fabrication de ces produits est répandue aujourd'hui partout. On les emploie dans une foule d'industries, notamment dans la marine à vapeur et sur les chemins de fer, où la facilité de leur emmagasinage les fait préférer aux combustibles ordinaires.

INDUSTRIE DE L'ÉCLAIRAGE DU GAZ

TREIZIÈME LEÇON

En quoi consiste l'éclairage au gaz[2].

1. Pour matières d'éclairage, on n'a eu, pendant des centaines de siècles, que les graisses, les huiles et la cire ; mais, depuis environ soixante ans, on les a rem-

1. C'est avec des mélanges analogues auxquels on ajoute une forte proportion d'argile, que se fabriquent les blocs appelés **bûches économiques**, dont on se sert pour garnir le fond du foyer des chambres d'habitation. La cheminée paraît ainsi abondamment approvisionnée de bois, tandis qu'en réalité il n'y en a que sur le devant.

2. Pour les détails, voir ARTS ET MANUFACTURES, tom. III, onzième partie.

placées partout par un corps aériforme que, par abréviation, on désigne sous le nom de **gaz**. Ce corps est un mélange, en proportions variables, d'hydrogène et de carbone[1]. L'hydrogène seul ne suffirait pas parce que sa flamme ne serait pas assez éclairante : c'est le carbone qui, en brûlant, communique à celle-ci la propriété lumineuse dont elle est dépourvue. Toutes les substances riches en carbone et en hydrogène pourraient servir à la production du gaz, mais on donne généralement la préférence à la houille, parce qu'elle le fournit à plus bas prix, la vente du coke et d'autres résidus de la fabrication suffisant à couvrir son prix d'achat.

2. La production du gaz comprend deux opérations très distinctes. La première, qu'on appelle **distillation,** consiste à chauffer fortement la houille dans des *cornues,* hermétiquement closes, longs cylindres de fonte ou de terre réfractaire placés, plusieurs ensemble, dans un large fourneau. Par l'action de la chaleur, la houille se décompose et le gaz se dégage en entraînant une multitude de composés, les uns gazeux comme lui, les autres liquides ou solides, tandis qu'il laisse dans les cornues une sorte de charbon poreux, qui n'est autre que le coke. Quand il s'échappe des cornues, le gaz est donc loin d'être pur. Or, comme les corps étrangers qu'il renferme lui communiqueraient une mauvaise odeur, le rendraient nuisible à la santé et l'empêcheraient de brûler d'une manière convenable, il est indispensable de l'en débarrasser aussi complètement que possible. C'est à cela qu'est destinée la seconde opération, qu'on nomme, en conséquence, **épuration.** On obtient ce résultat en le faisant circuler dans divers appareils disposés à la file, où il abandonne peu à peu ses impuretés. A la sortie du dernier de ces appareils, il se rend dans un *gazomètre,* vaste cloche en tôle, d'où il est ensuite dirigé dans les conduites, qui,

---

1. On appelle **carbone** l'un des corps simples de la nature : c'est le charbon à l'état de pureté absolue. L'**hydrogène** est un autre corps simple, mais toujours gazeux qui, répandu partout dans la nature, est un des deux éléments de l'eau.

établis sous le pavé des rues, le transportent aux becs-brûleurs (*fig.* 6).

3. Nous venons de parler des résidus que donne la fabrication du gaz ; ils sont au nombre de trois : le *coke,* les *eaux ammoniacales* et le *goudron.* Le **coke** sert au chauffage ; il représente environ les trois quarts du poids de la houille distillée. Les **eaux ammoniacales** sont utilisées pour

Fig. 6. — Usine à gaz ; à droite, sur le devant, tas de houille ; du même côté, sur le derrière, appareils de distillation ; à gauche, trois gazomètres.

la préparation de l'alcali volatil et de plusieurs autres composés qui ont de nombreuses applications dans les arts. Quant au **goudron,** il a été, pendant longtemps, un grand embarras pour les usines, qui ne savaient comment s'en défaire ; mais, depuis quelques années, on lui a trouvé une multitude d'usages. On l'emploie aujourd'hui pour chauffer les cornues, imperméabiliser le papier d'emballage, faire des enduits hydrofuges, désinfecter les plaies purulentes, prolonger la durée du bois, etc. Enfin, on en extrait des carbures d'hydrogène avec lesquels on prépare des essences à détacher, des vernis, des parfums, des médicaments et de belles matières colorantes qu'on appelle *couleurs de la houille* ou *couleurs d'aniline.*

QUATORZIÈME LEÇON

En quoi consiste l'*éclairage au gaz.* (*Suite.*)

1. Résumons maintenant l'histoire de l'éclairage au gaz. On a su, dès l'année 1618, qu'il est possible de

retirer de la houille un gaz combustible qui donne en brûlant une lumière très éclatante. Toutefois, l'idée d'appliquer ce gaz à l'éclairage n'est venue que long-temps après. En 1799, à la suite de recherches, commencées treize ans auparavant et poursuivies avec une persévérance inébranlable, un de nos compatriotes, Joseph Lebon, ingénieur des ponts-et-chaussées, alors en résidence à Paris, construisit un petit appareil au moyen duquel il éclaira les appartements et le jardin de l'hôtel qu'il habitait ; mais cette expérience ne put pas attirer l'attention publique, à cause de l'odeur détestable du nouveau combustible, qu'on ne savait pas encore purifier.

2. A la même époque, un ingénieur anglais, nommé Murdoch, s'occupait de travaux analogues à ceux de Lebon. En 1798, après divers essais, dont le premier datait de 1792, il fut chargé d'appliquer le nouvel éclairage au bâtiment principal de la fabrique de machines de Boulton et James Watt, à Soho, près de Birmingham. Cette innovation excita un grand étonnement ; néanmoins, elle ne commença à se développer qu'à partir de 1802, époque à laquelle plusieurs manufacturiers de Birmingham, de Manchester et d'Halifax l'introduisirent dans leurs établissements.

3. L'emploi du gaz se trouva ainsi acquis aux édifices privés ; restait à le faire adopter pour l'éclairage des villes. Cette tâche fut entreprise par un allemand, du nom de Winzler, qui était venu chercher fortune en Angleterre, où il se faisait appeler Winsor, et avait servi d'aide à Murdoch dans les travaux que celui-ci avait exécutés à Soho et ailleurs. En 1804, ce Winsor prit une patente pour éclairer les rues de Londres, mais il ne put faire triompher ses idées qu'après plus de dix ans d'efforts. Enfin, le gaz fut définitivement établi dans la capitale de l'Angleterre, d'où il se répandit graduellement, d'abord dans les grandes cités de ce pays, puis sur le continent. La France en fut dotée par Winsor lui-même, qui, s'étant rendu à Paris, en 1815, y construisit, deux ans après, pour le passage dit *des Panoramas,* le premier gazomètre proprement dit qu'on ait vu dans cette ville. Toutefois, l'éclairage au gaz

rencontra, chez une foule de nos compatriotes, une opposition des plus violentes, qui ne cessa qu'en 1820, lorsqu'une pratique suffisamment prolongée en eut démontré les avantages.

4. Aujourd'hui, on s'éclaire au gaz partout où les arts industriels sont en honneur, et si cette belle invention a pris un développement si considérable, elle en est surtout redevable aux améliorations de détail que des centaines d'esprits ingénieux ont apportées et apportent encore, soit aux appareils qui servent à produire ou à brûler le gaz, soit aux procédés destinés à le débarrasser des substances nuisibles·ou simplement incommodes, qu'il renferme en si grande abondance.

INDUSTRIE DES HUILES MINÉRALES

QUINZIÈME LEÇON

Ce qu'on entend par *huiles minérales* et *pétrole*[1].

1. De nos jours, de nouveaux liquides d'éclairage sont venus disputer la place à ceux qu'on avait jusqu'alors employés. Ce sont des matières de consistance huileuse et d'origine minérale, qu'on désigne ensemble sous le nom d'*huiles minérales*. Les unes, appelées *pétroles*, se rencontrent toutes faites dans la nature, tandis que les autres s'obtiennent par la distillation du goudron de houille, de la houille elle-même, des lignites, de la tourbe, ou de certaines roches schisteuses. Il y a donc, outre les *pétroles*, proprement dits, des *huiles de goudron*, des *huiles de houille*, des *huiles de lignite*, des *huiles de tourbe* et des *huiles de schiste*. De tous ces produits, les **pétroles** sont les plus importants, les seuls, par conséquent, dont nous nous occuperons.

2. Dans certains pays, tels que la Perse, la Birmanie, l'île de Zante, les environs de Bakou, le pétrole s'échappe naturellement du sol en formant des sources plus ou moins abondantes[2]. Ce fait explique pourquoi

---

1. Pour les détails, voir Arts et Manufactures, tom. III, douzième partie, chap. ii.
2. Voyez à ce sujet l'Histoire de l'Industrie, douzième partie, chap. iv.

il a été connu de tout temps ; mais, réduit, pendant des siècles, à une consommation locale très restreinte, il n'est devenu un produit commercial important qu'après la découverte des célèbres gisements de l'Amérique du Nord, c'est-à-dire après 1856. Au printemps de cette année, dans une vallée solitaire de la Pensylvanie, un fermier, du nom de Drake, faisait creuser un puits artésien pour chercher de l'eau salée. Quand la sonde atteignit une profondeur de vingt mètres, il s'élança du trou, non pas de l'eau, mais un jet de pétrole qui ne donnait pas moins de 4,000 litres par jour. La nouvelle de cette miraculeuse trouvaille parcourut, avec la rapidité de l'éclair, les États de l'Union, et une *fièvre de l'huile*, auprès de laquelle la *fièvre de l'or* qu'avait produite la découverte des mines de la Californie, n'était qu'une affection bénigne, s'empara de toutes les têtes. En quelques mois, des armées de chercheurs d'huile eurent exploré le pays, et l'on trouva successivement des nappes souterraines, d'une abondance pour ainsi dire inépuisable, dans l'Ohio, le Tennessée, le Maryland, la Virginie, le Kentucky, la Georgie, l'Alabama. Les Anglais du Canada se mirent à leur tour à l'œuvre, et y découvrirent des sources tout aussi importantes que celles des États-Unis. On évalue à près de 10,000 le nombre des puits par lesquels l'Amérique du Nord vomit actuellement le pétrole. Une grande partie de la production est consommée dans le pays, le reste est envoyé en Europe.

3. L'exploitation du pétrole est des plus simples. S'il sort librement du sol, on le recueille dans des bassins de réception. Si le gisement est souterrain, on fore au trépan un ou plusieurs trous de sonde, on tube chaque trou et l'on y installe une pompe qui, suivant les localités, se manœuvre à bras ou à l'aide d'une machine à vapeur. Ces trous qu'on appelle vulgairement *puits à pétrole*, ont en général de 75 à 150 millimètres de diamètre. Quant à leur profondeur, elle varie depuis 12 à 15 mètres jusqu'à 200 mètres ; mais ordinairement, surtout aux États-Unis, on abandonne le forage si, à cette dernière limite, la sonde n'a pas rencontré l'huile.

4. Le pétrole brut, tel que le donnent les sources et les puits, se présente sous la forme d'une huile de couleur brun foncé, à reflet verdâtre, ayant une consistance presque égale à celle de la mélasse. Il renferme des composés très volatils et très inflammables dont il faut le débarrasser le plus complètement possible, et il ne peut être employé sans danger que lorsqu'il a subi cette espèce de purification. Brûlé alors dans des lampes bien construites, il procure un éclairage qui est le plus beau et le plus économique de tous, et qui, en outre, est absolument inoffensif.

INDUSTRIE MÉTALLURGIQUE

SEIZIÈME LEÇON

Ce qu'on entend par *métaux*[1].

1. **Qu'entend-on par métaux?** On appelle ainsi des substances opaques, ordinairement très pesantes, douées d'un brillant très vif ou pouvant l'acquérir par le frottement, et conservant ce brillant même dans leurs parties les plus ténues. Le nombre de ces substances dépasse cinquante, mais sept ou huit seulement ont été connues des anciens, et douze au plus ont pu, jusqu'à présent, être appliquées communément à nos besoins; en outre, elles sont réparties, d'une manière fort inégale, à la surface ou dans le sein de la terre.

2. Les métaux sont des *corps simples*, c'est-à-dire qu'ils ne renferment qu'une seule et même substance. Éminemment *durs*, ils ne s'écrasent pas sous le choc et s'usent avec lenteur par le frottement; *tenaces*, ils résistent fortement à la traction; *malléables*, ils s'étendent sous le marteau ou par la compression, sans que leurs parties se disjoignent; *ductiles*, ils s'étirent en fils d'une grande finesse; *fusibles*, ils passent, sous l'influence de la chaleur, d'abord à l'état pâteux puis à l'état liquide, ce qui permet de leur faire prendre les formes les plus variées par le forgeage et le coulage. Enfin, la

---

1. Pour les détails, voir ARTS ET MANUFACTURES, tom. II, sixième partie, chap. I à XIX, et HISTOIRE DE L'INDUSTRIE, huitième partie, chap. I à IV.

plupart sont *inaltérables*, c'est-à-dire capables de supporter les actions atmosphériques qui, au contraire, détériorent rapidement les produits du règne végétal et du règne animal.

3. C'est sur l'ensemble de ces propriétés qui n'appartiennent qu'à eux, mais qu'ils ne possèdent pas tous au même degré, que les métaux doivent d'occuper un rang si considérable dans l'histoire de la civilisation. Ils sont la base de toutes les industries, et le bien-être dont jouissent les nations modernes n'est qu'une conséquence de la perfection à laquelle elles ont porté l'art de les travailler. Il n'y a pour ainsi dire aucune de leurs propriétés que l'on ne puisse mettre à profit et, comme elles sont très diverses, il en résulte aussi que les applications de ces corps précieux sont extrêmement nombreuses, soit qu'on les emploie isolément, soit qu'on les associe plusieurs ensemble pour former des composés, qui sont réellement des métaux nouveaux et qu'on nomme **alliages**.

4. Les métaux ne se trouvent pas ordinairement dans le sein ou à la surface de la terre avec les caractères qu'ils présentent quand nous les faisons servir à nos besoins. Quelques-uns seulement se montrent parfois ainsi; on dit alors qu'ils sont à l'*état natif*. Le plus souvent ils sont unis à d'autres substances qui, masquant leurs propriétés, empêchent de les reconnaître. Le nombre des composés qui résultent de ces unions est très grand, mais les uns sont plus ou moins rares, et les autres se prêtent très difficilement à l'extraction du métal ou des métaux qu'ils contiennent. On appelle proprement *minerais* ceux d'où il est aisé et peu dispendieux d'isoler les métaux, et qui, de plus, sont assez abondants pour être l'objet d'une exploitation régulière et soutenue. L'extraction des minerais du sein de la terre constitue une des branches principales de l'industrie minière, et l'on donne le nom de **métallurgie** à l'ensemble des opérations au moyen desquelles on parvient à séparer les métaux de leurs minerais.

5. Nous savons que douze métaux au plus ont des usages véritablement industriels. On les appelle **métaux**

usuels, pour les distinguer des autres, qui sont de simples curiosités scientifiques. Ce sont : l'*or*, l'*argent*, le *fer*, le *cuivre*, l'*étain*, le *plomb*, le *zinc*, le *mercure*, le *platine*, l'*aluminium*, le *nickel*, l'*antimoine*. Toutefois les quatre derniers ont relativement peu d'importance. On qualifie ordinairement l'or et l'argent de **métaux précieux**, à cause de leur grande valeur sous un faible volume et de l'idée de richesse qui s'est attachée de tout temps à leur possession. Le platine, qui est rare et très cher, est également compris sous ce nom. Tous les autres sont appelés **métaux communs**, uniquement parce qu'ils sont plus abondants ; c'est parmi eux que se trouvent les plus utiles, ceux qui nous rendent le plus de services. Donnons maintenant quelques détails sur les uns et les autres.

DIX-SEPTIÈME LEÇON.

Métaux précieux : l'or[1].

1. On vient de voir que les métaux qualifiés de *précieux* sont au nombre de trois : l'*or*, l'*argent* et le *platine*. Occupons-nous d'abord du premier.

2. On sait que l'**or** est d'un jaune rougeâtre passant parfois à des nuances plus pâles, analogues à celle du laiton. C'est le plus ductile, le plus malléable et le plus tenace des métaux ; mais il a peu de dureté, ce qui fait que, dans la plupart des cas, on est obligé de le durcir, et l'on obtient ce résultat en y ajoutant un peu de cuivre. Enfin, l'air ne l'altère pas, en sorte que les objets qui en sont fabriqués ont une durée en quelque sorte sans limites.

3. Il n'y a guère de terres arables ou de sables de rivière qui ne renferment quelques parcelles d'or. Malgré cela, ce métal est un des moins communs, parce que la plupart de ses gîtes sont trop pauvres pour qu'on puisse les exploiter avec profit. « C'est là le secret de la cherté qu'il a eue jusqu'à ce jour, et qu'il continuera vraisemblablement d'avoir jusqu'à la fin du monde, malgré la

1. Pour les détails, voir Arts et Manufactures, tom. II, sixième partie, chap. viii, et Histoire de l'Industrie, huitième partie, chap. ii.

fécondité relative des mines découvertes dans ces dernières années, en plusieurs régions de l'ancien monde et du nouveau. » Le plus souvent, il est à l'état natif. Quelquefois, mais rarement, il forme des alliages naturels avec d'autres métaux, surtout avec l'argent. Dans le premier cas, il se rencontre tantôt en veinules disséminées dans des roches très dures, tantôt en paillettes ou en grains d'une extrême petitesse, tantôt encore en masses plus ou moins volumineuses qu'on nomme *pépites*.

4. La découverte de l'or remonte aux premiers âges de la civilisation, et, ce qu'il y a de remarquable, c'est que, parmi les peuplades réputées les plus sauvages, il n'y en a peut-être aucune qui ne l'ait connu. A cause de sa belle et solide couleur et du brillant qu'il peut recevoir, il a été employé de tout temps à la parure des hommes et des femmes, ainsi qu'à la décoration des meubles et des appartements. Sa grande valeur (il vaut 3,444 fr. 44 le kilogramme) sous un petit volume l'a fait également adopter comme instrument des échanges. La bijouterie, l'orfévrerie, l'ameublement et le monnayage, sont les industries qui se partagent aujourd'hui ses applications ; mais le monnayage, à lui seul, absorbe plus des deux tiers de la production totale. Il est presque entièrement fourni au commerce par l'Australie, la Californie, la Russie asiatique et l'Amérique du Sud. Ce qu'on extrait des mines d'Europe est insignifiant.

DIX-HUITIÈME LEÇON

Métaux précieux : *l'argent* et le *platine* [1].

1. **L'argent** se reconnaît aisément à sa magnifique couleur blanche. Sa ductilité et sa malléabillité sont presque aussi grandes que celles de l'or. Comme ce dernier, il a besoin d'être durci par une addition de cuivre. Comme lui aussi, il est inattaquable par l'air, mais le soufre et toutes les substances qui en renferment

---

1. Pour les détails, voir ARTS ET MANUFACTURES, tom. II, sixième partie, chap. IX et X, et HISTOIRE DE L'INDUSTRIE, huitième partie, chap. II.

détruisent promptement son éclat et le rendent noirâtre. Peu rare à l'état natif, c'est surtout uni à d'autres corps qu'il est le plus abondant. Il a été connu aussi anciennement que l'or, dont il a les mêmes usages. Quant aux mines qui le produisent, les plus importantes se trouvent aux Etats-Unis, au Mexique, au Chili, et au Pérou. On sait qu'il vaut 222 fr. 22 le kilogramme.

2. Le **platine** n'est bien connu que depuis 1748 ; il avait été découvert cent cinquante ans auparavant par les mineurs espagnols du Pérou qui l'avaient pris pour une sorte d'argent de basse qualité[1], auquel sa couleur d'un blanc grisâtre le fait un peu ressembler. C'est le plus pesant et le moins dilatable des métaux usuels. L'air ne l'altère jamais. La plupart des acides sont également sans action sur lui. Enfin, nos plus violents feux de forge ne peuvent que le ramollir, et, pour le fondre, il faut avoir recours à des moyens spéciaux, d'invention toute récente, qui permettent de produire des températures infiniment plus élevées.

3. Le platine est surtout utilisé pour faire des creusets, des cornues, des capsules et autres instruments à l'usage des chimistes. Les dentistes l'emploient quelquefois pour la base de leurs rateliers. On en confectionne aussi des poids et mesures, des thermomètres métalliques, des pièces d'horlogerie délicates. A plusieurs reprises, l'orfèvrerie et la bijouterie ont essayé d'en tirer parti, mais son peu d'éclat, son poids excessif et sa couleur peu avantageuse n'ont pas permis à cette application de se développer. Enfin, comme, lorsqu'il est réduit en fils très fins, il donne à la flamme un pouvoir éclairant très considérable, on l'a proposé pour augmenter l'éclat des becs d'éclairage. Toutefois, ces divers emplois sont relativement peu développés, à cause surtout du haut prix du platine (le kilogramme vaut environ 900 francs). Jusqu'à présent, on n'a trouvé ce métal qu'à l'état d'alliage. La Russie ouralienne et la Nouvelle-Grenade suffisent à peu près à en alimenter l'industrie.

---

1. C'est même à cette croyance qu'il doit son nom. En effet, *platina*, diminutif de l'espagnol *plata*, argent, signifie petit argent, argent de peu de valeur.

DIX-NEUVIÈME LEÇON

Métaux communs : le *fer*[1].

1. Commençons par le **fer** ce que nous avons à dire des métaux communs. S'il n'est pas le métal le plus brillant, c'est incontestablement celui qui rend les services les plus grands et les plus nombreux ; car il joue le principal rôle dans toutes les branches de l'industrie. Sous ses trois états principaux de *fer doux*, de *fonte* et d'*acier*, il remplit tant de fonctions qu'à lui seul il tient lieu d'une foule de métaux différents. Sans lui, l'homme ne serait jamais sorti de la barbarie. Enfin, son utilité est si considérable, tellement comprise, pour ainsi dire, d'instinct, par tous les peuples, même par les plus sauvages, que, lorsque, dans un voyage de découvertes, un navire aborde une île nouvelle, c'est une hachette, une coignée, un vieux clou de fer, qui fixent d'abord l'attention des naturels, et, pour les posséder, ils cèdent avec empressement leurs objets les plus précieux.

2. Le fer se montre partout comme un des éléments essentiels de l'écorce terrestre, le sang des animaux en contient même des quantités notables. Malgré la prodigalité avec laquelle la Providence l'a répandu à la surface du globe, il est d'une rareté extrême à l'état natif, en sorte qu'on est obligé de l'extraire de ses minerais. Pour se le procurer, on emploie deux méthodes fort différentes. Dans l'une, qui est la plus ancienne, on l'obtient en une seule fois. Dans l'autre, qui semble avoir pris naissance en Allemagne, au quatorzième siècle ou au quinzième, on convertit d'abord le minerai en fonte, puis on soumet celle-ci à une opération, appelée *affinage*, qui la transforme en fer. La première, dite *catalane* à cause de l'usage qu'on en a fait de tout temps en Catalogne, est d'une simplicité extrême, mais elle a l'inconvénient d'être très dispendieuse et de ne pouvoir s'appliquer qu'aux minerais d'une richesse exception-

1. Pour les détails, voir ARTS ET MANUFACTURES, tom. II, sixième partie, chap. II, et HISTOIRE DE L'INDUSTRIE, huitième partie, chap. III, sect. .

nelle. Aussi est-elle presque entièrement abandonnée. La seconde, quoique beaucoup plus compliquée, est plus économique quant au résultat final et, de plus, présente l'avantage de se prêter au traitement de tous les minerais sans exception. C'est la seule qu'on pratique dans les pays où la métallurgie du fer est très avancée. On l'appelle *méthode des haut-fourneaux,* à cause de l'élévation considérable qu'il faut donner aux fourneaux qu'on y emploie.

3. Nous venons de voir que le fer se présente sous les trois états principaux de *fer doux,* de *fonte* et *d'acier.* Le **fer doux** est le fer proprement dit. On le nomme aussi *fer forgé, fer commercial,* etc. Sa ductilité et sa malléabilité sont énormes. Sa ténacité dépasse celle de tous les métaux. Il ne fond qu'à une chaleur très considérable ; mais il se ramollit à une température bien inférieure à son point de fusion, ce qui permet de lui donner alors les formes les plus variées. Il possède, en outre, la propriété de se souder à lui-même. Enfin, s'il se conserve indéfiniment dans l'air sec, il se *rouille* promptement dans l'air humide, altération qu'il est heureusement facile de prévenir par l'étamage ou la peinture.

— La **fonte** n'est autre chose que du fer uni à une certaine quantité de carbone ou charbon pur. Elle est beaucoup moins tenace que le fer, mais sa résistance à l'écrasement est infiniment supérieure, ce qui permet de l'employer avec avantage à la fabrication de colonnes et de piliers destinés à supporter de lourds fardeaux. En outre, elle augmente de volume quand, après l'avoir fondue, elle passe à l'état solide, propriété qui la fait se prêter admirablement à la confection des objets moulés, parce qu'elle la met à même de reproduire avec une extrême netteté les détails les plus délicats des moules.

— **L'acier** est encore un composé de fer et de carbone, mais ce dernier s'y trouve en plus petite quantité. Ce qui le caractérise essentiellement, c'est qu'il peut *se tremper*[1], ce qui, en le rendant très dur, donne le moyen d'en faire les instruments tranchants.

1. *Tremper* l'acier, c'est le chauffer au rouge, puis le plonger brusquement dans l'eau froide ou dans un autre liquide également froid.

VINGTIÈME LEÇON

Métaux communs : le *fer*. (*Suite.*)

1. Les applications du fer, sous ses divers états sont, pour ainsi dire, illimitées. Il est d'abord indispensable à l'agriculture. Ce qui se consomme en socs de charrue, fers de pioche, de hache, de faux, de faucille, d'outils de toute espèce, est prodigieux et exige déjà des usines spéciales très considérables. Les outils de toutes professions, outils tranchants, outils de percussion, machines pour percer, tailler, tourner, raboter les bois ou les métaux n'exigent pas de moindres quantités. Sans le fer et l'acier, l'exploitation des mines et des carrières serait impossible. Les machines motrices, machines à vapeur, machines à gaz, machines hydrauliques, etc., sont composées d'organes de fonte, de fer et d'acier. Les rails des voies ferrées emploient, à eux seuls, le tiers ou le quart de la fabrication totale du fer et de l'acier.

2. L'art des constructions absorbe des quantités de fonte et de fer qui vont toujours en augmentant. En effet, c'est en fer que se font aujourd'hui les charpentes des édifices publics, des grands ateliers, des habitations importantes ; il n'entre pas d'autre matière dans la plupart de ces ponts gigantesques au moyen desquels les voies ferrées franchissent les fleuves, même les bras de mer. Les chaudières à vapeur, les coques des navires se fabriquent en tôle de fer ou d'acier. C'est avec d'épaisses plaques de fer qu'on rend invulnérables les bâtiments de guerre, et les choses en sont venues au point qu'un de ces engins de destruction, quand il est muni de son armement, porte plus de trois mille tonnes de fer, de fonte ou d'acier, ce qui a exigé l'extraction d'au moins huit à dix mille tonnes de minerai et vingt à vingt-cinq mille tonnes de houille. Enfin, c'est avec des plaques semblables qu'on revêt les remparts des places fortes afin qu'ils puissent résister plus longtemps au choc des énormes projectiles inventés de nos jours par le génie du mal.

VINGT ET UNIÈME LEÇON

Métaux communs : le *fer*. (*Suite.*)

1. Quelques mots maintenant sur l'histoire du fer. On admet généralement qu'il a été connu longtemps après la plupart des autres métaux communs, notamment le cuivre, l'étain et le plomb, parce que rien ne l'annonce dans la nature, ses minerais n'ayant presque jamais l'éclat métallique, et que l'art de l'extraire de ces derniers exige des connaissances que les hommes n'ont pu posséder qu'assez tard. C'est pour cela que, chez tous les peuples de l'antiquité, les armes et les instruments de bronze, alliage de cuivre et d'étain, précédèrent les armes et les instruments de fer. C'est pour cela aussi qu'au seizième siècle, quand les Espagnols arrivèrent dans le Nouveau Monde, ils y trouvèrent le travail de l'or, de l'argent, du cuivre, très répandu, tandis que celui du fer y était inconnu, bien que les minerais de celui-ci fussent assez abondants. Les Livres saints attribuent à Tubal-Caïn, fils de Lameth, la découverte du fer et l'invention de l'art de le travailler. Les Grecs faisaient honneur de ces deux progrès à plusieurs personnages fabuleux. Du reste, chaque nation avait sur ce point des traditions différentes.

2. Dans tous les cas, il est hors de doute que le fer ne put recevoir de bien grandes applications qu'après qu'on eut trouvé le moyen de le convertir en *acier*, et que le hasard eût mis sur la voie du phénomène remarquable de la *trempe*, car, alors seulement, il devint possible de l'employer à la fabrication des instruments tranchants. Ces deux inventions remontent à plusieurs milliers d'années avant notre ère ; sans elles, les Egyptiens n'auraient pu élever leurs impérissables monuments. Les anciens connurent aussi la *fonte*, mais accidentellement, et sans savoir en tirer parti. La fabrication industrielle de ce métal n'est pas antérieure au seizième siècle ; c'est, dit-on, en Allemagne qu'elle a pris naissance. Toutefois, pendant fort longtemps, la fonte ne servit guère qu'à la production du fer. Ses grandes

applications à l'art de bâtir et à la construction des machines ne datent même pas de plus de cinquante ans.

3. Depuis un demi-siècle, l'industrie du fer a pris en Europe et en Amérique une extension énorme, à laquelle il semble impossible d'assigner des limites. Elle est aujourd'hui plus importante que toutes les autres branches de la métallurgie prises ensemble. L'Angleterre est à la tête des nations où elle est le plus développée. Viennent ensuite successivement les États-Unis, l'Allemagne, la France, la Belgique, l'Autriche-Hongrie, la Russie, la Suède et la Norwège.

VINGT-DEUXIÈME LEÇON

Métaux communs : le *cuivre*[1].

1. Après le fer, le **cuivre** est le métal qui a les applications les plus étendues. Sa couleur rouge tirant sur le rose est tout à fait caractéristique, et lui a valu le nom de *cuivre rouge*, pour le distinguer d'un de ses alliages, qui est jaune. Il est plus dur que l'or et l'argent, très ductile, très malléable et presque aussi tenace que le fer. A la température ordinaire, il se conserve indéfiniment à l'air sec ; mais, s'il reste exposé à l'air humide, il s'altère rapidement et se recouvre d'une pellicule verte qui a reçu le nom de *vert-de-gris*. L'eau forte l'attaque avec énergie, circonstance qu'utilise l'art de la gravure. Les dissolutions de sel marin produisent le même effet, et avec d'autant plus d'activité qu'elles sont moins concentrées, ce qui explique certains accidents assez fréquents dans nos ménages. La plupart des acides végétaux et des principes acides renfermés dans les substances grasses exercent aussi une action destructive sur le cuivre. Dans tous ces cas, il se forme des composés vénéneux. Voilà pourquoi il est imprudent de laisser refroidir ou de conserver des préparations alimentaires dans des vases de cuivre, et combien il importe de les *étamer*, c'est-à-dire de les recouvrir d'une mince couche d'étain.

2. Les emplois du cuivre sont bien connus. Il sert à

1. Pour les détails, voir ARTS ET MANUFACTURES, tom. II, chap. III, et HISTOIRE DE L'INDUSTRIE, huitième partie, chap. III, sect. 1.

fabriquer les chaudières des brasseurs, des distillateurs, des teinturiers, ainsi qu'une multitude de vases et d'ustensiles domestiques. On l'utilise aussi, après l'avoir réduit en plaques, pour le doublage des navires et la gravure des estampes. Toutefois, c'est à l'état d'alliage qu'il a peut être ses applications les plus grandes. La bijouterie, l'orfévrerie, et l'art monétaire en font un usage constant pour durcir les objets d'or et d'argent. Uni à l'étain, en différentes proportions, il forme les divers *bronzes*, bronze des cloches, bronze des canons, bronze statuaire, etc. Enfin, associé au zinc, il constitue le *laiton*, appelé aussi *cuivre jaune*, à cause de sa couleur, et dont il existe plusieurs variétés, chacune plus particulièrement propre à telle ou telle fabrication, boutons, épingles, instruments de musique, etc.

3. De tous les métaux communs, le cuivre paraît être celui que les hommes, ont connu le premier, et l'on admet généralement que sa découverte a dû avoir lieu presque en même temps que celle de l'or et de l'argent. On trouve l'explication de ce fait dans la manière suivant laquelle il se présente dans la nature. En effet, on le rencontre presque à la surface de la terre ou à une très faible profondeur, et, lorsqu'il n'est pas à l'état natif, il suffit ordinairement de quelques opérations fort simples pour le séparer des substances étrangères auxquelles il est associé. Enfin, il est surabondamment établi que le cuivre est le seul métal commun que les peuples primitifs aient su travailler, et, pendant des milliers d'années, il a été employé aux mêmes usages pour lesquels nous faisons servir le fer ou l'acier. Tous les écrivains de l'antiquité s'accordent à dire que, dans l'origine des sociétés, les armes, les instruments d'agriculture et les outils des divers métiers, étaient de cuivre ou de quelqu'un de ses alliages, et leur témoignage est confirmé par les nombreux objets qu'on a trouvés et qu'on trouve encore dans les sépultures de toutes les parties du globe, sépultures qui remontent à une époque immémoriale. La production du cuivre repose presque entièrement sur cinq pays privilégiés : le Chili, la Bolivie, les États-Unis, la Russie ouralienne et l'Australie.

VINGT-TROISIÈME LEÇON

Métaux communs : l'*étain*[1].

1. L'étain est presque aussi blanc que l'argent. C'est un métal très malléable et très ductile, mais d'une très faible ténacité, et il se ternit à l'air avec une extrême facilité. Il est tellement fusible que, lorsqu'il est en feuilles, on peut le couler sur du papier ou sur un linge sans brûler ces matières. Quand il est en baguettes, et qu'on le ploie, il fait entendre un petit bruit, qu'on appelle *cri de l'étain*, et qui provient du frottement qu'éprouvent les particules dont sa masse est composée. Les acides étendus exercent sur lui une action imperceptible. Il en est de même des préparations culinaires. Aussi l'emploie-t-on, de temps immémorial, pour faire les ustensiles de ménage et, depuis plus de dix-huit cents ans, pour empêcher ceux de cuivre d'être nuisibles à la santé.

2. Outre son emploi à la confection des vases et ustensiles de ménage, l'étain sert à fabriquer une multitude d'objets d'utilité ou d'agrément, notamment des jouets, des boîtes, des flambeaux, etc. On le convertit également en feuilles d'une excessive minceur pour envelopper le chocolat, le tabac et diverses sucreries. Uni au cuivre, il constitue le *bronze*. Enfin, il sert à préserver le fer de l'action de l'air et, comme on vient de le voir, le cuivre de celle des substances acides. C'est du reste un des métaux les plus recherchés et dont on ne produit jamais assez.

3. L'étain est fourni par un seul minerai, et il s'en sépare avec une si grande facilité qu'il a dû être connu de très bonne heure. On peut même supposer que sa découverte a suivi de très près celle du cuivre, si elle n'a pas eu lieu en même temps. Dans tous les cas, aussi loin qu'on descende dans l'histoire des peuples, on trouve ses usages déjà considérés comme une chose très ancienne. Sauf des quantités insignifiantes, il est exclu-

1. Pour les détails, voir Arts et Manufactures, tom. II, chap. iv, et Histoire de l'Industrie, huitième partie, chap. iii, sect. 2.

sivement fourni par les îles de Banda, qui font partie de la Malaisie, par la presqu'île de Malacca, et les comtés de Cornouailles et de Devon, en Angleterre.

VINGT-QUATRIÈME LEÇON

Métaux communs : le *plomb*[1].

1. Le **plomb** est si commun que tout le monde en connait les principales propriétés. Récemment fondu ou coupé, il a une couleur argentine un peu bleuâtre et possède un assez vif éclat; mais il est habituellement terne et grisâtre, parce que l'action de l'air en altère rapidement la surface. Il est peu tenace, nullement ductile et si mou que l'ongle le raie sans peine. En revanche, il entre en fusion à une très basse température et possède une très grande malléabilité. La plupart de ses composés sont des poisons violents.

2. Les usages du plomb sont peut-être plus nombreux que ceux de l'étain. Réduit en lames, on l'emploie à couvrir les édifices, à garantir les murs de l'humidité, à faire des tuyaux de conduite, des bassins, des gouttières, des chaudières pour la fabrication de l'acide sulfurique. Par le moulage, on en confectionne des statues, des balles de fusil, des objets de toute sorte. Par la fusion, on le convertit en grains pour les chasseurs. L'exploitation des mines d'or et d'argent en consomme de grandes quantités; elle ne pourrait même avoir lieu sans lui. Enfin, on s'en sert, à la place du soufre, pour sceller le fer dans la pierre.

3. Comme le cuivre et l'étain, le plomb est un des premiers métaux que les hommes aient connus. Les anciens en faisaient à peu près les mêmes usages que les modernes. Ils s'en servaient aussi, réduit en feuilles plus ou moins minces, pour recevoir l'écriture. Cette application existait plusieurs milliers d'années avant notre ère, puisqu'on voit, dans les Livres saints, Job faire des vœux pour que ses discours soient écrits sur le plomb. Enfin,

1. Pour les détails, voir ARTS ET MANUFACTURES, tom. II, sixième partie, chap. V, et HISTOIRE DE L'INDUSTRIE, huitième partie, chap. III, sect. 3.

chez les Grecs et les Romains, ainsi que chez la plupart des peuples du moyen âge, on transcrivait ou mieux gravait sur des plaques de plomb les textes dont on voulait assurer la durée. Ce métal s'extrait uniquement de ses minerais. L'Angleterre, l'Espagne et l'Allemagne sont à la tête de la production. La France retire à peine de ses mines la moitié du plomb dont elle a besoin.

VINGT-CINQUIÈME LEÇON

Métaux communs : le zinc[1].

1. Le zinc se reconnaît à sa couleur blanche nuancée de bleu. C'est un métal mou et peu tenace, qui se gerce en même temps qu'il s'aplatit sous le marteau. Son laminage présente de grandes difficultés parce qu'il n'est malléable qu'entre 130° et 150° centigrades. Au dessus de cette température, il devient si cassant qu'il peut être pulvérisé dans un mortier. L'air humide le ternit en peu de temps, mais une fois que sa surface est recouverte d'une couche d'oxyde, c'est-à-dire ternie, il est préservé de toute altération ultérieure et, à partir de ce moment, les actions atmosphériques sont sans action sur lui.

2. On retire exclusivement le zinc de ses minerais. L'un de ces derniers appelé *calamine,* a été employé de tout temps pour la préparation du laiton. Les Romains ont également connu le zinc lui-même, mais ils le prenaient pour une variété d'étain. Un savant du seizième siècle, le médecin Paracelse, est le premier Européen qui l'ait regardé comme un corps distinct. Néanmoins, on n'est parvenu à le produire industriellement que vers la fin du siècle dernier. Alors seulement, on a pu en bien étudier les propriétés et, à mesure qu'il a été mieux connu, on lui a trouvé de nouveaux emplois. Deux pays seulement le fournissent en grande quantité ; ce sont la Belgique et la Prusse. Les mines belges se trouvent dans la vallée de la Meuse, aux environs de Liège : elles alimentent les célèbres usines de la Vieille-Montagne. Quant aux mines

---

1. Pour les détails, voir ARTS ET MANUFACTURES, tom. II, sixième partie, chap. VI, et HISTOIRE DE L'INDUSTRIE, huitième partie, chap. III, sect. 6.

prussiennes, elles sont disséminées en Westphalie, dans la haute Silésie et dans les provinces rhénanes.

3. Quoique le zinc soit le plus récent des métaux communs produits par la grande métallurgie, c'est après le fer, celui qui donne lieu au mouvement industriel le plus vaste et qui reçoit les applications les plus étendues. A l'état fondu, on l'emploie surtout pour faire des objets d'art ou d'ornement, galvaniser le fer, c'est-à-dire le préserver de la rouille, composer des alliages. Réduit en feuilles, il sert à couvrir les édifices, fabriquer des vases et des ustensiles de tout genre, satiner le papier et les étoffes, graver les dessins, doubler les navires, etc. Etiré, il donne des fils et des clous qui, dans plusieurs circonstances, sont supérieurs à ceux de fer et de cuivre.

VINGT-SIXIÈME LEÇON

Métaux communs : le *mercure* et l'*aluminium*[1].

1. Une particularité qui, à première vue, fait distinguer le **mercure** de tous les autres métaux, c'est qu'il possède seul la propriété d'être liquide à la température ordinaire ; il ne devient même solide que par un froid de 40° ou par une chaleur de 360°. Toutefois, il ne mouille presque aucun corps. Quand on en verse une petite quantité sur une assiette ou sur une table de marbre, il se divise en une multitude de petits globules arrondis qui se meuvent avec une extrême rapidité. Cette circonstance, jointe à sa couleur blanche et à son bel éclat, lui a valu, dans le langage vulgaire, le nom de *vif-argent*. Quand on ne le tient pas renfermé dans des vases de verre bouchés hermétiquement, il émet des vapeurs qui exercent à la longue une action nuisible à la santé.

2. Ce métal singulier est assez rare dans la nature. On le trouve à l'état natif, ou bien on le retire d'un minerai, appelé *cinabre,* où il est uni au soufre. Tous les peuples civilisés de l'antiquité l'ont connu. On l'emploie pour

1. Pour les détails, voir ARTS ET MANUFACTURES. tom. II, sixième partie, chap. VII (*mercure*) et XI (*aluminium*), et HISTOIRE DE L'INDUSTRIE, huitième partie, chap. III, sect. 5 (*mercure*), et chap. IV, sect. 1 (*aluminium*).

étamer les glaces, faire les thermomètres et les baromètres, traiter plusieurs maladies, etc. ; mais c'est l'extraction de l'or et de l'argent qui en consomme le plus. Il est presque exclusivement fourni par les mines d'Almaden (Espagne), d'Idria, (Carniole) et de la Californie.

3. Découvert en 1827, par Wolher, chimiste allemand, **l'aluminium** n'a pu être produit industriellement qu'en 1854, époque à laquelle M. Sainte-Claire Deville, chimiste français, trouva le moyen de le préparer sur une grande échelle. Il existe dans toutes les argiles, et c'est de ces terres qu'on le retire. On le regarde avec raison comme une des plus brillantes conquêtes de l'industrie contemporaine. Il est d'un blanc légèrement bleuâtre. C'est le plus sonore de tous les métaux, et un des moins lourds. Aussi tenace que l'argent, aussi malléable que l'or, il est, quand il a été travaillé au marteau, presque aussi dur que le fer. Enfin, il résiste parfaitement à l'action de l'air et à celle de la plupart des acides, et les composés qui se produisent au contact des aliments, sont inoffensifs.

4. Jusqu'à présent, on n'a pu utiliser l'aluminium, à cause de son prix élevé, que pour faire des bijoux, des médailles, des pièces d'orfévrerie, des instruments de précision, des ustensiles de laboratoire ; mais, à mesure qu'on parviendra à le produire à bon marché [1], il remplacera, pour les usages économiques et industriels, du moins dans une foule de circonstances, la plupart des métaux communs, surtout le cuivre, le zinc, le plomb et l'étain, auxquels ses remarquables propriétés, plus particulièrement sa légèreté et son inaltérabilité, le feront préférer [2].

---

1. Des progrès considérables ont déjà été faits sous ce rapport. Ainsi, après s'être vendu 3,000 francs le kilogramme en 1854, l'aluminium était descendu à 300 francs en 1857, et aujourd'hui, il ne vaut guère plus de 80 francs.

2. Parmi les métaux usuels, nous avons nommé **l'antimoine** et le **nickel.** Le premier n'est guère employé qu'uni au plomb pour préparer le métal des caractères d'imprimerie. Quant au second, il n'a d'abord servi qu'à faire des alliages ; mais, depuis qu'il en a été découvert des mines abondantes à la Nouvelle-Calédonie, on lui cherche et on lui a déjà trouvé d'autres applications.

TRAVAIL DES MÉTAUX

VINGT-SEPTIÈME LEÇON

Comment on travaille les métaux : le *forgeage*[1].

1. Après avoir indiqué les propriétés, les principaux usages et les lieux de provenance des métaux usuels, il ne sera peut-être pas inutile de dire quelques mots des principales opérations au moyen desquelles on leur donne les différentes formes ou les différents aspects qu'ils doivent avoir. Ces opérations sont : le *forgeage*, le *laminage*, le *battage*, la *tréfilerie*, la *fonte*, l'*estampage*, la *granulation*, la *dorure*, l'*argenture* et l'*étamage*. Commençons par le *forgeage*.

2. *Forger* un métal, c'est le travailler à chaud au moyen du marteau. Le **forgeage** se compose donc de deux opérations. Dans la première, on chauffe le métal afin qu'il devienne assez mou pour être pétri par le marteau ; elle se fait à l'aide d'un fourneau spécial qu'on appelle *forge*. Dans la seconde, on place le métal chauffé sur un bloc de fonte nommé *enclume*, et on le façonne à coups de marteau. Ces opérations sont fort simples en apparence ; mais, dans la pratique, elles présentent des difficultés très grandes, qu'une longue expérience peut seule apprendre à surmonter. On bat le métal tant qu'il est suffisamment chaud, après quoi on le chauffe de nouveau, on le replace sur l'enclume, et l'on continue ainsi jusqu'à ce qu'il a reçu la forme définitive qu'on veut lui donner.

3. Tout le monde sait que le **marteau** consiste en une masse de fer fixée à l'extrémité d'un manche de bois. C'est un des instruments les plus simples et les plus anciens, et l'un des premiers que l'homme ait inventés. Dans les grands établissements, on enploie non seulement des *marteaux à main* et des *marteaux à bras*, que font mouvoir des ouvriers, mais encore des *marteaux mécaniques*, dont il existe plusieurs sortes et

---

1. Pour les détails, voir ARTS ET MANUFACTURES, tom. II, septième partie, chap. I.

qui tous sont mis en mouvement par des roues hydrauliques ou par des machines à vapeur. Le plus
remarquable de ces appareils (*fig. 7*)[1] est le célèbre
marteau-pilon à vapeur, dont la construction, va-
guement conçue en 1808, n'a été réalisée qu'en 1842, d'une part, en France, par M. François Bourdon, ingénieur à l'usine du Creuzot, d'autre part, en Angleterre, par M. James Nas-myth, maître de for-ges à Patricof, près de Manchester. De-puis 1850, il est de-venu d'un usage gé-néral. C'est avec lui que se fabriquent ac-tuellement toutes les grosses pièces de forge, et, comme il

Fig. 7. — Marteau-pilon.

est facile d'en faire varier l'action à volonté, il permet
d'obtenir des effets qui seraient impossibles par tout
autre moyen.

VINGT-HUITIÈME LEÇON

Comment on travaille les métaux : le *laminage* et le *battage*[2].

1. Dans le principe, c'est à l'aide du marteau qu'on
réduisait les métaux en plaques ou en feuilles. Ce procédé
est encore employé dans quelques circonstances ; mais,

---

1. **Le marteau à vapeur** se compose essentiellement d'une masse de fonte
qui, armée d'acier par le bas, glisse verticalement entre les montants d'un
fort bâti. Cette masse est suspendue à la tige du piston d'un corps de
pompe placé à la partie supérieure du bâti. La vapeur entre dans ce corps
de pompe par un tube et en sort par un autre, et les choses sont disposées
de telle sorte que, dans le premier cas, le marteau est soulevé, tandis que,
dans le second, il tombe de tout son poids sur l'enclume.

2. Pour les détails, voir ARTS ET MANUFACTURES, tom. II, septième partie,
chap. IV (*laminage*) et chap. V (*battage*).

le plus souvent, on a recours au **laminage**. Cette opération se fait à l'aide d'une machine spéciale appelée **laminoir**, que l'on croit avoir été inventée à Paris, vers le milieu du seizième siècle. Cette machine (*fig.* 8) se compose de deux cylindres de fonte très dure ou d'acier, qui, portés par un solide bâti, sont disposés l'un au dessus de l'autre, et assujettis, par des roues d'engrenage, à tourner en sens contraire, quand on agit sur une manivelle. On conçoit que, lorsqu'on engage une masse métallique entre les deux cylindres, ceux-ci l'entraînent dans leur mouvement; mais, comme leur écartement est invariable, elle ne peut les suivre qu'en s'étendant et s'amincissant d'une quantité plus ou moins considérable. C'est ainsi qu'on obtient ces feuilles de zinc et de plomb dont

Fig. 8. — Laminoir.

les usages sont si nombreux, les planches de cuivre qu'emploient les graveurs, et les diverses sortes de *tôles* de fer et d'acier. On utilise aussi le laminoir, mais en remplaçant les cylindres unis par des cylindres diversement cannelés, pour fabriquer les rails de chemins de fer et transformer les métaux en barres rondes, carrées ou polygonales, de toutes dimensions.

Fig. 9. — Battage.

2. Le **battage** n'est guère employé que pour produire ces feuilles d'or ou d'argent, légères comme le vent, dont on se sert pour la dorure et l'argenture des livres, du bois et du cuir. On prend le métal aussi pur que

possible et on l'étire au laminoir en un ruban d'environ un millimètre d'épaisseur, qu'on découpe en morceaux. On bat alors ces morceaux sur une enclume avec un lourd et large marteau à main. Comme l'action directe de cet outil ne manquerait pas de les déchirer, on prévient cet inconvénient en les plaçant entre les feuilles d'un cahier formé de carrés de parchemin (*fig.* 9). Après un premier battage, on divise les feuilles métalliques qu'on a obtenues, en un certain nombre de parties, et, après avoir réuni les nouveaux fragments dans un autre cahier de parchemin, on procède à une nouvelle percussion. On continue de la même manière jusqu'à ce que les feuilles soient arrivées au degré d'amincissement voulu. On les place alors entre les feuillets de petits cahiers de papier, et on les livre au commerce sous les noms d'*or au livret*, d'*argent au livret*.

VINGT-NEUVIÈME LEÇON

Comment on travaille les métaux : la *tréfilerie*[1].

1. Avec le laminoir à cylindres cannelés, on peut étirer les métaux en fils de quatre millimètres de diamètre. Quand on a besoin de dépasser cette finesse, il est nécessaire de recourir à une opération spéciale, qu'on appelle **tréfilerie,** et qui s'effectue au moyen d'une machine nommée **banc à tirer.** Cette machine (*fig.* 10), se compose de trois parties

Fig. 10. — Banc à tirer.

distinctes : 1° d'une plaque d'acier très dure, nommée *filière,* qui est solidement fixée entre deux montants verticaux, et dans laquelle sont percés des trous de

1. Pour les détails, voir ARTS ET MANUFACTURES, tom. II, septième partie, chap. VI.

grandeur décroissante ; 2° d'une *pince* attachée à l'extrémité d'une courroie qui, lorsque l'appareil fonctionne, s'enroule sur un tambour tournant ; 3° d'un mécanisme disposé de manière à faire tourner le tambour assez vite pour qu'il puisse entraîner la courroie.

2. On commence par réduire le métal, au moyen du laminoir, en baguettes d'une grosseur déterminée. Cela fait, on prend successivement chacune de ces baguettes, on appointe l'une de ses extrémités, et, après avoir introduit cette même extrémité dans le plus grand trou de la filière, on l'assujettit entre les mâchoires de la pince. Il n'y a plus alors qu'à mettre le tambour en mouvement. En tournant celui-ci entraîne la baguette de métal, mais cette baguette étant d'une matière plus molle que celle de la filière, ne peut le suivre qu'en s'étendant dans le sens de la longueur ; elle s'amincit donc et, à mesure qu'elle passe, s'enroule sur le tambour. Ce premier passage effectué, on en effectue successivement plusieurs autres et, chaque fois, on se sert d'un trou plus petit. On continue ainsi jusqu'à ce que le fil se trouve au degré de finesse voulu.

3. C'est en procédant comme il vient d'être dit qu'on obtient le fil de fer pour les treillages, le fil de laiton et celui d'acier pour les pianos, les fils d'or et d'argent pour la broderie et la passementerie, etc. On appelle *tréfileries* ou *fileries* les usines où l'on travaille les métaux communs, et *argues* celles où l'on s'occupe spécialement de la fabrication des fils d'or et d'argent.

4. On attribue l'invention du Banc à tirer à un habitant de Nuremberg, nommé Rudolphe, qui l'aurait faite en 1400 ; mais le fait n'a jamais été prouvé : il est même probable que, de même que tant d'autres, cette invention n'a pas été inconnue des grandes nations de l'antiquité. Aujourd'hui, on ne se borne pas à se servir du Banc à tirer pour faire des fils métalliques ; on l'emploie aussi pour produire une foule d'objets d'utilité ou de simple ornement.

TRENTIÈME LEÇON

Comment on travaille les métaux : la *fonte*[1].

1. Une multitude d'objets sont obtenus par le procédé de la fonte. Leur fabrication constitue *l'art du fondeur*. Cet art emploie quelquefois l'or, l'argent, le plomb, le cuivre, l'étain et le zinc ; mais le bronze et la fonte sont les matières dont il fait généralement usage. Le bronze est principalement consacré à la reproduction des œuvres d'art ; on en fait aussi des cloches, des canons. La fonte domine, au contraire, dans les applications industrielles, telles que la confection des pièces de machines, des ustensiles de ménage, etc. Le travail du fondeur se compose de trois opérations distinctes : la *préparation des moules* ou le *moulage*, la *fonte du métal*, le *coulage* ou la *coulée*.

2. Les **moules** sont des creux, des espaces vides, auxquels on donne la forme et les dimensions des objets qu'on veut produire, et dans lesquels on introduit ensuite le métal en fusion. On les fait en terre, en sable, en fonte ou en cuivre. Très souvent ils sont d'une seule pièce ; d'autres fois ils sont formés de plusieurs parties qui se confectionnent à part et qu'on réunit quand on veut s'en servir. Les moules de très grandes dimensions s'enterrent dans le sol de l'atelier. Les autres sont rangés sur des établis ou déposés à terre.

3. Comme son nom l'indique, la **fonte** a pour objet de faire passer le métal à l'état liquide. Elle s'effectue au moyen de fourneaux diversement construits.

4. Le métal étant arrivé au degré de fusion convenable, il s'agit de l'introduire dans les moules : c'est en cela que consiste le **coulage** ou la **coulée**. Quand les moules sont placés sur le sol, on puise le métal avec des cuillers en tôle, appelées *poches*, les unes assez petites pour qu'un homme puisse les manier, les autres d'une capacité plus ou moins considérable qu'on accroche

____

1. Pour les détails, voir ARTS ET MANUFACTURES, tom. II, septième partie, chap. II.

à des grues tournantes (*fig*. 11) afin de pouvoir les porter
là où il convient. Quand ils sont enterrés, on y dirige la

Fig. 11. — Coulage du métal.

matière au moyen de rigoles creusées dans le sol. Dans
tous les cas, on ne retire les pièces de leurs moules
que lorsqu'elles sont bien refroidies. On les débarrasse
aussitôt de la terre ou du sable qui peut s'y être attaché,
puis on les envoie dans des ateliers spéciaux, où on leur
donne le fini et l'aspect que réclame l'emploi auquel
elles sont destinées.

TRENTE ET UNIÈME LEÇON

Comment on travaille les métaux : la *fonte*. (*Suite*.)

1. Pour compléter les notions qui précèdent et donner
une idée de la fabrication des objets d'un grand volume,
nous allons dire sommairement comment on s'y prend
pour *fondre une cloche*. Le coulage s'effectue dans une
fosse, à proximité du fourneau de fusion. C'est également dans cette même fosse que l'on confectionne ordinairement le moule, et sur une espèce de plate-forme
en terre ou en briques qu'on appelle *meule*.

2. La meule étant faite, on élève dessus, et en maçonnerie de briques, une petite construction NN (*fig.* 12), dont l'intérieur est vide pour faciliter le séchage, tandis que l'extérieur a la forme d'une cloche. Cette construction, qu'on nomme *noyau*, est la partie centrale du moule, celle qui doit reproduire le creux de la cloche. On la saupoudre de cendres ou de charbon pulvérisé, puis on la recouvre de plusieurs couches superposées d'argile, à l'ensemble desquelles on donne exactement les dimensions qu'aura la cloche. Cette nouvelle partie *ff* du moule s'appelle *modèle* ou *fausse cloche*. C'est sur la face extérieure qu'on dispose les inscriptions et les ornements de tout genre : on se sert pour cela d'empreintes obtenues

Fig. 12. — Moulage d'une cloche.

avec un mélange de cire, de poix blanche et d'huile de pavot. Quand ces empreintes sont bien figées, on saupoudre la fausse cloche de la même manière qu'on a fait le noyau, après quoi on applique par dessus, d'abord, une couche d'une pâte très fine composée de terre et de fiente de vache, puis plusieurs autres couches d'une pâte plus grossière faite de terre et de bourre hachée ou de crottin de cheval. L'ensemble de ses diverses couches CC constitue la *chappe* ou le *manteau*.

3. Le moule se trouvant ainsi terminé, on le fait sécher en allumant du feu sous le noyau. On enlève ensuite la chape pour détruire la fausse-cloche. Enfin, on remet la chape en place. De cette façon, le vide produit par la disparition de la fausse cloche correspond à l'espace que doit remplir le métal. Il ne reste plus alors qu'à garnir le fond, encore ouvert du noyau, d'un bouchon de terre dans lequel est fixé l'anneau destiné à supporter le battant, et à ajuster à sa partie supérieure le moule des anses, lequel se fait toujours à part. Enfin, on enterre le moule et l'on y fait arriver le bronze en fusion. Celui-ci pénètre dans la fausse-cloche par un trou ménagé à côté des anses. Quant au battant, il se fabrique à part, comme les anses, et on lui donne habituellement un poids égal au vingtième de celui de la cloche.

TRENTE-DEUXIÈME LEÇON

Comment on travaille les métaux : l'estampage[1].

1. Très souvent, pour obtenir des ornements en relief, on place une feuille de métal sur un moule en creux, nommé *matrice;* on pose par dessus une pièce, dite *poinçon* ou *estampille*, qui présente des saillies correspondant aux creux du moule; enfin, au moyen d'un marteau ou de toute autre matière, on force le poinçon à pénétrer dans la matrice, ce qu'il ne peut faire qu'en entraînant et poussant devant lui la feuille métallique. Cette opération est ce qu'on appelle l'**estampage**. On conçoit que, pour qu'elle réussisse bien, il est indispensable que la matrice et le poinçon s'ajustent avec une extrême précision, ce qui oblige à fixer la première sur une base inébranlable, et à faire descendre le second verticalement, sans qu'il puisse dévier dans aucune autre direction.

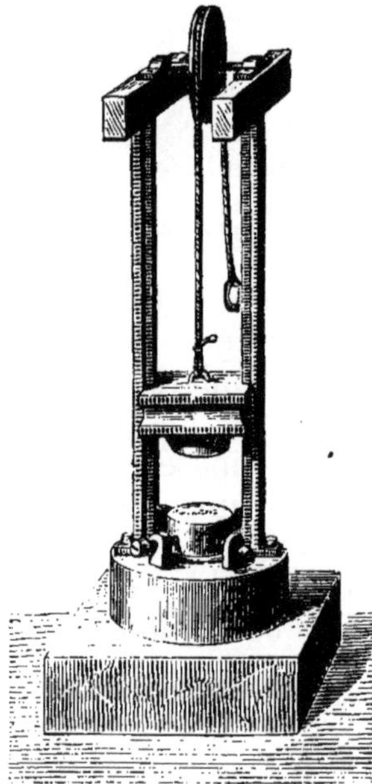

Fig. 13. — Mouton.

2. Pour agir sur le poinçon, on se sert, suivant le cas, d'un *marteau à main*, d'un *mouton*, d'un *balancier* ou d'une *presse* spéciale. Le marteau est trop connu pour qu'il

1. Pour les détails, voir Arts et Manufactures, tom. II, septième partie, chap. **x.**

soit nécessaire d'en faire la description. Nous ne parlerons donc que des trois autres machines.

3. Le **mouton** consiste en une masse de fonte plus ou moins volumineuse, dont la partie inférieure porte le poinçon. Ce bloc (*fig.* 13) se meut entre deux poutrelles verticales, au moyen d'une corde qui passe dans la gorge d'une poulie disposée au sommet du bâti. La matrice est fixée immédiatement au-dessous, sur un bloc de pierre ou de bois. On conçoit que, pour estamper, il suffit de soulever le mouton à une hauteur convenable, soit en tirant la corde avec la main, soit en appuyant le pied sur un étrier, puis de le laisser retomber de tout son poids. Au moment du choc, la feuille de métal éprouve une pression énorme qui l'oblige à pénétrer dans les creux de la matrice.

4. Le **balancier** agit de la même manière que le le mouton, c'est-à-dire par choc. Il se compose (*fig.* 14) essentiellement : 1° d'un bâti de fonte ou de bois, formant écrou à sa partie supérieure et ayant, à sa partie inférieure, un

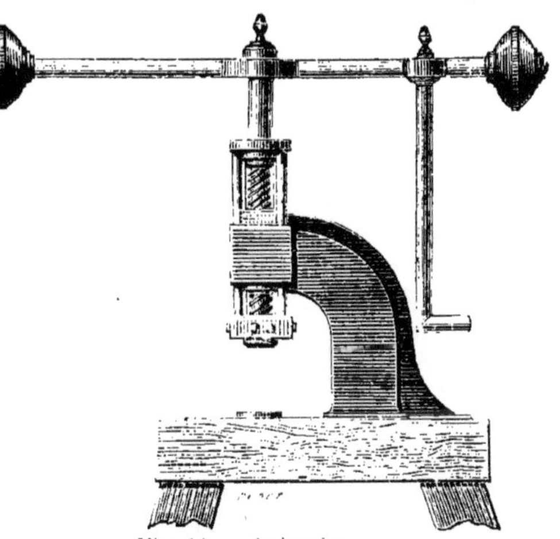

Fig. 14. — Balancier.

bloc pour supporter la matrice ; 2° d'une grosse vis de fer qui traverse cet écrou, et au bas de laquelle est fixé le poinçon ; 3° d'une barre horizontale de fer, muni à chacune de ses extrémités d'une lourde masse de plomb. Les choses sont disposées de telle sorte, que la vis monte ou descend suivant qu'on fait tourner la barre dans un sens ou dans l'autre, ce qui se fait, soit au moyen de cordes attachées à ses deux bras, soit à l'aide d'un manche fixé à l'un de ces mêmes bras, soit enfin, dans les balanciers de très petites dimensions, en agissant directement sur les bras avec les mains. Quand donc on fait tourner le balancier dans le sens voulu pour que la vis descende, celle-ci rencontre le métal à estamper et le force à s'imprimer dans la matrice ; puis, cet effet produit, elle remonte d'elle-même et regagne sa position primitive.

5. La **presse à estamper** est beaucoup trop compliquée pour que nous puissions la décrire. Nous dirons seulement qu'elle procède par compression et qu'on peut graduer à volonté l'énergie de son action, ce qui la fait préférer, dans une foule de circonstances, aux appareils qui précèdent.

6. Le procédé de l'estampage a les applications les plus variées. Il est l'âme de la fabrication des monnaies et de l'industrie, aujourd'hui si importante, des ustensiles de fer battu. La bijouterie, l'orfèvrerie, la chaudronnerie, en font continuellement usage. La reliure y a recours pour la décoration des livres. On s'en sert encore pour produire sur le cuir, le carton, la toile, les métaux, des ornements de tout genre. Enfin, il rend d'inappréciables services dans les fabriques de clous, d'aiguilles, de plumes métalliques. Son usage remonte à l'origine de l'industrie des métaux. Toutefois, les anciens ne savaient l'opérer qu'à l'aide du *marteau à main* et du *mouton*. Aux modernes appartient l'invention du *balancier* et de la *presse*. Le balancier est incontestablement d'origine française ; mais on ne possède aucune indication précise sur ses commencements. On sait seulement qu'il existait en 1616, sous Louis XIII, peut-être même en 1550, sous Henri II. Quant à la presse, elle a été inventée, en 1827, par le mécanicien allemand Henri Ulhorn, et introduite en France, en 1847, par les ingénieurs Cail et Thonnelier. Dans le principe, ces deux machines furent uniquement destinées à la fabrication des monnaies ; mais l'industrie ne tarda pas à leur trouver les autres applications qu'on en fait aujourd'hui.

TRENTE-TROISIÈME LEÇON

Comment on travaille les métaux : la *granulation*[1].

1. Dans plusieurs industries, on a quelquefois besoin de se procurer les métaux ou leurs alliages sous la forme de grains ou de poudres de différents degrés de finesse. Plusieurs procédés sont employés pour cela ; mais nous ne parlerons que des plus simples et surtout de ceux qui servent à obtenir les *limailles* de fer, de fonte et d'acier, les *poudres d'or* et *d'argent* et le *plomb de chasse*.

2. Les diverses **limailles** résultent, comme produits secondaires, de toutes les opérations du travail des métaux, dans lesquelles on fait usage de la lime, et il est très rare qu'elles soient l'objet d'une fabrication spéciale. La *limaille de fer* entre dans la composition d'un mastic propre à boucher les joints des chaudières de tôle. La médecine en tire également parti. Quant aux *limailles de fonte* et *d'acier*, elles sont employées par les artificiers pour produire des étincelles brillantes.

3. Les **poudres d'or** et **d'argent** se préparent, soit avec des feuilles d'or ou d'argent au livret, soit, ce qui est le plus fréquent, avec les rognures que fournit la fabrication de ces feuilles. On prend donc une quantité quelconque de feuilles entières ou de rognures ; pour qu'elles ne puissent s'envoler, on en forme une pâte avec du miel blanc et l'on broye cette pâte sur une table de marbre. Quand on juge que l'opération a été suffisamment prolongée, on jette le tout dans de l'eau chaude, qui dissout le miel, tandis que le métal, étant insoluble, se précipite au fond du vase. Il n'y a plus alors qu'à recueillir la poudre déposée, à la laver et à la faire sécher. Les poudres d'or et d'argent sont principalement employées pour la décoration du verre et de la porcelaine, et le coloriage des estampes. Le plus souvent, pour les livrer au commerce, on les broie avec de l'eau gommée, puis on les étend, tantôt sur des godets de porcelaine, tantôt sur la partie concave de

---

1. Pour les détails, voir ARTS ET MANUFACTURES, tom. II, septième partie, chap. VII.

coquilles de moules. Dans ce dernier cas, elles constituent ce qu'on appelle l'*or* ou l'*argent en coquilles*.

4. La fabrication du **plomb granulé,** ou **plomb de chasse**, repose sur la propriété que possède le plomb de se convertir en grains parfaitement sphériques quand on y associe une quantité convenable d'arsenic. Après avoir fait fondre le métal, on le verse dans une

Fig. 15. — Fabrication du plomb de chasse.

passoire en tôle, percée de trous égaux et parfaitement ronds, et placée à la partie supérieure d'une tour (*fig.* 15), au bas de laquelle se trouve une cuve pleine d'eau. La hauteur de la chute varie de 30 à 70 mètres, suivant la grosseur que doivent avoir les grains. Si l'opération est bien conduite, ceux-ci se forment très nettement. Cependant, quoi qu'ils aient passé par des trous d'un même diamètre, ils ne sont pas tous d'un volume idenque, ce qui oblige à les trier. On effectue ce triage, ou classement, à l'aide de cribles. Il ne reste plus qu'à les *lisser*, c'est-à-dire à les faire tourner, avec un peu de plombagine[1], dans un tonneau horizontal que traverse un axe de fer terminé par une manivelle.

TRENTE-QUATRIÈME LEÇON

Comment on travaille les métaux : la *dorure* et l'*argenture*[2].

1. La **dorure** et l'**argenture** ont pour objet de donner à peu de frais aux métaux communs l'apparence

---

1. La **plombagine** ou **graphite**, appelée improprement **mine de plomb**, n'est autre chose qu'une variété de carbone plus ou moins impur, qu'on trouve en Angleterre, en Sibérie, à Ceylan, aux États-Unis et ailleurs. On en fait des crayons, des creusets, des graisses pour machines, etc.

2. Pour les détails, voir ARTS ET MANUFACTURES, tom. II, septième partie, chap. VIII, sect. 1 et 2.

des métaux précieux. Elles se font le plus souvent sur le bronze, le laiton et le zinc. On peut opérer de plusieurs manières, mais on commence toujours par nettoyer parfaitement les objets, ce qu'on appelle *décaper*.

2. Dans le procédé dit *à la feuille*, après avoir chauffé la pièce à dorer ou à argenter, on étend dessus une ou plusieurs feuilles d'or ou d'argent au livret, et l'on frotte avec un outil d'acier, nommé *brunissoir*. Cette méthode a été connue de tous les peuples de l'antiquité. On y a presque entièrement renoncé de nos jours, parce qu'elle est trop coûteuse. Néanmoins, on l'emploie encore pour dorer ou argenter le bois, le cuir et le carton, mais en ayant préalablement le soin de recouvrir légèrement les objets d'un enduit visqueux qui tient lieu de colle.

3. Dans le procédé dit *au mercure*, on prépare avec de l'or ou de l'argent et du mercure une pâte épaisse dans laquelle on trempe un pinceau en fils de laiton, qu'on nomme *gratte-boesse*, puis, avec ce pinceau, on frotte vivement les pièces. Quand on juge que celles-ci sont suffisamment chargées, on les expose à une chaleur modérée, qui fait évaporer le mercure et laisse le métal précieux à la surface. Cette manière d'opérer a été également connue des anciens. C'est celle que les modernes ont le plus employée jusqu'à ces dernières années. On y a rarement recours aujourd'hui, parce qu'elle est excessivement dangereuse pour les ouvriers.

4. Les procédés qui précèdent, et beaucoup d'autres que nous passons sous silence, ont été presque entièrement abandonnés depuis l'invention de la *dorure* et de l'*argenture galvaniques* : il sera question de ces dernières quand nous nous occuperons de l'Électro-Métallurgie, dont elles ne sont que des applications particulières.

TRENTE-CINQUIÈME LEÇON

Comment on travaille les métaux : l'étamage[1].

1. *Étamer*, c'est recouvrir un métal d'une couche

1. Pour les détails, voir ARTS ET MANUFACTURES, tom. II, septième partie, chap. VIII, sect. 4, 5 et 6.

d'étain. On étame le cuivre et le fer, mais pour des raisons différentes. Parlons d'abord du cuivre.

2. Personne n'ignore que lorsqu'on laisse refroidir des aliments dans des vases de cuivre, ces aliments deviennent dangereux, parce que, sous l'influence des acides ou des substances grasses qu'ils contiennent, le métal donne naissance à des composés vénéneux qui se dissolvent dans la masse. C'est pour prévenir cet inconvénient qu'on a imaginé d'étamer le cuivre, parce que les matières qui l'attaquent sont sans action sur l'étain. L'opération est des plus simples. On nettoye l'objet en le frottant, pendant qu'il chauffe, avec un tampon d'étoupe saupoudré de sel ammoniac[1]; puis, quand il est devenu très brillant, on verse dessus, en continuant de chauffer, une quantité convenable d'étain fondu, qu'on étend avec l'étoupe, de manière qu'il y en ait partout une épaisseur uniforme. On attribue l'invention de l'étamage à nos pères, les Gaulois; mais on ne dit pas s'ils la firent pour empêcher le cuivre d'être nuisible, ou s'ils n'y virent qu'un moyen économique de se procurer des ornements imitant ceux d'argent.

3. La *tôle* ordinaire, ou tôle de fer, n'est que du fer réduit en feuilles minces au moyen du laminage. Quand elle est exposée au contact de l'air humide, elle se couvre très rapidement d'une couche de rouille, qui, augmentant toujours, finit par amener la destruction du métal. On prévient cet effet en étamant la tôle, ce qui la transforme en **fer-blanc**. La tôle qu'on destine à cette opération doit toujours être de la meilleure qualité. Après l'avoir décapée, on la plonge dans de l'étain liquide, et on l'y laisse pendant une heure et demie ou deux. Au sortir de ce bain, elle retient sur ses deux faces une pellicule d'étain qui s'est intimement unie au fer, et qui ne tarde pas à se solidifier. La fabrication du fer-blanc a, dit-on, commencé en Bohême vers la fin du seizième siècle ou au commencement du dix-sep-

---

1. Le **sel ammoniac** est une matière blanche et solide qu'on trouve dans les urines humaines et dans la fiente des animaux qui se nourrissent d'herbes salées; on le prépare, dans l'industrie, en soumettant à un traitement convenable la corne, le vieux cuir, les chiffons de laine et autres substances analogues.

tième. On raconte que, vers 1620, elle fut introduite en
Saxe, d'où, en 1670, un Anglais, du nom d'André
Yaranton, la fit connaître à son pays. A cette dernière
époque, il y avait déjà dix ans que des ouvriers allemands, attirés par le grand Colbert, l'avaient apportée
en France.

4. Aujourd'hui, au lieu d'étain, on emploie souvent
le zinc pour soustraire le fer à l'action de l'air humide.
Cette espèce d'étamage se nomme **zingage;** mais, dans
le langage usuel, on l'appelle souvent, et très improprement, **galvanisation**. Cet emploi du zinc constitue
un préservatif d'une grande valeur, et ce qui le rend
encore plus précieux, c'est qu'il s'applique à tous les
objets de fer sans exception, même à ceux de fonte. Le
zingage est d'origine française. Proposé, dès 1742, par
le chimiste Malouin, il était oublié depuis fort longtemps, lorsqu'en 1836, l'ingénieur Sorel eut l'idée de
le faire revivre et le bonheur de le rendre pratique.

INDUSTRIE DES POTERIES

TRENTE-SIXIÈME LEÇON

Des *poteries* et de leurs principales espèces[1].

1. Tout le monde sait que les matières terreuses de
la classe des *argiles* forment avec l'eau des pâtes onc-
tueuses et liantes auxquelles on peut faire prendre les
formes les plus diverses, et qui, par l'action du feu,
deviennent extrêmement dures et tenaces. Ces matières
sont communément appelées *terres à potier*, parce que,
en raison des propriétés que nous venons de rappeler,
elles servent à la fabrication de ces vases si nombreux
et si différents qu'on désigne tous ensemble sous le
nom de **poteries**. On emploie l'une ou l'autre de
leurs variétés suivant l'usage qu'on veut faire des objets
produits. Ce n'est pas tout; quand l'argile est cuite, elle

---

1. Pour les détails, voir ARTS ET MANUFACTURES, tom. III, quatorzième
partie, chap. I.

est tellement poreuse, c'est-à-dire criblée de tant de trous microscopiques, que l'eau peut la pénétrer. Si les vases doivent contenir des liquides, on est donc obligé de les rendre imperméables. Il suffit pour cela de recouvrir la pâte d'un enduit qui, sous l'influence du feu, se convertit en une espèce de verre. Cet enduit constitue ce qu'on appelle la *glaçure;* mais il reçoit ensuite des noms particuliers selon la nature des substances qui entrent dans sa composition. Ainsi, on l'appelle *vernis,* quand il renferme du plomb ; *émail,* quand c'est de l'étain ; *couverte,* quand il est uniquement formé de corps terreux.

2. Il existe un grand nombre d'espèces de poteries. Néanmoins, sous le rapport de leur composition, on les divise en cinq grandes classes ou catégories, savoir :

1° Les **poteries communes** ou **poteries vernissées;** ce sont les produits les plus simples et les plus grossiers de l'art du potier, ceux qui coûtent le moins cher et qu'emploient les personnes peu aisées. La pâte est faite d'argile, de marne argileuse et de sable. La glaçure, toujours très mince et peu solide, contient du plomb, ce qui les rend fort dangereuses[1].

2° Les **faïences communes** ou **faïences ordinaires;** elles ont la pâte à peu près composée comme celle des précédentes, mais elle est préparée avec plus de soin. La glaçure est très épaisse, généralement assez solide, et renferme de l'étain.

3° Les **faïences fines,** appelées aussi **faïences anglaises,** parce que la fabrication en a été inventée en Angleterre. La pâte est un mélange d'argile de choix et de silex pulvérisé très fin ; on y ajoute souvent un peu de craie[2]. La glaçure est un véritable verre pour la préparation duquel on emploie le quartz, la soude et l'oxyde de plomb.

---

1. Dans ces dernières années, M. Constantin, pharmacien à Brest, a réussi à les rendre tout à fait inoffensives en remplaçant la glaçure ordinaire par une glaçure nouvelle dont le plomb ne fait point partie; mais les procédés de cet inventeur n'ont pas encore eu tout le succès pratique qu'ils méritent et que l'avenir leur réserve.

2. On appelle particulièrement **cailloutages** les variétés qui contiennent du silex, et **terres de pipes** celles qui renferment de la craie.

4° Les **grès**; la pâte, généralement formée d'argile, de sable et de silex ou de ciment[1], est naturellement imperméable, ce qui peut dispenser de toute glaçure. Quand on les glace, on se contente de jeter dans le four quelques poignées de sel marin humide.

5° La **porcelaine;** c'est la reine des poteries. Ce qui la distingue essentiellement de toutes les autres, c'est qu'elle est translucide. Aussi, quand on regarde à la lumière une assiette qui en est faite, on voit à travers, ce qui n'a jamais lieu lorsqu'on place dans la même position une assiette de faïence ordinaire ou de faïence anglaise, encore moins de poterie commune. L'espèce d'argile qu'on appelle kaolin, est la matière principale de la pâte, le feldspath quartzeux, autre substance minérale, celle de la glaçure, qui est complètement terreuse.

TRENTE-SEPTIÈME LEÇON

Comment se font les *poteries.*

1. La fabrication des poteries est beaucoup trop compliquée pour que nous puissions la décrire en détail. Nous nous contenterons d'en donner une idée générale. Elle comprend quatre groupes d'opérations : La *préparation de la pâte,* le *façonnage,* le *posage des glaçures* et la *cuisson.*

2. Dans la **préparation de la pâte**, on commence par débarrasser les matières premières des pierres et autres impuretés qu'elles peuvent contenir, après quoi on les broie plus ou moins finement, quelquefois même on les lave; enfin, on y ajoute la quantité d'eau nécessaire et on pétrit le tout, soit avec les pieds, soit au moyen de meules ou de rouleaux mus par des hommes, des animaux ou une machine à vapeur. Quand on a ainsi obtenu une masse bien homogène, on l'emploie immédiatement, s'il s'agit de poteries communes; si, au contraire, on veut produire des pièces soignées, on la laisse

---

1. Les potiers donnent le nom de **ciment** à toute pâte argileuse déjà cuite. Dans le cas actuel, le mot *ciment* désigne des fragments de poterie broyés très finement.

reposer pendant un temps qui, pour certaines porcelaines, dure quelquefois des années entières.

3. Le **façonnage** a pour but de donner à la pâte
molle la forme des objets. Il se fait par le procédé du
tournage ou par celui du *moulage*. — Le **tournage**
s'exécute avec un instrument qu'on nomme **tour** ou
roue du **potier**, dont la pièce principale est un axe ver-

Fig. 16. — Roue du potier.

tical (*fig.* 16) en
fer portant à son
extrémité supé-
rieure un petit
plateau de bois
appelé *girelle*, et
à son extrémité
inférieure un pla-
teau semblable,
mais beaucoup
plus grand qu'on
appelle *roue*.
L'ouvrier place
un bloc de pâte
sur la girelle,
puis, faisant tour-
ner la roue avec
le pied, il élève
cette pâte en forme de cône, la rabaisse de manière
à la convertir en une espèce de disque, qu'il perce avec
les pouces. Il l'élève ensuite de nouveau en la pin-
çant entre les pouces et les autres doigts, et lui donne
le commencement de la forme qu'il veut lui faire prendre.
Il l'étend ainsi peu à peu en la maintenant humide à
l'aide d'une bouillie très claire d'argile qu'il prend de
temps en temps avec la main, et la rapproche graduellement de la forme définitive qu'elle doit avoir. On obtient ainsi toutes les pièces rondes ou cylindriques. —
Comme son nom l'indique, le **moulage** a lieu au moyen
de modèles creux, ou *moules,* qui sont de plâtre, d'argile ou de métal. Il consiste à introduire la pâte dans
ces modèles, dont on la force par la pression à épouser
tous les détails. Ce mode d'opérer s'emploie pour tous

les objets sans exception; mais, dans la pratique, on l'applique de manières fort différentes suivant le genre des poteries qu'on veut produire.

4. Le **posage des glaçures** se fait souvent aussitôt après le façonnage. D'autres fois, au contraire, il n'a lieu qu'après que les objets ont subi un commencement de cuisson ou pendant la cuisson elle-même. Cela dépend de la composition des poteries, et même de la manière de l'effectuer.

Fig. 17. — Four à poteries communes.

5. La **cuisson** exige l'emploi de fours particuliers dont la construction peut beaucoup varier, mais qui doivent toujours être disposés de façon que la fumée et les autres produits de la combustion ne puissent pas être en contact avec les poteries. L'enfournement de celles-ci présente aussi de grandes différences. S'agit-il d'objets grossiers, qui n'ont point de glaçure ou dont la glaçure ne peut pas se ramollir à la température où la cuisson de la pâte a lieu? On se contente de les mettre les uns dans les autres ou les uns sur les autres; c'est ainsi qu'on agit pour les poteries communes (*fig.* 17).

Fig. 18. — Four à porcelaine

Sont-ils, au contraire, fragiles ou bien leur glaçure entre-t-elle en fusion avant que la cuisson de la pâte ne s'effectue? On les place les uns à côté des autres sur des plaques de terre cuite que supportent des piliers de même matière; on enfourne de cette façon les faïences communes. Les choses sont encore bien plus compliquées pour les diverses sortes de porcelaines et de faïences fines. Ces poteries sont enfermées dans des boîtes ou étuis en terre cuite, qu'on nomme *cazettes,* et qui sont ensuite fermés hermétiquement. La *fig.* 18, qui représente un four à porcelaine, montre comment les pièces sont disposées dans les cazettes et celles-ci dans le four.

TRENTE-HUITIÈME LEÇON

Des *poteries* et de leur histoire.

1. Comme on a trouvé des poteries chez tous les peuples et aux époques les plus reculées, il est naturel de penser que l'art du potier remonte aux premiers âges de l'histoire[1]. Toutefois, dans le principe, les poteries durent être très grossières et simplement séchées au soleil. Plus tard, l'expérience ayant appris que l'argile durcit beaucoup au feu, on tira parti de cette découverte pour augmenter leur solidité au moyen de la cuisson. Plus tard encore, on remarqua que les poteries qui ne sont pas naturellement imperméables peuvent le devenir si l'on a soin de les recouvrir d'une matière vitrifiable, et alors prit naissance l'emploi de ces enduits que nous avons dit s'appeler *glaçures.* Chez tous les peuples, les choses se sont passées ainsi et dans le même ordre.

2. Parmi les poteries que fabriquent actuellement les nations européennes, les plus anciennes sont celles que l'on nomme *vernissées,* parce que, comme nous le savons, elles sont revêtues d'un vernis, c'est-à-dire d'une glaçure à base de plomb, et qui constituent nos *poteries communes.* On suppose qu'elles ont été inventées en Asie, et que leur introduction en Europe a eu lieu du sixième au huitième siècle de notre ère. On en faisait déjà en France au commencement du treizième. Les

---

1. Voyez à ce sujet l'HISTOIRE DE L'INDUSTRIE, troisième partie, chap. I.

poteries émaillées, c'est-à-dire nos *faïences communes,* sont également d'origine orientale. Les procédés de fabrication paraissent en avoir été apportés par les Arabes, d'une part, à Constantinople, vers le septième siècle, d'autre part, en Espagne, un peu plus tard. Dans tous les cas, ils étaient connus, depuis longtemps dans toutes les provinces méridionales de l'Espagne, peut-être même en Allemagne, quand vers le milieu du quinzième siècle, Luca della Robbia, célèbre sculpteur florentin, en ayant eu connaissance, on ignore comment, les importa en Italie, où l'on ne tarda pas à les appliquer sur une vaste échelle. C'est de Faenza, petite ville de la Romagne, où la production de ces poteries se développa le plus, que vient le nom de *faïence,* sous lequel on les désigne dans notre pays. Cette industrie fut introduite en France, en 1602, sous Henri IV, par des ouvriers italiens qui vinrent s'établir à Nevers.

3. L'origine chinoise de la *porcelaine* n'est ignorée de personne. Les premiers essais exécutés en Europe pour l'imiter remontent au milieu du dix-septième siècle. A partir de ce moment, une foule de savants et d'artistes se mirent à l'œuvre pour résoudre le problème ; mais, pendant longtemps, ce fut en vain parce qu'on ne savait où trouver les matières premières. Enfin, le hasard ayant fait découvrir un gîte de kaolin en Saxe, le chimiste allemand Jean-Frédéric Bottger réussit le premier à produire une poterie absolument semblable à celle de la Chine. Cet évènement eut lieu à la fin de 1709. Tous les souverains voulurent aussitôt avoir des fabriques de porcelaine ; mais, comme leurs États ne contenaient pas de kaolin, ils éprouvèrent les plus grands obstacles, parce qu'il fallait tirer à grands frais cette substance de la Saxe, et que le gouvernement de ce pays faisait les plus grands efforts pour en empêcher ou du moins en restreindre la sortie. La France se trouva dans cet embarras jusqu'en 1768, époque à laquelle on découvrit aux environs de Saint-Yrieix, en Limousin, les gîtes de kaolin qui n'ont cessé depuis d'alimenter nos porcelaineries[1].

1. On distingue trois sortes de porcelaine : la **porcelaine dure** ou **porcelaine de Chine**, la **porcelaine tendre artificielle** et la **porcelaine tendre na-**

4. Pendant que, dans toute l'Europe continentale, on cherchait à faire de la porcelaine, les potiers anglais s'occupaient uniquement d'améliorer leurs poteries communes. Enfin, vers 1763, l'un d'eux, Josiah Wedgwood, réunissant et complétant les travaux de ses devanciers, fonda la fabrication de la *faïence fine*, qui fut introduite en France, vers 1780. Quant aux *grès*, on admet assez généralement qu'ils ont été connus des potiers de l'ancienne Égypte, et que les peuples européens n'ont commencé à les produire que dans le courant du huitième siècle.

INDUSTRIE DU VERRE

TRENTE-NEUVIÈME LEÇON

Comment on fait le *verre*[1].

1. Parmi les produits de l'industrie qui donnent la plus haute idée du génie de l'homme, on doit citer le **verre** comme un des plus importants. On donne ce nom à une matière transparente, dure, cassante et douée d'un éclat particulier qu'on appelle *éclat vitreux*. On sait que cette matière passe, quand on la chauffe, par tous les degrés de mollesse possible, et qu'elle peut alors être soufflée en bulles comme l'eau de savon, se mouler comme la cire, s'étirer en tubes ou en fils comme le caoutchouc, après quoi elle reprend sa dureté primitive par le refroidissement.

2. Le verre est un des plus puissants auxiliaires de l'hygiène. Comme *vitre*, il nous met à l'abri des intempéries, sans nous priver de l'action bienfaisante de la lumière ; comme *glace*, il devient miroir et facilite nos soins de propreté ; comme *gobeleterie*, il s'applique

turelle. La première est la vraie porcelaine, celle dont Bottger découvrit la fabrication. La seconde a été inventée en France en 1695, au milieu des recherches entreprises en vue d'imiter la porcelaine de Chine ; c'est celle qui a commencé la réputation de la manufacture de Sèvres. Quant à la troisième, elle a été produite, pour la première fois, en Angleterre, vers 1730 ; c'est avec elle que se font ces boutons en pâte céramique dont l'usage est si répandu.

1. Pour les détails, voir ARTS ET MANUFACTURES, tom. III, quatorzième partie, chap. II.

à une multitude d'usages, surtout à la conservation de nos boissons et de nos aliments ; enfin, sous forme de *lentilles* ou de *tubes*, il rend à la science des services si considérables que, sans lui, la chimie, la physique, l'astronomie et l'histoire naturelle n'auraient pu faire leurs plus brillantes découvertes.

3. On obtient le verre en unissant un silicate à base de potasse ou de soude à un silicate à base de chaux, de magnésie ou d'alumine. On ajoute au mélange diverses substances, suivant les qualités particulières qu'on veut donner au verre. Quand les matières employées sont très pures, le verre est généralement incolore ; mais on lui communique les teintes les plus variées en y incorporant des oxydes métalliques.

4. Pour fabriquer le verre, on commence par pulvériser finement les matières, puis, après les avoir mêlées avec soin, on les calcine afin de chasser toute l'humidité qu'elles peuvent contenir. On les introduit alors dans des vases, ou *pots*, en terre très réfractaire (*fig.* 19), qui sont disposés dans des fours d'une construction particulière. Sous l'action du feu, elles entrent en fusion et quand la pâte presque liquide qu'elles forment est

Fig. 19. Pot de verrerie.

bonne à employer, on lui donne les façons qu'elle doit recevoir. Les pièces fabriquées sont ensuite soumises à un refroidissement gradué, opération qu'on appelle *recuit*, et sans laquelle elles ne présenteraient aucune solidité.

QUARANTIÈME LEÇON

Comment on fait le *verre*. (*Suite.*)

1. Il y a plusieurs espèces de verres. Elles diffèrent entre elles suivant la nature des matières employées et la proportion dans laquelle ces matières ont été mélangées. En général, on les divise toutes en deux grandes classes, en *verres ordinaires* ou *verres sans plomb*, et en *verres plombeux*, c'est-à-dire contenant du plomb. La première comprend le *verre à vitres*, le

verre à gobeleterie, le *verre à glaces* et le *verre à bou-teilles.* La seconde, le *cristal,* le *flint-glass* et le *strass.* Occupons-nous d'abord du verre à vitres et du verre à glaces, qui sont, l'un et l'autre, du *verre en table.*

2. Les matières premières du **verre à vitres** sont : le sable, la craie et la soude ou la potasse. C'est par le **soufflage** qu'on fabrique les vitres. L'outil dont on se sert est un tube de fer, appelé *canne,* qui, long d'un mètre et demi à deux mètres, est entouré de bois à son extrémité supérieure, pour qu'on puisse le manier sans se brûler. L'ouvrier, tenant ce tube par la partie garnie de bois, plonge le bout opposé dans le pot rempli de verre fondu et le retire aussitôt avec la matière pâteuse qui s'y est attachée. Il tourne cette matière sur une plaque de fonte, puis, soufflant dans la canne, lui donne la forme d'une boule creuse. Cela fait, il la ramène en bas et, toujours soufflant (*fig.* 20), lui imprime un balancement de droite à gauche et de gauche à droite, afin qu'elle s'allonge peu à peu et se convertisse en un cylindre. En termes du métier, ce cylindre se nomme *manchon.* Après en avoir détaché les deux calottes, on le fend dans sa longueur (*fig.* 21), et on

Fig. 20. — Fabrication du verre à vitres.

l'étend en appliquant dessus une baguette de fer (*fig.* 22). La feuille obtenue est ensuite posée sur une table bien plate, et on l'unit en y promenant un rateau de bois (*fig.* 23). Les cylindres au moyen desquels on met les pendules à l'abri de la poussière se fabriquent de la

même manière; seulement, on n'enlève qu'une seule
calotte et l'on ne fend pas le manchon dans sa longueur.

3. Le **verre
à glaces** se
prépare avec
un mélange de
sable très blanc
et très pur, de
chaux éteinte
et de carbo-

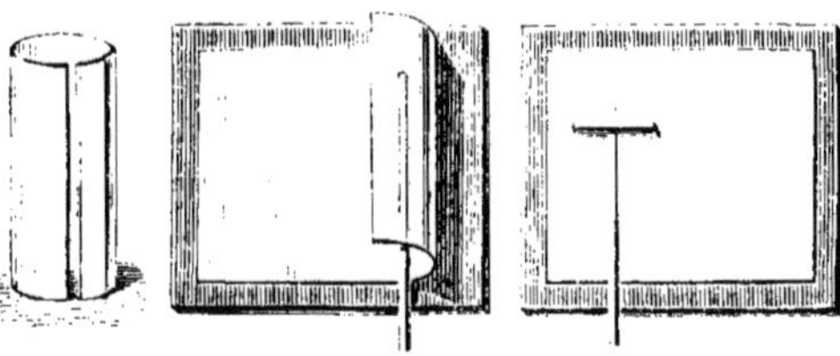

Fig. 21, 22, 23. — Fabrication du verre à vitres.

nate de soude; ce dernier en forte proportion pour
que la masse soit plus fusible et plus fluide. On le met
en œuvre par le procédé du **coulage**. A cet effet,
aussitôt qu'il est arrivé au point de fusion convenable,
on le verse sur une table de bronze parfaitement dres-
sée, et qui a été préalablement chauffée. Les côtés de
cette table sont munis de tringles de fer qui servent à
retenir la matière pâteuse et à en régler l'épaisseur.
Celle-ci s'étale donc sur la table et, pour qu'elle s'étende
uniformément, on passe dessus un lourd rouleau de
fonte, dont les extrémités portent sur les tringles.
L'opération terminée, on pousse la glace dans un four
où on la laisse refroidir entièrement. Quand elle est
froide, on la *dégrossit*, c'est-à-dire qu'on en fait disparaître les aspérités en la frottant avec de l'émeri[1] sur
lequel on promène une autre glace plus petite : après
ce travail, elle est mate. Pour la rendre transparente,
on la *polit*. Cette opération consiste à la saupoudrer de
colcothar[2] délayé dans de l'eau, et à la frotter, ainsi
garnie, avec des pièces de bois revêtues de feutre, et
qu'on fait mouvoir à la main ou à l'aide d'une machine
à vapeur. Les glaces sont livrées au commerce dans
deux états : *nues* ou *étamées*. Dans le premier cas, elles
sont simplement polies et servent à garnir les devan-
tures des magasins. Dans le second cas, elles sont non

1. On appelle **émeri**, du nom du lieu où on la trouve en abondance, une
matière minérale excessivement dure, qui attaque ou use les différents
verres.

2. On appelle **colcothar, rouge d'Angleterre** ou **rouge de Prusse**, une
matière très dure qu'on obtient par la calcination du sulfate de fer, le vitriol
vert du langage vulgaire.

seulement polies, mais encore *étamées*, c'est-à-dire recouvertes sur l'une de leurs faces d'une couche très mince de mercure ou d'argent, qui leur donne la propriété de réfléchir la lumière et de pouvoir servir de miroirs.

QUARANTE ET UNIÈME LEÇON

Comment on fait le *verre*. (*Suite*.)

1. Les verres qui servent spécialement à fabriquer les vases destinés à renfermer des liquides sont appelés *verres creux*. Les plus importants sont le *verre à gobeleterie* et le *verre à bouteilles*[1].

2. Le **verre à gobeleterie** diffère très peu du verre à vitres. On emploie le sable, la chaux éteinte et le sulfate ou le carbonate de soude. On le travaille, soit par le soufflage seulement, soit en combinant le **soufflage** avec le **moulage**. Dans ce dernier cas, on commence par souffler le verre en boule, puis on introduit cette boule dans des moules de terre cuite, de bois mouillé ou de métal, dont on la force, en souf-

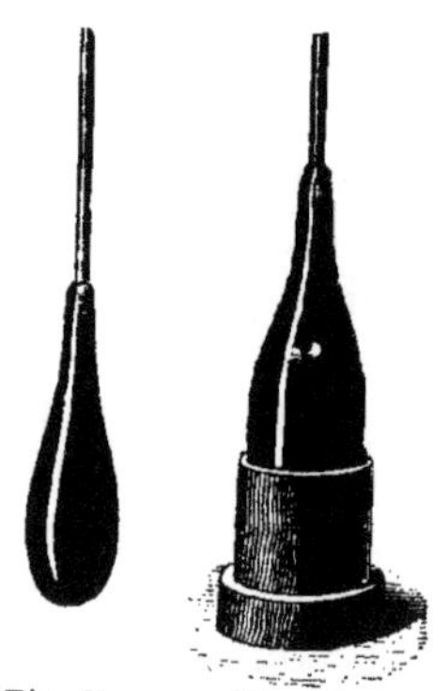

flant, à prendre toutes les empreintes. On confectionne avec le verre à gobeleterie tous les objets communs du service de table : verres à boire, salières, carafes, etc., ainsi que les vases et flacons en usage dans la pharmacie et dans les laboratoires de chimie et de physique.

3. Pour faire le **verre à bouteilles** on emploie des matières communes, par conséquent, très impures, car il faut avant tout livrer les produits à très bas prix. Ce sont le sable ocreux,

Fig. 24.   Fig. 25.

---

1. Le **verre de Bohème** est aussi un verre creux. Il se fait remarquer par sa limpidité, sa dureté, son éclat, et qui, en même temps, présente une très grande dureté et une quasi-infusibilité. Les substances qui servent à le préparer sont le quartz, le carbonate de potasse et la chaux, toutes parfaitement pures. Jusqu'à présent, c'est la Bohème qui l'a produit presque exclusivement, parce qu'elle est placée, pour cette fabrication, dans des conditions favorables qu'on ne trouve dans aucun autre pays.

la soude brute de varech et les cendres lessivées. C'est presque toujours à l'aide du **soufflage** combiné avec le **moulage** qu'on fabrique les bouteilles. Après avoir, avec la canne, *cueilli,* c'est-à-dire pris une quantité convenable de verre fondu, l'ouvrier la souffle de manière à l'allonger, d'abord en forme de poire (*fig.* 24), puis en une sorte de cylindre. Enfin, il l'introduit, toujours en soufflant, dans un moule de terre cuite ou de bronze (*fig.* 25), pour lui donner la forme définitive qu'elle doit conserver. Renversant alors la canne et l'appuyant contre terre, il enfonce le fond de la bouteille avec un instrument approprié. Il ne reste plus, pour terminer celle-ci, qu'à la retourner, à l'attacher à la canne par son fond, et enfin à former à l'extrémité du goulot, avec un peu de pâte vitreuse, l'anneau ou cordon qui sert à renforcer cette partie.

4. Arrivons maintenant au **cristal**. Ce qui le distingue des autres verres, c'est qu'il est d'une homogénéité parfaite, d'une transparence irréprochable et complètement incolore. Pour obtenir ces résultats, on emploie des matières d'une pureté aussi grande que possible, et qui sont le sable blanc, le carbonate de potasse et l'oxyde de plomb. Le cristal se fond dans des pots couverts (*fig.* 26). On le travaille, comme le verre à bouteilles et à gobeleterie, c'est-à-dire tantôt au moyen du soufflage ou du moulage, tantôt en combinant les deux procédés; mais toujours avec le soin le plus minutieux.

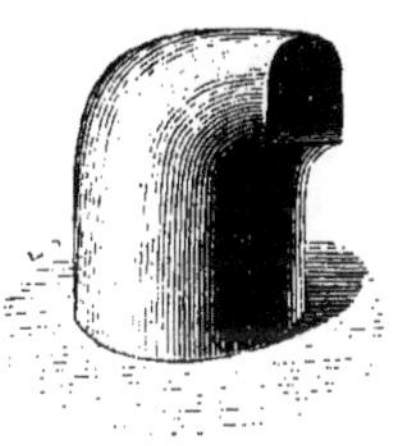

Fig. 26.

— Le **flint-glass** et le **strass**, sont deux variétés de cristal, qui s'emploient exclusivement, le premier pour les instruments d'optique, le second pour imiter les pierres précieuses.

QUARANTE-DEUXIÈME LEÇON

Sur l'histoire du verre.

1. L'époque de l'invention du verre est inconnue. On sait seulement que plus de trois mille ans avant

J.-C., les verriers de l'Egypte et de la Phénicie étaient déjà d'une très grande habileté et que, à l'exception de la gravure, qui est toute moderne, ils connaissaient et appliquaient les mêmes procédés que ceux de nos jours[1]. Ce furent les Egyptiens qui initièrent les Grecs et les Romains à l'art du verrier ; mais ces derniers seuls le cultivèrent avec succès ; aux anciens usages du verre ils en joignirent même un tout nouveau, celui des *vitres* d'appartement.

2. Au cinquième siècle, c'est-à-dire à l'époque de l'invasion des Barbares, l'industrie du verre tomba en pleine décadence dans toute l'Europe, où, pendant long-temps, on ne sut faire que des objets grossiers. Au contraire, elle resta florissante en Orient, et c'est là que les Vénitiens allèrent chercher des ouvriers et des connaissances pratiques, lorsque, vers l'an 1350, ils voulurent s'occuper de la fabrication de la verrerie de luxe.

3. Les habitants de Venise firent revivre tous les genres qui s'étaient perdus et, pendant plus de trois cents ans, inondèrent de leurs produits toutes les parties de l'Europe, ainsi que le nord de l'Afrique et jusqu'au centre de l'Asie. Ils inventèrent l'étamage du verre et, par conséquent, les *glaces-miroirs*. Cependant leurs succès excitèrent peu à peu l'émulation des autres peuples ; mais ils ne rencontrèrent de véritables rivaux que dans la seconde moitié du dix-septième siècle. Alors, en effet, les verriers de la Bohême commencèrent à fabriquer en grand leur verre célèbre. Presque en même temps, des ouvriers français, encouragés par le grand Colbert, ministre de Louis XIV, fondèrent à Tourlaville, près de Cherbourg, une manufacture de glaces qui devint bientôt célèbre, et dans un établissement du même genre créé à Paris, un peu avant 1688, un homme de génie, Abraham Thévart, révolutionna cette branche d'industrie en remplaçant le procédé du soufflage par le procédé actuel du coulage. Enfin, entre 1635 et 1700, les Anglais inventèrent le verre à base de

---

[1]. Voyez à ce sujet l'HISTOIRE DE L'INDUSTRIE, troisième partie, chap. II.

plomb, ou *cristal*, dont la fabrication fut introduite en France, vers 1784, par un verrier de Saint-Cloud, nommé Lambert.

INDUSTRIES TEXTILES

QUARANTE-TROISIÈME LEÇON

Principaux textiles[1] : le *coton*[2].

1. Le coton est fourni par un arbuste des pays chauds, qu'on appelle *cotonnier*. Le fruit de cet arbuste consiste en une gousse ayant à peu près la grosseur et la forme d'une noisette, et dont les graines sont enveloppées d'un duvet fin et soyeux. A l'époque de la maturité, il s'ouvre de lui-même et laisse déborder le duvet, qui offre alors l'aspect d'une houppe floconneuse. La matière textile que l'industrie emploie n'est autre chose que les poils ou brins qui composent cette houppe. Pour se la procurer, il suffit de récolter les gousses et de les livrer à des machines

Fig. 27. — Branche de cotonnier, avec deux fruits dont l'un, mûr et ouvert, laissant déborder la houppe du duvet.

1. Sous le nom de **matières textiles**, on désigne les substances qui, après avoir été filées, peuvent être converties en étoffes. Le nombre en est très considérable, mais quelques-unes seulement sont d'un usage général. Ainsi, en Europe, on ne se sert guère que du *coton*, du *chanvre*, du *lin*, de la *laine*, et de la *soie*.

2. Pour les détails, voir ARTS ET MANUFACTURES, tom. I, deuxième partie, chap. I, sect. 5, et troisième partie, chap. V.

spéciales qui les brisent et en séparent les graines et les débris ligneux. Enfin, quand le coton est convenablement nettoyé, on l'expédie aux filatures sous le nom de *coton en laine* (*fig.* 27).

2. Il existe plusieurs variétés de cotonniers; mais, dans le commerce, on distingue tous les cotons suivant la longueur de leurs fibrilles, parce qu'on a remarqué que cette qualité est généralement accompagnée de toutes les autres. En conséquence, on les divise en *cotons à longues soies* et en *cotons à courtes soies*[1]. Les premiers viennent principalement de la Georgie et de la Caroline du Sud, de l'île Bourbon, de Cuba et du Brésil. Les mêmes pays fournissent les seconds, concurremment avec l'Egypte, le Bengale, la Louisiane, le Levant, etc. Depuis plusieurs années, l'Algérie en produit des uns et des autres de très belle qualité.

3. Le coton a été employé, de temps immémorial, à la fabrication des étoffes, dans l'Inde, sur la côte occidentale d'Afrique, au Mexique, au Pérou, c'est-à-dire dans les pays que l'on regarde comme la patrie du cotonnier[2]. Cette industrie fut introduite en Europe par les Maures d'Espagne, dans le courant du huitième siècle; mais elle ne commença à s'y développer qu'au dix-septième, et ce fut en Angleterre que ce progrès se réalisa. Depuis cette époque, elle a pris une extension si considérable dans cette partie de l'ancien monde, qu'on y estime à près de six millions le nombre des personnes qu'elle y fait vivre, et à plus de trois milliards la valeur des produits qu'elle livre annuellement à la consommation. L'Angleterre et la France sont à la tête de cet immense mouvement, que suivent, à des distances très variables, la Russie, l'Autriche, l'Allemagne, la Belgique et la Suisse.

4. En raison de ses nombreuses variétés, le coton se prête aux emplois les plus divers. Les longues soies

---

1. La longueur des *longues soies* varie de 0^m,0202 à 0^m,039, et celle des *courtes soies* de 0^m,014 à 0^m,025. Il y a donc, dans cette dernière classe, des cotons de la même longueur que certains de la première : leur qualité ne permet pas alors de les placer dans celle-ci.

2. Voyez à ce sujet l'HISTOIRE DE L'INDUSTRIE, deuxième partie, chap. I, sect. 4.

servent à fabriquer les tissus les plus fins, tels que les percales, les mousselines, les tulles, les beaux madapolams, la bonneterie de luxe. Les courtes soies, au contraire, sont surtout propres à la confection des calicots ordinaires, de la passementerie et de ces étoffes communes ou de finesse moyenne que l'industrie invente tous les jours, et dont l'usage a tant contribué à l'amélioration de l'hygiène du vêtement.

QUARANTE-QUATRIÈME LEÇON

Principaux textiles : le *lin*[1].

1. Tout le monde connaît le **lin** : c'est une plante annuelle à tige fine, dont la hauteur ne dépasse pas quatrevingts centimètres (*fig.* 28). On le suppose originaire de la haute Asie ; mais l'homme l'a introduit dans presque tous les pays où il a pu s'acclimater. Après les provinces russes de la Baltique et de la Finlande, les contrées où on le cultive aujourd'hui sur la plus grande échelle sont : la Hollande, la Belgique, nos départements du Nord, la Saxe, la Silésie, la Westphalie et l'Italie.

2. Comme chacun sait, la tige du lin se compose d'une partie ligneuse, appelée *chènevotte*, et d'une écorce qui se sépare aisément en filaments déliés. Ces filaments sont agglutinés entre eux par une espèce de gomme, qui les unit aussi à la partie ligneuse. Avant donc de les livrer au commerce, il faut les débarrasser de

Fig. 28. — Tige de lin.

cette gomme et de la chènevotte. A cet effet, on étend les tiges sur un pré et on les abandonne, pendant un certain temps, à l'action de l'air et de la rosée, ou bien, on les fait séjourner pendant plusieurs jours, dans une eau

1. Pour les détails. voir : 1° ARTS ET MANUFACTURES, tom. I. deuxième partie, chap. I, sect. 5, et troisième partie, chap. V ; 2° HISTOIRE DE L'INDUSTRIE, deuxième partie, chap. I. sect. 2.

courante : le premier procédé s'appelle **rorage** ou **sereinage**, tandis que le second se nomme **rouissage à l'eau** ou simplement **rouissage**. Dans l'un et dans l'autre, les tiges éprouvent une espèce de décomposition partielle qui ramollit et détruit la gomme. Reste donc la chènevotte, qui n'est presque plus adhérente. Pour la détacher, on fait sécher les tiges afin de les rendre plus fragiles, puis on les brise, soit à la main, soit au moyen de machines diversement disposées, qui, tout à la fois, divisent et font tomber les parties ligneuses : c'est à cette opération qu'on donne les noms de **broyage**, de **teillage** et de **macquage**. Toutefois les filaments sont encore souillés par de très menus fragments de chènevotte. On les en débarrasse complètement en les râtissant avec une espèce de couteau ou d'épée de bois : c'est en cela que consiste l'**espadage**. Ils reçoivent alors les noms de *filasse*, de *teille* ou de *lin brut*.

3. Dans le commerce, on divise les lins de deux manières : — 1° Suivant leur couleur, en *lins blancs* et *lins gris;* — 2° Suivant leur grosseur, en *lins de fin, lins moyens* et *lins tétards*. Les plus estimés sont naturellement ceux qui réunissent la plus grande finesse à la plus grande blancheur. C'est avec les lins de fin que se font les plus belles dentelles et les baptistes les plus fines. Les lins moyens servent à fabriquer les services de table et le beau linge de corps. Quant aux lins tétards, appelés aussi *lins de gros*, on en confectionne les toiles de ménage ordinaires [1].

QUARANTE-CINQUIÈME LEÇON

Principaux textiles : le *chanvre*[2].

1. Comme le lin, le **chanvre** est une plante annuelle, mais il a une hauteur plus grande. Selon les

1. En Chine et dans l'Inde, on emploie aux mêmes usages que le lin en Europe les filaments du *ramié* et du *china-grass*, plantes de la famille des Orties. Voyez, sur ces plantes, l'HISTOIRE DE L'INDUSTRIE, deuxième partie, chap. I, sect. 5.

2. Pour les détails, voir : 1° ARTS ET MANUFACTURES, tom. I, deuxième partie, chap. I, sect. 5, et troisième partie, chap. V; 2° HISTOIRE DE L'INDUSTRIE, deuxième partie, chap. I, sect. 2.

uns, il est originaire de la haute Asie ; selon les autres, du nord de l'Europe et de l'Australie. Quoi qu'il en soit, on le cultive aujourd'hui dans toutes les contrées de l'Europe. Le plus estimé de notre pays est celui que produisent les anciennes provinces d'Anjou et d'Auvergne (*fig.* 29).

2. Les tiges du chanvre sont constituées de la même manière que celles du lin. Elles se composent, en effet, d'une partie ligneuse, ou *chènevotte,* et d'une écorce filamenteuse, le tout soudé ensemble par une matière gommeuse. Afin de pouvoir en détacher les filaments, on est obligé de les traiter comme nous l'avons dit pour le lin. Seulement, comme, en raison de leur extrême rudesse, le broyage n'est pas suffisant pour les rendre assez souples, on leur communique cette propriété, soit en les battant au maillet, soit en les foulant avec des pilons, soit encore en les faisant passer sous

Fig. 29. — Deux tiges de chanvre, l'une de chanvre femelle (1), l'autre de chanvre mâle (2).

des meules ou entre des cylindres compresseurs.

3. Les usages du chanvre sont beaucoup plus bornés que ceux du lin. On en fait presque uniquement des toiles de ménage, de la toile pour les voiles des navires, de la ficelle et toute espèce de grosses cordes[1].

---

1. Un grand nombre d'autres matières textiles portent le nom de *chanvre.* La plus importante est celle qu'on appelle *jute ou chanvre de Calcutta.* On la retire de plusieurs Corrètes, plantes de la famille du Tilleul, qui croissent naturellement dans toute l'Asie méridionale. Dans les pays de production, elle reçoit, suivant la qualité, les mêmes applications que notre chanvre et

QUARANTE-SIXIÈME LEÇON

Principaux textiles : la *laine*[1].

1. On sait que la **laine** recouvre la peau des moutons, ce qui a valu, de tout temps à ces animaux d'être spécialement appelés *bêtes à laine*. Les brins qui la constituent sont toujours plus ou moins ondulés et crépus, ce qui leur permet de contracter entre eux une certaine adhérence. Ils sont, en outre, hérissés de petits crochets recourbés, auxquels ils doivent la propriété de se *feutrer*, c'est-à-dire de pouvoir, par l'agitation et le foulage, s'enchevêtrer au point de former, sans l'intervention du tissage, un tissu extrêmement solide, qu'on nomme *feutre*.

2. Personne n'ignore que la récolte de la laine se nomme *tonte*, qu'elle se fait annuellement, et qu'elle consiste à couper la matière filamenteuse le plus près possible de la peau, et de façon que la dépouille de l'animal, ou la *toison*, reste entière. Celle-ci se compose de *mèches* ou *flocons* séparés, chacun contenant un certain nombre de brins. La laine qui provient de l'opération de la tonte, et qui, par conséquent, est prise sur l'animal vivant, est dite *laine de toison*. Celle, au contraire, qui provient de la peau des animaux tués pour la boucherie ou morts de maladie se nomme *laine morte* ou *pelure*. Cette distinction n'est pas indifférente pour l'industrie, parce que ces deux sortes de laines ne prennent pas la teinture avec la même facilité. Une autre distinction est celle de la *laine en suint* ou *laine surge* et de la *laine lavée*. La première expression désigne la laine qui est dans son état naturel, c'est-à-dire enduite d'une matière grasse, appelée *suint* ou *surge*, que le mouton sécrète en même temps que la laine. Quant à la seconde, elle indique que la laine a été débarrassée

---

notre lin. Voyez, sur cette plante, l'Histoire de l'Industrie, deuxième partie, chap. ii, sect. 5.

1. Pour les détails, voir : 1° Arts et Manufactures, tom. I, deuxième partie, chap. v, et troisième partie, chap. v ; 2° Histoire de l'Industrie, deuxième partie, chap. i, sect. 1.

de cette matière au moyen de lavages, qui tantôt se font avant la tonte (*lavage à dos*) et tantôt après (*lavage marchand*).

QUARANTE-SEPTIÉME LEÇON

Principaux textiles : la *laine*. (*Suite.*)

1. Il existe une grande variété de laines qui se distinguent entre elles par la longueur, la finesse, la douceur, la flexibilité, le nombre des ondulations et la grosseur des brins. Ces différences ont pour cause, non seulement la diversité des races de bêtes, mais encore, dans la même race, l'influence du climat et du régime, et, dans le même individu, la partie du corps. On appelle *laines mérinos*, celles qui sont fournies par la race mérinos : ce sont les plus estimées; *laines communes*, celles qui proviennent des races ordinaires; *laines métis*, celles que donnent les races intermédiaires.

2. Sous le point de vue des produits qu'elle en confectionne, l'industrie divise toutes les laines en deux grandes catégories, en *laines longues* et en *laines courtes*. On classe dans les laines longues celles dont les brins ont au moins douze centimètres de longueur. C'est avec elles que se fabriquent les étoffes rases et moelleuses, telles que les mérinos, les flanelles, les mousselines-laines, les serges, les châles, et autres articles analogues. Comme il est nécessaire, pour qu'elles soient propres à cet emploi, que leurs filaments soient aussi droits que possible, et que le peignage permet d'obtenir ce résultat, on les appelle aussi *laines à peigne*. La section des laines courtes comprend celles dont la longueur des brins ne dépasse pas généralement douze centimètres. Elles servent à faire toutes les étoffes plus ou moins feutrées ou foulées, depuis les draps les plus fins jusqu'aux couvertures les plus grossières. Comme pour les approprier à cet usage, il faut qu'elles soient travaillées de manière à les prédisposer au feutrage et au foulage, et qu'on produit facilement cet effet au moyen du cardage, on les nomme aussi *laines à carde*.

QUARANTE-HUITIÈME LEÇON

Principaux textiles : la *soie* [1].

1. Plusieurs insectes, à l'état de larve [2], se construisent une coque, ou *cocon*, pour y subir leur dernière métamorphose à l'abri des influences atmosphériques. Ils se servent pour cela d'un fil fin, élastique et plus ou moins solide, qu'ils élaborent, à mesure qu'ils en ont besoin, au moyen d'un appareil extrêmement ingénieux dont la Providence les a pourvus. Ce fil n'est autre chose que la **soie**. En Europe, pour obtenir cette précieuse substance, on élève un petit papillon blanchâtre qu'on appelle *bombyx du mûrier*, parce qu'il se nourrit des feuilles du Mûrier blanc (*fig.* 30), et l'on donne le nom de *sériciculture* à l'art de faire cette éducation, et celui de *magnaneries* aux établissements où l'on s'y livre.

Fig. 30. — Bombyx du mûrier.

La larve ou chenille de cette espèce est vulgairement appelée *ver à soie* (*fig.* 31).

Fig. 31. — Ver à soie du mûrier.

2. Donnons une idée des opérations de la Sériciculture. Après s'être procuré des œufs d'une récolte précédente, des *graines* comme disent les éducateurs, on les fait éclore dans une chambre chauffée convenablement, au moment où les mûriers vont pousser leurs premières

---

1. Voir pour les détails ARTS ET MANUFACTURES, tom. I, troisième partie, chap. II et chap. V.

2. Un grand nombre d'insectes qui naissent d'œufs changent plusieurs fois de forme avant de prendre celle qu'ils conserveront jusqu'à la mort. La forme qu'ils prennent en sortant de l'œuf a reçu le nom de *larve*. A cause de son aspect, on l'appelle vulgairement *ver* ou *chenille*. Ainsi, par exemple, le *ver blanc* est la larve du hanneton.

feuilles. Les chenilles qui naissent de ces œufs sont d'a-
bord entièrement noires et hérissées de poils. Trois ou
quatre jours après, elles subissent une première *mue*,
c'est-à-dire un premier changement de peau, et leur
couleur commence à s'éclaircir. Un peu plus tard, une
seconde mue a lieu, à la suite de laquelle elles sont
presque entièrement blanchâtres. Elles se dépouillent
encore trois fois de leur ancienne peau, avant d'avoir
acquis tout leur développement.

3. Après sa dernière mue, le ver à soie mange
gloutonnement pendant quelques jours, après quoi il
perd de son appétit, diminue un peu de volume et
cherche une place pour y filer son cocon. A ce moment,
on dispose des menues branches de genêt ou de bruyère,
sur lesquelles il ne tarde pas à grimper. Aussitôt qu'il a
trouvé un endroit convena-
ble, il accroche çà et là des
brins de fil de façon à produire un canevas grossier
destiné à lui servir de sup-
port. Se plaçant alors au milieu de cette espèce d'écha-
faudage, il construit le cocon
proprement dit en décrivant
des tours qui donnent à ce
dernier une forme ovale
(*fig.* 32). Les fils sont d'a-
bord peu serrés, de sorte
qu'on aperçoit encore le ver
travailler; mais la quantité

Fig. 32. — Ver filant son cocon.

de soie déposée ne tarde pas à devenir assez compacte
pour qu'il cesse d'être visible.

4. La construction du cocon dure environ trois jours.
Quand elle est terminée, l'insecte se raccourcit, se renfle
par le milieu du corps et se transforme en chrysalide.
Dans cet état, il ressemble grossièrement à une *fève*
sèche (*fig.* 33), circonstance qui lui en fait donner le
nom. Enfin, une quinzaine de jours plus tard, la peau de
la chrysalide se fend, et le papillon en sort. Toutefois, il
est encore prisonnier dans la coque soyeuse. Pour la

percer, il jette contre l'un des bouts une espèce de salive qui, en ramollissant la soie, lui permet d'en écarter les brins pour se frayer un passage. Mais on ne laisse achever ainsi leurs métamorphoses que les animaux qui doivent fournir les œufs pour perpétuer l'espèce. Quant aux cocons qu'on destine à l'industrie, on les expose à la chaleur d'un four ou bien à un courant de vapeur d'eau ou d'air chaud, afin de faire périr les chrysalides, parce que, si l'on donnait aux papillons le temps d'éclore et de sortir, la soie ne pourrait être filée régulièrement[1].

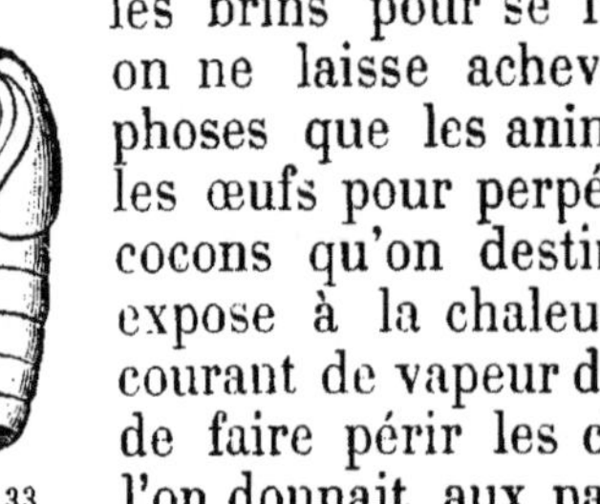

Fig. 33.
Chrysalide.

5. Le cocon peut être considéré comme une petite pelote creuse, formée d'un brin unique que le ver a replié autour de lui par couches superposées, et dont la disposition offre une suite de courbures semblables à des 8 (*fig.* 34). Après la récolte, ces espèces de pelotes sont remises à des femmes, qui les dévident, après quoi les fils produits passent à des ouvriers spéciaux qui les réunissent plusieurs ensemble afin de leur donner la ténacité nécessaire[2].

Fig. 34.

1. On admet généralement que 100 grammes d'œufs, quand l'éducation est bien conduite, donnent de 150 à 200 kilogrammes de cocon, et qu'il faut 100 kilogrammes de cocons pour obtenir 8 kilogrammes de soie. On admet aussi que la soie d'un cocon pèse moyennement 0gr,15, et que son fil a une longueur qui varie entre 220 et 350 mètres. Ce fil est si délié, dans certaines variétés de soie, que son diamètre n'a pas plus de 18 millièmes de millimètre, et, malgré cette prodigieuse ténuité, sa force est encore très considérable. Remarquons, en outre, que certains vers donnent de la soie blanche et d'autres de la soie jaune.

2. La soie, telle qu'elle sort de ces opérations, est recouverte d'une matière gommeuse, qui lui donne une certaine roideur. Dans cet état, on l'appelle *grége* ou *écrue*, et on l'emploie surtout pour certaines étoffes, comme les blondes et les gazes. Dans tout autre cas, surtout quand elle doit être teinte, il est indispensable de la débarrasser de cette matière : elle prend alors le nom de *soie cuite* ou *décreusée*.

QUARANTE-NEUVIÈME LEÇON

Principaux textiles : la *soie*. (*Suite.*)

1. Il est universellement admis que l'industrie de la soie a pris naissance en Chine, on ignore à quelle époque, et que, pendant fort longtemps, l'art de produire cette précieuse matière n'a existé que dans ce pays[1]. Les Grecs sont les premiers Européens qui aient connu la soie. Ils acquirent cette connaissance vers le quatrième siècle avant notre ère, mais ils ignorèrent toujours la nature du nouveau textile : ils le recevaient du centre de l'Asie, soit à l'état de fil pour être tissé, soit à l'état d'étoffes. Les Romains se trouvèrent dans le même cas. Au reste, chez les uns, comme chez les autres, la soie fut toujours une marchandise peu commune, par conséquent très chère. Les Européens ne commencèrent à la produire eux-mêmes que vers le milieu du sixième siècle de notre ère, sous le règne de l'empereur Justinien, époque à laquelle des moines de l'ordre de Saint-Basile qui, pendant un long séjour à Khotan, ville de la petite Boukharie, sur les frontières de la Chine, s'étaient mis au courant des procédés de la Sériciculture, les apportèrent à Constantinople, en même temps que des œufs de vers à soie, ceux-ci enfermés dans leurs bâtons de voyage.

2. Pendant plusieurs centaines d'années, la Sériciculture resta confinée en Grèce, principalement dans la Morée; mais, au douzième siècle, Roger II, roi de Sicile, l'introduisit dans cette île, d'où elle ne tarda pas à se répandre dans le royaume de Naples, puis dans les Etats de l'Eglise, jusqu'en Lombardie et en Piémont. D'un autre côté, au huitième siècle, les Arabes avaient déjà importé cette industrie en Egypte, dans les pays Barbaresques, et de là dans les provinces méridionales de l'Espagne. En France, Avignon, alors possession des souverains Pontifes, fut la première ville qui eut des fabriques de soieries. Elle en fut dotée, vers 1274, par

---

1. Voyez à ce sujet l'HISTOIRE DE L'INDUSTRIE, deuxième partie, chap. I, sect. 3.

le pape Grégoire X, qui en, même temps, prodigua des encouragements pour répandre la culture du mûrier et l'éducation des vers à soie dans les environs de cette ville. Par la suite, des établissements analogues se fondèrent, d'abord à Nîmes (vers 1400), puis à Lyon (1450), à Tours (1470), etc. Néanmoins, ce furent ceux de Lyon qui se développèrent le plus rapidement : en 1680, il y avait déjà plus de cent ans qu'ils occupaient le premier rang. Dans le même siècle, des réfugiés français introduisirent ou mirent en pleine prospérité le travail de la soie en Angleterre, en Suisse, en Allemagne et en Hollande.

3. Actuellement, la fabrication des soieries forme, après celle du coton, la branche la plus importante de l'industrie des tissus. En Asie, elle est toujours exploitée sur la plus grande échelle, principalement en Chine, au Japon, dans l'Inde, en Perse et dans l'Indo-Chine. En Amérique, elle est surtout florissante aux Etats-Unis. Quant à l'Europe, elle est répandue dans tous les Etats du centre et du midi, c'est-à-dire en France, en Autriche, en Allemagne, en Suisse, en Espagne, en Italie et en Turquie; mais c'est dans notre pays qu'elle occupe le plus de bras et donne lieu au plus grand mouvement d'affaires. En effet, les manufactures françaises produisent à elles seules presque autant que celles de toutes les autres contrées ensemble, et Lyon est toujours le centre principal de cette branche de notre richesse industrielle.

CINQUANTIÈME LEÇON

Comment se fait le *fil*[1].

1. A l'exception de la soie, qui est à l'état de fil quand le précieux insecte la produit, toutes les matières textiles se présentent sous la forme de filaments d'une grosseur irrégulière et d'une longueur très limitée. Pour les rendre propres à la confection des étoffes et aux

---

1. Pour les détails, voir ARTS ET MANUFACTURES, troisième volume, quinzième partie, chap. I.

autres usages de l'industrie, il est indispensable de les *filer*, c'est-à-dire d'en former un fil d'une étendue indéfinie, et d'une grosseur égale d'un bout à l'autre. On donne le nom de **filage** à l'opération qui sert à obtenir ce résultat, et celui de **filature** à l'ensemble des procédés à l'aide desquels on l'effectue.

2. Dans la pratique de la filature, on distingue deux séries d'opérations : la première comprend ce qu'on appelle les *préparations*, la seconde constitue le *filage proprement dit*. Dans l'une et dans l'autre, le travail se fait, tantôt à la main, tantôt au moyen de machines ; de là deux systèmes de filature : la *filature à la main* et la *filature mécanique*.

3. Les **préparations** ont pour objet de prédisposer les matières à être filées. Elles sont au nombre de trois principales : le *battage*, le *cardage* et le *peignage*.

4. Par le **battage**[1] on démêle les matières, et, en même temps, on les débarrasse de la terre, du sable et des autres impuretés analogues qu'elles peuvent contenir. A cet effet, on les étend à l'air, sur une claie, puis on les frappe avec des baguettes longues et flexibles. On conçoit que, sous le choc de ces baguettes, la terre et le gros sable se dégagent des filaments et tombent sous la claie, tandis que les poussières plus légères sont entraînées par le courant d'air.

5. Les filaments sortent du battage bien nettoyés, mais ils sont tortillés très irrégulièrement. Le **cardage** et le **peignage**, qui viennent immédiatement après, servent à les dénouer, à les redresser un à un, autant que possible, afin de les ranger parallèlement entre eux. Ces deux opérations tendent donc au même but. Néanmoins, on n'y soumet pas indistinctement tous les textiles. On ne carde généralement que les matières de peu de longueur, comme la Laine courte et les cotons courtes soies, tandis qu'on peigne celles d'une grande longueur, comme le chanvre, le lin, la laine longue, les cotons longues soies. Dans les deux cas, pour faciliter le tra-

1. Toutes les matières textiles ont besoin d'être battues, mais le coton et la laine plus que le chanvre, parce qu'ils sont généralement livrés aux filatures en balles très serrées.

vail de la laine, on est obligé de l'enduire légèrement d'un corps gras, qui est ordinairement l'huile d'olive, ou mieux l'acide oléique [1]. Le cardage consiste à faire cheminer la matière, par petites portions, entre deux séries d'aiguilles à pointes opposées, auxquelles on imprime des mouvements en sens contraire. On se sert pour cela de deux planchettes, nommées *cardes*, chacune munie d'un manche et portant une des deux séries d'aiguilles. Dans le peignage, on fait aussi passer la matière sur des aiguilles, mais ces aiguilles sont droites, très longues et très aiguës. Elles sont implantées, sur deux ou trois rangs, dans une pièce de bois rectiligne pourvue d'un manche. L'instrument, ainsi disposé, constitue le *peigne du fileur.*

6. Les opérations préparatoires fournissent la laine et le coton à l'état de plaquettes presque transparentes, ou de boudins plus ou moins gros, le chanvre et le lin sous forme de poignées plus ou moins volumineuses. Pour convertir en fil ces plaquettes, ces boudins ou ces poignées, il suffit de faire glisser les uns sur les autres les brins dont leurs filaments sont formés, puis de les réunir les uns à côté ou à la suite des autres, en les tordant suffisamment, de manière que la tension puisse plutôt les rompre que les séparer. C'est en cela que consiste le **filage**, et, pour obtenir ce résultat, on emploie la *quenouille* ou le *rouet*, instruments bien connus.

7. Ce qui précède se rapporte au travail manuel. Dans la filature mécanique, les opérations sont les mêmes, mais elles s'effectuent au moyen de machines qui, placées dans un certain ordre, les unes à la suite des autres, et mues par la vapeur ou par une roue hydraulique, font plus d'ouvrage en une heure que pourraient en faire en plusieurs journées des centaines d'ouvriers habiles. Ces machines étant trop compliquées pour que nous puissions les décrire, nous nous bor-

---

1. On donne le nom d'**acide oléique** à une substance grasse qu'on retire du suif, dans les fabriques d'acide stéarique. Il sera question de ce dernier à la leçon consacrée à l'industrie des bougies.

nerons à énumérer les principales. Pour les préparations, on emploie successivement des *ouvreuses* ou *batteries,* des *cardeuses,* des *peigneuses,* des *bancs à étirer,* des *bancs à broches,* etc., tandis que, pour le filage, on se sert de *métiers continus* ou de *mulls-jennys,* des premiers pour le chanvre, le lin et les cotons ordinaires, des seconds pour la laine et les cotons fins.

CINQUANTE ET UNIÈME LEÇON

Comment se fait le *fil.* (*Suite.*)

1. L'art du filage est si ancien qu'on n'a jamais pu connaître l'époque de son invention. Toutefois, ce n'est que depuis la seconde moitié du dix-septième siècle qu'il est devenu une industrie véritable[1]. Avant ce temps, il constituait partout une modeste occupation presque exclusivement réservée aux ménagères des campagnes, et c'est à peine si le *rouet,* connu dans l'Inde depuis une époque immémoriale, et réinventé en Europe vers 1630, avait pu réussir, dans quelques pays privilégiés, à remplacer l'humble *quenouille,* instrument primitif qu'on a trouvé jusque chez les peuplades les plus sauvages du Nouveau Monde et de l'Afrique centrale.

2. La transformation radicale que le filage a subie dans les temps modernes, et qui a eu pour résultat la création de la *filature mécanique,* a pris naissance en Angleterre. Elle a eu pour point de départ les premiers développements de l'industrie cotonnière dans ce pays. Vers 1760, la fabrication des cotonnades anglaises était déjà si florissante, que les fileurs à la main ne pouvaient plus fournir assez de fil aux tisserands. Cette circonstance engagea plusieurs personnes à chercher un moyen qui pût permettre à un seul homme de faire autant de travail que plusieurs fileuses à la fois. La première machine destinée à résoudre ce problème fut construite vers 1765, par Thomas Highs, qui, du nom de sa fille, l'appela *Jeannette la fileuse,* en anglais

---

1. Voyez à ce sujet l'HISTOIRE DE L'INDUSTRIE, deuxième partie, chap. II.

spinning Jenny. S'apercevant qu'elle ne pouvait donner que du fil de trame[1], cet inventeur en fit presque aussitôt une autre qui produisait admirablement le fil de chaîne, et qui fut appelée *throstle* ou *métier continu*. C'est dans cette seconde machine, qui fut répandue par Richard Arkwright dans toute l'Angleterre, qu'on a vu, pour la première fois, figurer les *cylindres étireurs*, c'est-à-dire l'organe sur lequel repose surtout la filature mécanique. En 1775, Samuel Crompton inventa le *mull-Jenny* ou *moulin de Jeannette*, qui opéra dans la filature par machines, telle qu'elle existait alors, la même révolution que les appareils précédents avaient opérée dans le filage à la quenouille et au rouet. Le *banc à broches* ne parut qu'après 1815 : on l'attribue généralement à Cocker et Higgins.

3. A mesure que ces diverses inventions se réalisèrent, les appareils qui servent à donner les préparations se transformèrent à leur tour, ce qui obligea à remplacer les cardes et les peignes à main par des *machines à carder* et *à peigner*, et, grâce à toutes ces inventions, la filature mécanique du coton se trouva réalisée. Celle de la laine ne tarda pas à la suivre. Toutefois, pendant longtemps, on ne put employer les machines que pour les laines courtes ; ce ne fut même qu'en 1816 qu'elles commencèrent à être appliquées aux laines longues. Restait à filer mécaniquement le chanvre et le lin. A cause de la nature particulière de ces substances, on n'avait encore pu réussir qu'à produire des fils grossiers et très imparfaits, lorsque, dans le courant de 1810, à l'occasion d'un concours ouvert par l'empereur Napoléon Ier, un de nos compatriotes, Philippe de Girard, eut le bonheur de résoudre la question.

---

1. On appelle *trame* les fils placés dans le sens de la largeur d'une étoffe, et *chaîne* ceux qui sont placés dans le sens de la longueur. (Voyez la leçon suivante.)

TISSAGE

CINQUANTE-DEUXIÈME LEÇON

Comment se font les *étoffes* [1].

1. Quand on examine une *étoffe* quelconque, un *tissu* comme on dit dans un sens plus général, on remarque à première vue qu'elle résulte de l'entrelacement régulier de fils soumis à une certaine tension. Il en existe un très grand nombre d'espèces, qui diffèrent entre elles par la manière dont leurs fils sont entrelacés, telles que la toile de ménage, les draps, les tapis, les tapisseries, les tulles, les tricots, les dentelles, les filets de pêche, etc.; mais nous ne parlerons que des plus simples, c'est-à-dire de ceux dont il est le plus facile de faire comprendre la fabrication. En termes de métier, on les appelle *à corps plein, à fils serrés et rectilignes,* parce qu'ils ont les fils droits et tellement pressés les uns contre les autres qu'on n'aperçoit pas le jour à travers. Ces tissus sont d'ailleurs les plus nombreux, car ils renferment toutes les étoffes unies ou simplement rayées, comme la toile à voiles, la toile de ménage, le calicot, le madapolam, la mousseline, la batiste, et la plupart des articles de draperie.

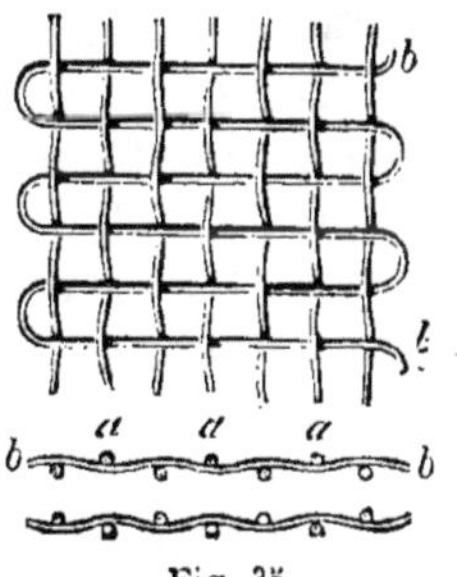

2. Ce qui caractérise les tissus dont nous parlons, c'est qu'ils sont formés (*fig.* 35) par deux séries de fils qui se croisent invariablement à angle droit, en ne laissant entre eux que des espaces imperceptibles à la vue. Les fils de la première série *aaa* sont placés dans le

Fig. 35.

sens de la longueur de la pièce d'étoffe et isolés les uns des autres. Les fils de la seconde série *bb* les entrelacent transversalement et peuvent être considérés comme un fil unique successivement replié et serré sur lui-même,

---

1. Pour les détails, voir ARTS ET MANUFACTURES, tom. III, quinzième partie, chap. II.

de manière à remplir exactement les vides laissés par les premiers. On nomme *chaîne* l'ensemble des fils longitudinaux, et *trame* celui des fils transversaux.

3. La fabrication d'un tissu de ce genre consiste donc à tendre un certain nombre de fils dans le sens de la longueur de la pièce, puis à les entrecroiser, dans le sens de la largeur, avec un fil unique que l'on fait aller alternativement de droite à gauche et de gauche à droite. Pour faciliter le travail, on divise les fils de la chaîne en deux groupes, l'un comprenant les fils impairs, c'est-à-dire 1, 3, 5, 7, etc., l'autre contenant les fils pairs, c'est-à-dire 2, 4, 6, 8, etc. Chacun des fils de chaque groupe passe ensuite dans une boucle formée vers le milieu d'une ficelle verticale, puis toutes les ficelles du même groupe sont attachées à deux tringles de bois, l'une en haut, l'autre en bas. Il résulte de cette disposition que, lorsque, par un moyen quelconque, on fait monter l'une des tringles et descendre l'autre, elles entraînent les ficelles correspondantes et, par suite, les fils avec lesquelles celles-ci sont en rapport. Il se produit ainsi entre les deux nappes de fils un vide d'une certaine grandeur dans lequel on glisse le fil de trame. Cet effet obtenu, si l'on imprime un second mouvement aux tringles, mais en sens inverse, le fil de trame se trouve emprisonné par les fils de chaîne et, en même temps, ces derniers forment, en avant de ce fil, un nouveau vide dans lequel on peut encore passer la trame. En continuant de la même manière, on obtient graduellement telle longueur d'étoffe qu'on désire.

4. Pour fabriquer les tissus, on se sert d'appareils appelés **métiers à tisser**. Le plus simple (*fig.* 36) est celui qu'on voit chez les tisserands de village et qu'on nomme *métier à marches*. Pendant des siècles, on n'en a pas connu d'autre[1]. Mais, aujourd'hui dans les

---

1. Voici le nom et l'usage des parties essentielles de ce métier : — D, siège du tisseur; — E (*ensouple de derrière*), cylindre tournant sur lequel les fils de la chaîne sont enroulés, et qui les tend à mesure qu'ils sont employés; — S (*ensouple de devant*), autre cylindre tournant sur lequel on enroule l'étoffe à mesure qu'elle est tissée; — ll (*lumes* ou *lisses*), ficelles munies d'anneaux dans lesquels passent les fils de la chaîne; — MM (*mar-*

ateliers importants, on l'a remplacé par des engins beaucoup plus compliqués, qu'on appelle **métiers mécaniques ,**
et qui, moins en-
combrants que
les anciens,
fournissent dans
le même temps
une quantité
d'ouvrage infi-
niment plus
considérable.

5. Outre les
tissus unis, il
y en a d'autres
dont la surface
présente des or-
nements de toute
espèce, plantes,
animaux, paysa-

Fig. 36. — Métier à marches.

ges, etc., obtenus par le simple croisement des fils. Les tissus de cette espèce sont dits *façonnés* ou *figurés*. Ils sont également formés d'une chaîne et d'une trame, mais l'exécution des dessins dont ils sont enrichis exige que les fils de la chaîne puissent se mouvoir, soit isolé-ment, soit groupés plusieurs ensemble, ce qui rend in-dispensable l'emploi de métiers spéciaux.

CINQUANTE-TROISIÈME LEÇON

Comment se font les *étoffes*. (Suite.)

1. Quelques mots maintenant sur l'histoire du tis-sage[1]. Comme la filature, cet art a une origine immé-moriale ; mais ce qu'il offre de singulier, c'est qu'il a

ches), pédales sur lesquelles l'ouvrier appuie avec le pied pour faire des-cendre et monter les lisses ; — *s* (*battant*), pièce de bois munie d'un peigne (*ros*) pour séparer les fils de la chaîne et serrer celui de la trame aussitôt après son passage ; elle porte, en outre, une espèce de longue boîte (*chasse, masse*) dans laquelle va et vient la navette chargée du fil de trame.

1. Sur ce sujet, voyez l'HISTOIRE DE L'INDUSTRIE, deuxième partie, chap. III.

fait de très bonne heure, des progrès extrêmement remarquables. Si l'on en juge même par les récits des historiens et les rares échantillons qui sont parvenus jusqu'à nous, il est incontestable que, pendant le moyen âge, ainsi que chez les nations civilisées de l'antiquité, les tisserands connaissaient et employaient la plupart des artifices qu'emploient ceux de nos jours. Les modernes n'ont réellement fait que simplifier le travail des tissus façonnés et créer la fabrication mécanique des tissus simples et unis.

2. Les premières tentatives pour produire mécaniquement les étoffes unies ont été effectuées en France, d'abord en 1678, par un officier de marine nommé de Gennes, puis en 1745, par l'illustre mécanicien Vaucanson; mais elles n'eurent aucun succès, parce que l'état où était alors notre industrie ne réclamait pas ce progrès. Quelques années plus tard, les choses se passèrent tout autrement en Angleterre. Ce pays possédant déjà la filature mécanique du coton, il était nécessaire que de nouveaux métiers à tisser vinssent donner le moyen d'utiliser l'énorme quantité de fil que les fileurs produisaient chaque jour, et à la consommation duquel les anciens procédés de tissage ne pouvaient suffire. Le docteur Edmond Cartwright répondit à ce besoin en construisant une machine à tisser qui, terminée dès 1787, devint presque aussitôt l'objet de perfectionnements sans nombre, à la suite desquels la fabrication des étoffes unies par procédés mécaniques se trouva un fait accompli. Cette fabrication fut introduite en France pendant les premières années de notre siècle.

3. La révolution accomplie par les modernes dans le tissage des étoffes façonnées est également d'origine française. De plus, c'est dans notre pays, à Lyon, qu'elle a produit ses premiers résultats pratiques. Le mécanicien Claude Dangon la commença en 1606. Au siècle suivant, plusieurs artistes, entre autres Garon, Bouchon, Falcon et Vaucanson, firent des recherches dans la même direction. Enfin, dans les premières années de ce siècle, un ouvrier tisseur, appelé Jac-

quard, mettant à profit les découvertes de ses devanciers, plus particulièrement celles de Falcon et de Vaucanson, produisit le métier auquel on a donné son nom, mais qui, sorti très imparfait d'entre ses mains, ne put devenir d'un usage général qu'à partir de 1816 quand plusieurs habiles constructeurs, entre autres, Breton et Skola, furent parvenus, en le dotant de perfectionnements indispensables, à le faire marcher d'une manière satisfaisante.

CINQUANTE-QUATRIÈME LEÇON

Du *blanchiment* des matières textiles, et comment il se fait[1].

1. Quand elles sont absolument pures, les fibres textiles sont d'une blancheur parfaite ; mais, dans la nature, elles sont généralement recouvertes de matières étrangères qui, adhèrent à leur surface, masquent leur couleur et nuisent à leur souplesse. Dans cet état, on les appelle *écrues* ou *en écru.* Il est rare qu'on les emploie ainsi. Le plus souvent, avant de les mettre en usage, on les débarrasse de toutes ces matières, afin de les rendre aussi blanches que possible. On dit alors qu'elles sont *blanchies* ou *en blanc,* et l'on donne le nom de **blanchiment** à l'ensemble des opérations à l'aide desquelles on obtient ce résultat[2].

2. Toutes les fibres peuvent être blanchies, mais le traitement n'est pas le même pour celles d'origine animale, comme ·la laine et la soie, que pour celles d'origine végétale, comme le chanvre, le lin et le coton. En outre, il est toujours plus long et plus difficile pour les fibres tissées que pour les fibres simplement filées, parce que les premières, ayant passé par un plus grand nombre de mains que les secondes, se trouvent chargées d'une plus grande quantité de corps étrangers. Sauf cette

1. Pour les détails, voir ARTS ET MANUFACTURES, tom. III, quinzième partie, chap. III.
2. Le *blanchiment* ne doit pas être confondu avec le **blanchissage.** Celui-ci, en effet, ne s'applique qu'aux tissus en cours de service, linge de table, linge de corps, etc., et il a uniquement pour but de les débarrasser des saletés qui les souillent accidentellement et leur ont ôté tout ou partie de leur blancheur primitive.

circonstance, il est basé sur les mêmes principes pour chaque nature de fibres, en sorte que pour en donner une idée, il suffira de dire comment on procède pour les tissus. Occupons-nous d'abord des étoffes de nature végétale.

CINQUANTE-CINQUIÈME LEÇON

Du blanchiment des matières textiles et comment il se fait. (Suite.)

1. Pour blanchir les toiles de *coton*, on commence toujours par les faire séjourner dans l'eau chaude, pendant au moins vingt-quatre heures, afin de ramollir la crasse des mains, et de dissoudre les substances solubles qui les salissent, puis on les débarrasse de toutes ces matières en les soumettant à un froissage plus ou moins énergique, combiné avec l'action d'un courant d'eau. Ce froissage s'effectue à l'aide de machines, qui détachent les corps étrangers, après quoi ils sont entraînés par l'eau courante. Alors a lieu le blanchiment proprement dit. Il comprend trois opérations principales : le *coulage*, le *chlorage* et le *vitriolage*.

2. Le **coulage** a pour objet de dissoudre les matières grasses que le coton renferme naturellement, afin qu'il soit ensuite possible de les enlever par des lavages à l'eau. On obtient ce résultat en mettant les pièces en contact, pendant plusieurs heures, avec une lessive [1] bouillante de soude caustique [2].

3. Par le **chlorage,** on se propose de détruire les principes colorants qui ont résisté à la lessive. On a recours pour cela à une immersion dans une dissolution de chlorure de chaux [3]. On répète les deux manipula-

---

1. Le mot **lessive** désigne proprement la liqueur que l'on obtient en faisant fondre de la *soude* ou de la *potasse* dans de l'eau chaude. On sait que ces deux substances existent, la première dans les cendres des plantes qui croissent dans la mer ou sur ses bords ; la seconde dans les cendres des plantes terrestres.

2. Dans le commerce, on appelle simplement **soude** le carbonate de soude, sel composé de soude et d'acide carbonique. La **soude caustique** est la même substance débarrassée de son acide carbonique.

3. On donne le nom de **chlorure de chaux** à un corps composé de chlore et de chaux. Il doit à la présence du chlore (voy. pag. 14, note 3) la propriété décolorante qui le fait employer dans le blanchiment.

tions, le lessivage et le chlorage, un certain nombre de fois, et dans le même ordre, en ayant soin, après chacune, de laver à grande eau, pour éliminer les parties déjà dissoutes.

4. Le **vitriolage** consiste à passer rapidement les tissus dans un bain d'acide sulfurique[1], tiède et très étendu, pour les débarrasser de certaines matières terreuses ou ferrugineuses qui pourraient encore y adhérer. Il n'y a plus alors qu'à les rincer et les faire sécher[2].

5. Le *chanvre* et le *lin* se blanchissent de la même manière que le coton. Seulement, comme ils contiennent une plus forte proportion de matière colorante, il est nécessaire de les soumettre un plus grand nombre de fois aux diverses opérations, surtout à l'action des lessives. En outre, après chaque lessivage, au lieu de les passer au chlorure de chaux, on a généralement conservé l'ancien usage de l'exposition sur le pré[3]. Il est à remarquer que lorsque le chanvre et le lin n'ont pas été rouis, ils sont le plus souvent beaucoup moins colorés, à tel point même qu'on pourrait les blanchir au moyen de simples lavages à l'eau de savon. Ce serait donc un heureux perfectionnement que de pouvoir supprimer le rouissage ; malheureusement, il est indispensable pour séparer les filaments textiles de la partie ligneuse des plantes.

1. **L'acide sulfurique** est le même liquide qu'on appelle communément *huile de vitriol*. C'est un des corps les plus employés dans les arts, et qui rendent le plus de services.

2. Anciennement, pour blanchir les toiles de coton, on utilisait la propriété que possèdent les lessives de détruire les matières colorantes quand celles-ci ont été longtemps soumises à l'action du soleil et de l'humidité. Après avoir humecté les toiles, on les étendait sur une pelouse ou sur une prairie bien exposée au soleil, et dont l'herbe, sans être trop haute, devait cependant l'être assez pour que l'air pût circuler librement en dessous des pièces. On les arrosait de temps en temps pour les maintenir dans un état constant d'humidité, lequel n'était jamais interrompu, même pendant la nuit, grâce à la rosée. Au bout d'environ six jours, on lessivait les toiles, puis on les rinçait, et l'on répétait les mêmes opérations, l'exposition sur le pré, le lessivage et le rinçage, autant de fois qu'il le fallait pour atteindre au degré de blancheur voulu, ce qui entraînait toujours une perte de temps très considérable.

3. Le blanc que donne ce procédé a le défaut de jaunir à l'air. On en obtient un autre qui est plus beau et ne jaunit pas, en faisant séjourner la laine dans un bain de sulfite de soude additionné d'acide chlorhydrique.

CINQUANTE-SIXIÈME LEÇON

Du blanchiment des matières textiles, et comment il se fait. (Suite.)

1. Quelques mots maintenant sur le traitement des textiles de nature animale. Nous terminerons par une courte notice sur l'histoire du blanchiment.

2. On blanchit la *laine,* tantôt en toison, tantôt à l'état de fil ; les procédés sont les mêmes, mais, dans le second cas, on obtient un plus beau blanc. Nous avons vu que la laine, quand elle quitte le dos de l'animal, est enduite d'une matière grasse qu'on appelle *suint.* On commence par la débarrasser de cette matière. Il suffit pour cela de la tenir dans de l'eau tiède pendant dix-huit à vingt heures (**désuintage**), puis de la plonger, pendant quinze à vingt minutes, dans de l'eau encore tiède, mais contenant du savon et des cristaux de soude (**dégraissage**), enfin, de la rincer à fond dans une eau courante. On procède alors au **soufrage,** qui est le blanchiment proprement dit. Cette opération consiste à suspendre la Laine encore humide dans une chambre close hermétiquement, et à faire brûler du soufre dans cette chambre. L'acide sulfureux[1], provenant de cette combustion, se porte sur le principe colorant et le détruit. Après le soufrage, la Laine est rude au toucher. On lui rend sa douceur primitive en la passant successivement dans de l'eau chaude et dans un bain de savon très léger.

3. La soie se blanchit le plus souvent en écheveaux. Les opérations auxquelles on la soumet généralement sont au nombre de trois : le **dégommage**, le **décreusage** et le **blanchiment**. La première consiste à plonger les écheveaux dans un bain de savon non bouillant ; la seconde, qu'on appelle aussi *cuite,* à les tenir, pendant une heure et demie environ, dans un bain semblable, mais bouillant et renfermant moins de savon ; enfin, la

---

1. **L'acide sulfureux** est ce corps gazeux qui prend naissance quand on brûle du soufre au contact de l'air, et qui provoque la toux quand on le respire. Il possède la propriété de blanchir les matières animales sans les altérer, et de détruire la plupart des couleurs végétales.

troisième, à les passer dans un bain savonneux encore plus léger. Pour certains usages, on soufre la soie. Au reste, et cette observation s'applique également aux autres textiles, chaque fabricant modifie plus ou moins les procédés, suivant la nature particulière des matières sur lesquelles il opère et le degré de blancheur qu'il veut obtenir.

CINQUANTE-SEPTIÈME LEÇON

Du *blanchiment* des matières textiles et comment il se fait. (*Suite.*)

1. La plupart des modes de blanchiment dont nous venons de parler remontent à une très haute antiquité. Ainsi, le *soufrage* a été employé de tout temps au traitement de la laine, mais on croit que l'idée de l'appliquer à celui de la soie est due aux Européens, car les Chinois ne paraissent pas le connaître ; du moins, ils n'en font pas usage. Quant au coton, au chanvre et au lin, on s'est contenté, pendant des siècles, de les laver, puis de les exposer sur le pré, à l'action simultanée de l'humidité et de la lumière solaire [1]. Plus tard, à une époque inconnue, on imagina de les traiter par des lessives alcalines, avant de les soumettre à l'exposition ; mais ce progrès, car c'en était un véritable, fut laissé bien loin en arrière, lorsque, dans le courant de 1785, le chimiste français Berthollet découvrit les propriétés décolorantes du *chlore*.

2. On employa d'abord le chlore, soit à l'état de gaz, soit en dissolution dans l'eau, ce qui avait parfois l'inconvénient d'altérer plus ou moins les tissus. Enfin, en 1798, on réussit à le rendre inoffensif en se servant des composés qu'il forme avec la chaux, la soude et la potasse [2], et qu'on appelle *chlorures* ou *hypochlorites*. Depuis cette époque, les efforts de l'industrie ont eu surtout pour objet de rendre le travail plus rapide et plus économique, et l'on y est si bien parvenu, par l'invention de nouvelles manières d'opérer et de machines ingé-

1. Voyez sur ce procédé la note 2 de la page 95.
2. Tout le monde connaît la **chaux**. Pour la **soude** et la **potasse**, voyez la note 1 de la page 94.

nieuses, qu'aujourd'hui ce qui coûtait cinq francs de blanchiment, il y a une cinquantaine d'années, revient à peine à trente-cinq centimes et, en outre, on obtient des blancs plus parfaits.

CINQUANTE-HUITIÈME LEÇON

En quoi consiste la *teinture des tissus* et comment elle se pratique[1].

1. Très souvent, les matières textiles, soit filées, soit tissées, sont employées *en blanc*, c'est-à-dire telles qu'elles sortent du blanchiment. Très souvent aussi, on n'en fait usage qu'après les avoir *teintes*, c'est-à-dire leur avoir communiqué une coloration artificielle. On a recours pour cela à des substances appelées, d'une manière générale, *matières colorantes* ou *couleurs*, dont les unes sont fournies par des animaux[2] ou des végétaux[3], tandis que les autres proviennent du traitement de divers minéraux[4], et que d'autres encore, dites *artificielles*[5], se préparent avec des corps de nature, tantôt organique, tantôt inorganique, et surtout avec ce résidu infect de la fabrication du gaz d'éclairage, qu'on désigne sous le nom de *goudron de houille*. Les plus précieuses sont celles qui, à un très grand éclat, joignent une transpa-

1. Pour les détails, voir ARTS ET MANUFACTURES, tom. III, quinzième partie, chap. IV.

2. **Couleurs animales**; elles sont toutes rouges et sont fournies par de très petits insectes que l'on désigne, d'une manière générale, sous le nom de *Cochenilles*.

3. **Couleurs végétales**; il y en a de rouges, de bleues, de jaunes, de violettes, de brunes et de noires. Les rouges sont fournies par la racine de la *Garance* et de l'*Orcanette*, par la fleur du *Carthame* et le bois de divers arbres, *brésil*, *campêche*, *fernambouc*, etc.; les bleues, par les feuilles de l'*Indigotier* et du *Pastel*; les jaunes, par les feuilles de la *Gaude*, la racine du *Curcuma*, l'écorce du *Chêne quercitron*, le fruit du *Rocouyer*, etc.; les violettes, par l'*Orseille*; les noires et les brunes, par les tiges et les feuilles du *Sumac*, les *galles* du Chêne, le *cachou*, matière extraite des fruits et du bois de plusieurs Palmiers, etc.

4. **Couleurs minérales**; elles produisent de nombreuses nuances et sont toutes des composés métalliques. A cette catégorie appartiennent les *sels de fer*, le *sulfate de cuivre*, les *chromates de plomb*, l'*oxyde de chrome*, etc.

5. **Couleurs artificielles**; elles sont une des plus grandes conquêtes de la science moderne, et leur emploi en teinture ne remonte guère au delà de 1855. Les seules qui aient de l'importance s'extraient du goudron de houille. Il y en a de rouges, de bleues, de jaunes, de vertes, de violettes, de brunes, de grises, de noires, et on les divise en couleurs d'*aniline*, de *toluidine*, d'*acide phénique*, de *naphtaline* et d'*anthracène*.

rence assez parfaite pour laisser voir nettement la surface des étoffes. Tel est le cas des couleurs animales, des couleurs végétales et des couleurs artificielles.

2. Parmi les couleurs usitées en teinture, les unes résistent parfaitement aussi bien à l'action de l'eau, de l'air et du soleil qu'à celle des moyens qu'on emploie généralement pour l'entretien des étoffes, tels que les savonnages et les lessives faibles ; on les appelle *couleurs de grand teint* ou *de bon teint*. Les autres, au contraire, ne résistent pas ou résistent peu à ces divers agents de destruction ; on les nomme *couleurs de petit teint* ou *de faux teint*.

3. Parmi ces mêmes couleurs, il y en a quelques-unes qui ont assez de disposition à s'unir aux fibres textiles pour s'y fixer directement. Toutes les autres n'adhèrent aux fibres d'une manière solide et durable, qu'à l'aide de substances particulières, appelées *mordants*, qui possèdent à la fois une très grande aptitude à se joindre aux couleurs et aux étoffes. Les substances qui peuvent jouer ce rôle sont peu nombreuses. Sauf quelques-unes, elles appartiennent toutes au règne minéral. Il en existe d'incolores et de naturellement colorées. Les premières servent uniquement à fixer les couleurs. Les secondes rendent également les couleurs solides ; mais, de plus, elles en modifient plus ou moins la teinte primitive. De là cette conséquence, qu'il est possible, avec une seule couleur et des mordants bien choisis, de produire des nuances différentes. Dans tous les cas, les couleurs et les mordants ne peuvent être employés qu'à l'état fluide, et on les met dans cet état en les dissolvant dans un liquide approprié. Toute dissolution de matière colorante porte le nom de *bain de teinture*.

CINQUANTE-NEUVIÈME LEÇON

En quoi consiste la *teinture des tissus* et comment elle se pratique. (*Suite.*)

1. Passons maintenant en revue les opérations de teinture. Elles sont au nombre de deux principales : — 1° le **mordançage**, ou l'application des mordants, que les teinturiers appellent aussi *apprêtage ;* — 2° le passage

dans les bains tinctoriaux, ou la **teinture** *proprement dite;* — mais on procède différemment suivant la nature des mordants et des couleurs, et surtout des matières textiles. Ainsi, pour le coton, le chanvre et le lin, on commence presque toujours par les faire tremper dans le mordant, puis, quand ils en sont bien imprégnés, on les lave pour les débarrasser de la portion en excès, après quoi on les passe dans le bain tinctorial. Pour la soie et la laine, on mêle le plus souvent le mordant à la dissolution de la matière colorante, ou bien on mordance d'abord et l'on plonge ensuite dans un bain mixte de mordant et de couleur. Le mordançage est naturellement supprimé pour les couleurs qui se fixent d'elles-mêmes sur les textiles. Enfin, dans certaines circonstances, on est obligé d'*aviver* la couleur après la teinture, c'est-à-dire de la soumettre à l'action de l'air ou à quelque autre pratique, afin qu'elle acquière tout son éclat.

2. Tantôt on teint les matières textiles à l'état brut : c'est la *teinture en laine, en flocons* ou *en toison;* tantôt on opère sur les matières filées : c'est la *teinture en écheveaux* ou *en fils;* tantôt enfin, on agit sur les matières tissées : c'est la *teinture en pièce.* En général, les matières en fils ou en flocons prennent plus de couleur et se teignent plus facilement que lorsqu'elles sont en tissus; mais il n'est pas toujours possible de les travailler sous les deux premières formes, parce que certaines nuances sont plus ou moins altérées par les manipulations du tissage.

3. Quel que soit l'état des matières sur lesquelles il opère, le teinturier doit agir de manière à obtenir des nuances aussi égales que possible. Pour cela, il est indispensable de renouveler souvent les surfaces de contact et de tenir toutes les parties des substances à teindre plongées, pendant le même temps, aussi bien dans la dissolution de mordant que dans le bain tinctorial proprement dit. A cet effet, quand on agit sur la laine en flocons, on la remue à plusieurs reprises, sans la fouler, après l'avoir ou non renfermée dans des paniers ou dans des filets. Quand on teint des fils, on passe des bâtons dans les écheveaux, puis on fait tourner ces derniers sur les

bâtons dans le bain (*fig.* 37), ce qu'on appelle *liser*. Pour les lainages, on étend l'étoffe sur un tourniquet placé au-dessus de la cuve, et on la manœuvre dans le bain de manière que le mordant s'y fixe aussi également que possible. Pour les cotonnades, on emploie le plus ordinairement une machine, appelée **foulard**. La teinture terminée, on lave les fils ou les tissus à l'eau froide, et on les fait sécher.

SOIXANTIÈME LEÇON

En quoi consiste la *teinture des tissus* et comment elle se pratique. (*Suite.*)

1. L'art du teinturier a été pratiqué, d'une manière très remarquable par toutes les nations civilisées de l'antiquité, plus particulièrement dans l'Inde, en Perse, en Assyrie, en Égypte, en Phénicie[1]. Malheureusement, nous ne possédons pas de renseignements bien précis sur la manière dont les peuples de ces divers pays appliquaient les couleurs sur les étoffes, parce que les Grecs et les Romains, qui héritèrent en partie de leurs procédés industriels, ont

Fig. 37. — Lissage.

oublié ou plutôt dédaigné de nous en transmettre la description. Au cinquième siècle de notre ère, à la suite des invasions des Barbares, la teinture de luxe disparut dans l'occident de l'Europe. Elle se maintint, au contraire, dans l'empire grec et dans tout l'Orient, et, pendant près de huit cents ans, ces contrées eurent le pri-

1. Voyez à ce sujet l'HISTOIRE DE L'INDUSTRIE, deuxième partie, chap. II.

vilège d'approvisionner notre commerce des étoffes à couleurs solides et éclatantes.

2. Les Italiens furent les premiers européens occidentaux qui pratiquèrent la teinture avec habileté. Ils durent cet avantage aux relations commerciales qu'ils entretenaient avec les villes du Levant, et qui leur permirent de s'initier aux arts qu'on y exerçait. Dès le douzième siècle, il existait à Venise et à Gênes, des teintureries renommées dont les produits étaient aussi beaux que ceux des Orientaux. Le mouvement se propagea dans le reste de l'Europe, mais avec beaucoup de lenteur. En France, par exemple, les progrès marquants ne commencèrent que vers le milieu du quinzième siècle. Enfin, dans la seconde moitié du siècle dernier, l'art de la teinture éprouva une transformation complète. Les efforts des chimistes en expulsèrent les procédés empiriques, seuls employés jusqu'alors, et introduisirent dans l'application des couleurs un esprit philosophique qui en vulgarisa la théorie et donna le moyen d'en assurer le succès. Les savants de notre époque ont continué et complété l'œuvre de leurs devanciers, soit en simplifiant la préparation et l'emploi des mordants et des couleurs, soit en découvrant de nouvelles matières colorantes, soit enfin en imaginant des appareils et des méthodes qui permettent de teindre mieux et plus économiquement que par le passé.

SOIXANTE ET UNIÈME LEÇON

Ce qu'on entend par l'*impression des tissus* et comment elle se pratique[1].

1. Les tissus teints sont d'une couleur uniforme sur toutes leurs faces. Au contraire, les *tissus imprimés* ne sont colorés que sur un de leurs côtés, et, en outre, les couleurs n'y sont appliquées que par places, sur certains points déterminés, de manière à former des dessins dont la nuance tranche sur celle du fond. Dans le principe, on exécutait ces dessins, l'un après l'autre, au moyen du pinceau; aujourd'hui, on se sert du pro-

---

1. Pour les détails, voir ARTS ET MANUFACTURES, tom. III, quinzième partie, chap. IV.

cédé infiniment plus rapide de *l'impression*. Autrefois encore, on ne peignait que les tissus de coton ; aujourd'hui, on imprime indistinctement les étoffes de toute nature. Actuellement donc, on produit des dessins colorés aussi bien sur la soie, la laine et le lin que sur le coton. Toutefois, la partie la plus importante de cette branche d'industrie est celle qui s'exerce sur le Coton.

2. L'imprimeur sur tissus emploie les mêmes couleurs et les mêmes mordants que le teinturier, mais dans un autre état. En effet, comme ces substances doivent être fixées sur des points déterminés, on conçoit qu'elles ne doivent pas être liquides, parce qu'elles s'étendraient au delà des limites des dessins. On prévient cet inconvénient en les épaississant avec de l'amidon, de la gomme, de la fécule, etc. Enfin, autre précaution non moins indispensable, les étoffes destinées à l'impression doivent être non seulement blanchies, mais encore débarrassées de tout duvet.

3. Pour obtenir des effets de coloration sur les tissus, on procède différemment selon la nature de l'étoffe, les couleurs à employer, les dessins à produire, etc. Ces différentes manières d'opérer se nomment **genres d'impression.** La nature de cet ouvrage ne nous permettant pas de les décrire, nous nous bornerons à dire quelques mots sur les moyens dont on se sert pour appliquer sur les tissus les matières destinées à y former les dessins.

SOIXANTE-DEUXIÈME LEÇON

Ce qu'on entend par *impression des tissus* et comment elle se pratique. (*Suite.*)

1. Sauf quelques exceptions, les moyens en usage pour appliquer les couleurs sur les tissus reposent sur l'emploi de la gravure combiné avec une forte pression. On en distingue quatre principaux que l'on appelle : *impression au bloc, impression à la perrotine, impression à la planche plate, impression au rouleau.*

2. Pour l'*impression* **au bloc,** on se sert de planches de poirier ou de sycomore, assez légères pour qu'un homme puisse les manier aisément avec une

seule main, et dont l'une des faces porte, gravé en relief, le dessin à reproduire, tandis que la face opposée est munie de trous pour recevoir les doigts. Après avoir bien tendu une certaine longueur d'étoffe sur une table recouverte de drap grossier (*fig.* 38), l'ouvrier saisit sa planche, la charge de couleur ou de mordant en l'appuyant sur un cadre disposé pour cela, puis la pose sur l'étoffe, et, pour qu'elle abandonne à cette dernière la matière dont elle est imprégnée, il la frappe sur le dos avec le poing ou un maillet. Il continue ainsi

Fig. 38. — Impression au bloc.

jusqu'à ce que toute l'étoffe placée sur la table se trouve imprimée. Il étend alors sur cette même table une nouvelle quantité d'étoffe, et il répète les mêmes opérations. A mesure que le travail avance, les parties imprimées passent successivement sûr des rouleaux fixés au plafond de l'atelier, d'où elles se rendent, une fois sèches, sur une table ou un chevalet. Quand le dessin a plusieurs couleurs, il faut une planche pour chaque couleur, et l'on procède pour chaque planche comme il a été fait pour la première. Des clous émoussés enfoncés en divers endroits des planches indiquent les points de l'étoffe où elles doivent être posées.

3. L'impression au bloc étant d'une extrême lenteur, on remédie à cet inconvénient, quand il est nécessaire d'agir rapidement, au moyen de la **perrotine**. Dans la machine ainsi appelée, du nom de son inventeur, Perrot, de Rouen, un certain nombre de planches, également gravées en relief, mais disposées dans un bâti, sont chargées de couleur ou de mordant par un mécanisme spécial, après quoi un autre mécanisme les force à s'appliquer, l'une après l'autre, sans interruption, sur l'étoffe qui passe toute seule devant chacune d'elles.

4. Dans l'*impression à la* **planche plate**, les dessins sont gravés en creux sur une planche de cuivre d'environ un mètre carré de surface, et parfaitement plane. On barbouille cette planche avec une brosse chargée

Fig. 39. — Impression à la planche plate.

de mordant ou de couleur (*fig.* 39), puis on la fait passer entre deux rouleaux disposés comme ceux des laminoirs ordinaires. Au moment où elle va s'engager entre les rouleaux, elle est essuyée par une lame d'acier qui enlève toute la matière, à l'exception de celle qui remplit les creux de la gravure, et, aussitôt après, le tissu à imprimer vient s'appliquer de lui-même sur sa surface. L'étoffe et la planche cheminent alors ensemble entre les rouleaux, dont la pression force la première à se charger de la couleur déposée dans les creux de la seconde.

5. Dans l'*impression au* **rouleau,** le dessin est gravé en creux sur un cylindre de cuivre, auquel on peut donner un mouvement de rotation plus ou moins rapide. En tournant, ce cylindre plonge inférieurement dans une boîte d'égale longueur, où il se charge uniformément de mordant ou de couleur; quand il sort de cette boîte, un râcloir d'acier

Fig. 40. — Machine à six couleurs.

fait tomber la matière qui n'est pas dans les tailles de la gravure, et, aussitôt après, l'étoffe, pressée par un gros rouleau garni de drap, vient s'appliquer sur la partie nettoyée. Les choses continuent alors comme nous venons de le dire en parlant de la planche plate. La même machine imprime ordinairement plusieurs couleurs à la fois, ce qui nécessite autant de rouleaux gravés, accompagnés de leurs divers accessoires. Celle que représente le dessin ci-joint (*fig*. 40) est à six couleurs[1].

1. Outre les machines dont il vient d'être question, on en emploie une autre qu'on nomme **métier à surface**; mais on n'y a généralement recours que pour certaines couleurs dont l'application au moyen du rouleau présenterait de trop grandes difficultés.

SOIXANTE-TROISIÈME LEÇON

Ce qu'on entend par impression des tissus *et comment elle se pratique.*
(*Suite.*)

1. On admet généralement que, dès les temps les plus reculés, les Indiens ont su orner les tissus de coton de dessins exécutés au pinceau [1]. De là les noms d'**indiennes** et de **toiles peintes** sous lesquels on a toujours désigné les cotonnades revêtues d'ornements semblables. Aujourd'hui même, la force de l'habitude a maintenu ces noms dans le langage vulgaire, bien que les moyens d'exécution aient entièrement changé.

2. De l'Asie méridionale, l'art de l'indienneur pénétra, de très bonne heure, dans tout l'Orient, surtout en Perse, en Assyrie et en Egypte. Quant à la date de la première apparition des indiennes en Europe, elle est tout à fait inconnue. On sait seulement que, pendant le moyen âge, ces étoffes furent très rares, par conséquent très chères. On les tirait des ports de la Syrie, de l'Asie-Mineure et de l'Egypte, où elles arrivaient, soit par les caravanes de la Perse, soit par les navires des Arabes. Les Européens ne se les procurèrent directement, dans les lieux de production, qu'après la découverte du cap de Bonne-Espérance, en 1486. Les Portugais, qui exploitèrent les premiers cette nouvelle branche de profits, se contentèrent d'importer les tissus tout fabriqués. Les Hollandais, plus industrieux, importèrent, un peu plus tard, et ces mêmes tissus et les moyens de les imiter.

3. On rapporte au commencement du dix-septième siècle les plus anciennes tentatives faites en Europe pour faire des toiles peintes. Elles eurent lieu dans les Pays-Bas, mais ce fut en Suisse qu'elles commencèrent à donner des résultats satisfaisants. La France ne posséda cette industrie qu'à partir de 1743, époque à laquelle plusieurs fabriques furent fondées à Paris, à Corbeil, à Sèvres, à Nantes, à Orange et à Marseille.

---

1. Voyez à ce sujet l'HISTOIRE DE L'INDUSTRIE, deuxième partie, chap. v.

Elle fut introduite à Mulhouse en 1746, à Rouen en 1759.

4. A mesure que l'indiennerie s'étendit, on se mit à la recherche de moyens propres à rendre le travail plus rapide et plus économique, ce qui conduisit à remplacer l'emploi du pinceau par celui de machines à imprimer. L'impression *au bloc* parut vers la fin du dix-septième siècle, mais on ne connait ni le pays, ni le nom de celui à qui l'on en est redevable. La même obscurité existe sur l'origine de l'*impression à la vlanche plate :* on sait seulement qu'elle date de 1768 ou de 1769. Presque en même temps, ou peu après, on commença en France, aussi bien qu'en Angleterre, à imprimer au *rouleau* et au *métier à surface*. Quant à la *perrotine*, elle n'est pas antérieure à 1834. Tous ces progrès furent accompagnés ou suivis par l'invention d'ingénieux appareils destinés à préparer ou à compléter l'impression proprement dite, et par celle de diverses méthodes donnant le moyen de fixer et de combiner les couleurs beaucoup mieux que par le passé. Enfin, ils ont été couronnés de nos jours par l'application à l'art de l'indienneur de toutes les découvertes dont la chimie a doté celui du teinturier.

INDUSTRIES DES CUIRS ET PEAUX

SOIXANTE-QUATRIÈME LEÇON

Ce qu'on fait de la peau des animaux et des moyens qu'on emploie pour la rendre propre à ses divers usages [1].

1. La peau des animaux ne sert pas seulement à confectionner nos chaussures, les harnais de nos chevaux, certaines parties de nos vêtements. Le carrossier en a également besoin pour ses voitures, le fontainier pour ses tuyaux, le relieur pour la couverture de ses livres, le mécanicien pour ses courroies de transmission, le souffletier pour ses soufflets, l'armurier pour ses fourreaux, etc. Les gaîniers, les coffretiers, les malletiers,

---

1. Pour les détails, voir ARTS ET MANUFACTURES, tom. III, seizième partie, chap. I à IX.

les chapeliers, les gantiers, etc., en consomment également-
ment de grandes quantités. Aussi son usage remonte-
t-il aux premiers âges de la civilisation.

2. Malheureusement, la peau ne peut être utilisée
dans l'état où la nature la fournit parce qu'elle a le triple
inconvénient d'être détruite en peu de temps par l'humidité, la chaleur et l'action de l'air. Afin de pouvoir en
tirer parti, il est donc nécessaire de la soumettre à des
préparations particulières qui ont pour objet, les unes
de la rendre inaltérable, les autres de lui communiquer
des qualités en rapport avec l'emploi particulier qu'on
veut en faire. Tous les peuples, même les plus sauvages,
ont connu quelque préparation de ce genre. Dans les
pays qui passent aujourd'hui pour les plus civilisés, elles
alimentent plusieurs professions distinctes aux principales desquelles nous allons consacrer quelques lignes.

SOIXANTE-CINQUIÈME LEÇON

Ce qu'on fait de la *peau des animaux* et comment on la rend propre à nos
besoins. (*Suite.*)

1. Parlons d'abord de l'**art du tanneur** : c'est la
plus importante des industries du travail des cuirs. Il consiste à rendre les peaux inaltérables en y incorporant une
substance qui existe dans les fleurs, les feuilles, les
fruits, l'écorce, les sucs d'une multitude de plantes, et
qu'on appelle *tannin* ou *acide tannique,* parce qu'on l'a
d'abord étudiée dans le *tan,* c'est-à-dire dans l'écorce
broyée du Chêne. En Europe, particulièrement en France,
c'est même cette écorce qu'on emploie exclusivement
dans la plupart des tanneries.

2. Toutes les peaux peuvent être tannées. Néanmoins,
on ne travaille ordinairement ainsi que celles de bœuf,
de vache, de veau et de cheval, et ce n'est que lorsqu'elles ont été préparées qu'elles prennent le nom de
cuirs. Avec les peaux de taureau, de bœuf et de vache
adulte, on fait des *cuirs forts* pour les grosses semelles
et les autres articles qui demandent beaucoup de solidité. Avec celles de jeune bœuf, de jeune vache, de veau
et de cheval, on fait des *cuirs à œuvre,* ou *cuirs mous,*

pour les empeignes de chaussures et les divers ouvrages qui ont besoin d'une grande souplesse.

3. A leur arrivée à l'atelier, les peaux sont ramollies dans l'eau, puis nettoyées des corps étrangers qui peuvent les souiller, et enfin débarrassées de leur poil, ainsi que des portions de chair qui y adhèrent toujours en plus ou moins grande quantité. Le tannage qui vient aussitôt après, se compose de deux opérations principales. La première, appelée *gonflement* ou *passerie,* a pour objet de dilater les pores de la peau afin de faciliter la pénétration du tannin, tandis que la seconde, nommée *mise en fosses,* est le tannage proprement dit.

4. Le **gonflement** consiste à faire séjourner les peaux, dans des bains plus ou moins acides, que l'on prépare avec de l'eau et du tan ayant déjà servi. Pour la **mise en fosses,** on range les peaux dans de grandes cuves, en ayant soin de les séparer par du tan en poudre, et, quand chaque cuve est à peu près pleine, on achève de la remplir avec de l'eau. Sous l'action de celle-ci, le tannin contenu dans l'écorce se dissout et pénètre dans les peaux; mais, pour que celles-ci fassent du cuir de bonne qualité, il est indispensable que cette pénétration ait lieu avec une extrême lenteur. Le tannage terminé, il n'y a plus qu'à battre les cuirs afin de les rendre plus fermes, plus résistants et d'une épaisseur plus égale. Suivant les fabriques cette opération se fait à la main, avec des marteaux de cuivre, ou mécaniquement, au moyen de pilons ou de laminoirs mus par la vapeur ou par l'eau.

SOIXANTE-SIXIÈME LEÇON

Ce qu'on fait de la *peau des animaux* et comment on la rend propre à nos besoins. (*Suite.*)

1. Après le tannage, le battage est la seule opération que l'on fasse subir aux cuirs forts, après quoi ils sont prêts pour l'emploi. Les cuirs à œuvre, au contraire, doivent recevoir de nouvelles préparations afin de devenir propres aux divers usages où la souplesse, le brillant, le poli, parfois même la couleur, sont nécessaires. On leur communique toutes ces propriétés en les détrempant

dans l'eau, puis les foulant, les frottant, les enduisant de corps gras, les teignant et les lissant. Ces manipulations sont désignées, d'une manière générale, sous le nom de **corroyage** et constituent la profession de *corroyeur*. Elles varient plus au moins, quant aux détails, suivant la destination particulière que doivent recevoir les cuirs, c'est-à-dire selon qu'ils doivent être employés par les cordonniers, les bottiers, les bourreliers, les selliers, les relieurs, les gaîniers, les constructeurs de machines, etc.

2. Les cuirs corroyés forment plusieurs catégories, chacune destinée à un ou plusieurs emplois spéciaux. Une des plus importantes est celle des *veaux cirés* qu'on emploie presque exclusivement pour les chaussures fines ou mi-fines des hommes. C'est également avec eux que se font les tiges de bottes et, dans les grands ateliers, on donne à celles-ci la forme voulue au moyen d'appareils appelés *machines à cambrer*.

3. Les **cuirs hongroyés**, dits aussi **cuirs de Hongrie**, sont des cuirs très forts, très épais et, en même temps, très souples et très onctueux, pour la préparation desquels on remplace l'acide tannique par une dissolution de sel marin et d'alun [1], et auxquels on fait ensuite absorber une grande quantité de suif. Le sel et l'alun conservent la matière animale sans altérer le tissu. Quant au suif, il empêche la dessiccation du cuir, et lui donne la souplesse et l'onctuosité nécessaires. Les cuirs hongroyés sont donc tannés à l'alun. Ils se font avec des peaux de bœuf, de vache, de taureau et de cheval ; mais les meilleurs sont fournis par les plus fortes peaux de bœuf. Comme ils sont de couleur blanche, on les appelle souvent *cuirs blancs*. Ils sont principalement utilisés pour la confection des harnais communs, emploi auquel leur souplesse, leur ténacité et leur solidité les rendent éminemment propres. On donne le nom de *hongroyeurs* aux ouvriers qui les préparent.

---

1. On appelle **alun** un composé salin, transparent et incolore, qu'on prépare en soumettant à un traitement convenable certaines substances minérales, au nombre desquelles se trouvent plusieurs variétés d'argiles.

SOIXANTE-SEPTIÈME LEÇON

Ce qu'on fait de la *peau des animaux* et comment on la rend propre à nos besoins. (*Suite.*)

1. Sauf quelques exceptions, le tanneur, le corroyeur et le hongroyeur ne travaillent que les grosses peaux. Au contraire, le *mégissier*, le *chamoiseur* et le *maroquinier* s'occupent spécialement des petites peaux et, mais rarement, de celles de moyenne force.

2. Le **mégissier** prépare les peaux de mouton, de chevreau et d'agneau qui servent à confectionner les chaussures fines et les gants de luxe, ainsi que les doublures des chaussures ordinaires. Il travaille aussi les peaux de toute espèce qui doivent conserver leur laine ou leur poil. Ses produits forment donc deux classes : celle des *peaux pelées*, c'est-à-dire dépilées ou débourrées, et celle des *peaux en laine*, c'est-à-dire garnies de leur poil ou de leur laine. Ce qui les caractérise, quant à la matière employée pour les conserver, c'est que cette matière est, comme dans l'art du hongroyeur, le sel de cuisine et l'alun.

3. Les *peaux pelées* sont destinées à la ganterie et à la cordonnerie. Elles se font avec des peaux d'agneau, de mouton et de chevreau et, pour les articles de choix, on ajoute au sel et à l'alun une certaine quantité de farine de froment et de jaune d'œuf. — Les *peaux en laine* se préparent ordinairement avec des peaux de mouton ou de veau. Celles de mouton sont dites *houssées*, parce qu'elles servent surtout à confectionner des housses de cheval. Celles de veau portent le nom de *veaux à poil :* c'est avec elles que se font les sacs des troupes d'infanterie, les gibecières, les carniers et, en général, tous les havre-sacs de voyage.

4. Au lieu de tannin, d'alun et de sel, le **chamoiseur** emploie l'huile de poisson [1] comme agent conservateur. Les peaux chamoisées, ou *passées en chamois*, comme on

---

1. Les poissons fournissent plusieurs espèces d'huiles. Toutes peuvent être employées; mais on donne la préférence, quand on a la liberté du choix, à celles de morue, de sardine et de baleine.

les appelle. sont donc tannées à l'huile. Elles se recommandent par une extrême souplesse unie au moelleux le plus doux, à l'élasticité la plus parfaite, qualités qui les rendent éminemment propres à la buffleterie militaire, ainsi qu'à la confection des bandages chirurgicaux et d'une foule de pièces de vêtement, telles que culottes de chasse et de cavalerie, gants, bretelles, guêtres, chaussures légères, etc. Toutes les peaux peuvent être chamoisées. Néanmoins, on travaille le plus généralement ainsi celles de mouton, d'agneau, de chèvre, de chevreau, de jeune bœuf, de jeune vache et de veau. A cause de leur peu d'abondance, les peaux de chevreuil, de daim, de cerf, de chamois, de renne, sont rarement employées. Quant aux peaux dites *de castor*, elles ne proviennent pas de l'animal dont elles portent le nom : ce sont de simples peaux de bouc, de chèvre, de veau ou de mouton, qu'on a teintes en noir ou en gris après le chamoisage.

5. Sous le nom de **maroquin**, on désigne un cuir teint, très souple et très mou, pour la préparation duquel on emploie le tannin du sumac [1]. C'est un produit d'origine asiatique dont la fabrication paraît n'avoir été bien connue dans l'Europe occidentale que vers le milieu du siècle dernier. Avant cette époque, on le tirait du Levant et des pays barbaresques, notamment du Maroc. La première fabrique qu'il y ait eu en France n'est même pas antérieure à 1750. Aujourd'hui, on le fait en Europe aussi bien qu'en Orient et, grâce aux progrès des arts chimiques, on peut en varier les nuances presque à l'infini, tandis que, dans les pays où il a été inventé, on ne sait encore lui donner qu'un petit nombre de teintes. On distingue deux sortes de maroquins : les *maroquins véritables*, qui se font avec des peaux de chèvre ou de bouc ; et les *maroquins faux*, appelés aussi *peaux maroquinées*, qui s'obtiennent avec des peaux de mouton, des moutons dédoublés, c'est-à-dire divisés dans leur épaisseur, et des veaux très minces. Ces derniers sont

---

1. Le mot **sumac** sert à désigner plusieurs plantes dont les tiges et les feuilles sont très riches en tannin, et qui croissent surtout dans le midi de l'Europe, en Asie-Mineure et dans les pays barbaresques.

principalement utilisés par les relieurs, les chapeliers, les portefeuillistes et les gaîniers, pour les articles communs.

SOIXANTE-HUITIÈME LEÇON

Ce qu'on fait de la *peau des animaux* et comment on la rend propre à nos besoins. (*Suite.*)

1. Le maroquin et certaines peaux mégissées sont des produits de luxe de l'industrie des cuirs ; il en est de même du *cuir verni,* du *cuir de Russie* et du *chagrin,* dont il va être question.

2. Le **cuir verni** n'est autre chose que du cuir de vache ou de veau, tanné et corroyé avec le plus grand soin, et sur l'une des faces duquel on a étendu plusieurs couches d'un vernis dont la composition est assez compliquée. On croit qu'il a été inventé en Angleterre, vers 1780. Il est universellement employé par les cordonniers, les selliers, les carrossiers, les ceinturonniers, parce qu'il joint à un très beau brillant la qualité d'être impénétrable à l'eau et celle, non moins précieuse, d'être toujours propre, car un simple lavage suffit pour le nettoyer.

3. Le **cuir de Russie** porte le nom du pays où il a, dit-on, commencé à être fabriqué. C'est même de ce pays que vient encore le meilleur. Ce qui le caractérise essentiellement, c'est qu'il est très solide, presque inaltérable à l'humidité, et qu'il exhale une odeur à la fois forte et aromatique qui éloigne les insectes. Aussi, en fait-on usage pour la reliure des livres précieux et pour la confection des objets de gaînerie de luxe. On le teint le plus souvent en rouge rougeâtre, mais rien n'empêche de lui donner toute autre couleur. Ce cuir se prépare le plus souvent avec des peaux de jeune bœuf ou de veau. On le tanne avec des écorces de saule ou de bouleau, et on l'aromatise en l'imprégnant d'une huile extraite de l'écorce et des bourgeons du bouleau blanc.

4. On appelle **chagrin** un cuir très solide dont la surface est recouverte de petits turbercules arrondis. Les relieurs et les gaîniers en font surtout usage. Comme le maroquin, il est originaire du Levant. Aujourd'hui

encore, le plus renommé vient de cette partie de l'Asie. Les Orientaux le préparent ordinairement avec la peau de la croupe du cheval et de l'âne sauvage. Après avoir nettoyé cette peau, ils la ramollissent dans l'eau, puis ils l'étendent, le côté de la chair tourné en haut, et la saupoudrent, aussi régulièrement que possible, de graine de moutarde ou d'arroche sauvage, qu'ils y font pénétrer à l'aide des pieds ou d'une presse. En s'y incrustant, ces graines produisent, du côté de la fleur, un égal nombre de petits mamelons qui, une fois secs, sont tellement solides que le frottement ne peut les écorcher. Les chagriniers européens emploient quelquefois les peaux d'âne, de cheval ou de mulet, mais le plus souvent ils travaillent celles de chè-

Fig. 41. — Paumelle.

vre ou de mouton. Ils leur donnent le grain, soit en les imprimant avec des planches de cuivre, soit en les faisant passer entre des cylindres gravés, soit en les travaillant avec des outils spéciaux qu'on nomme *paumelles* (fig. 41)[1].

SOIXANTE-NEUVIÈME LEÇON

Ce qu'on fait de la *peau des animaux* et comment on la rend propre à nos besoins. (*Suite.*)

1. Quelques mots maintenant sur deux sortes de produits, dont la préparation s'écarte, sous tous les rapports, de ce qui vient d'être dit. Nous voulons parler du *parchemin* et des *pelleteries*.

2. **Le parchemin** n'est point un *cuir* véritable, car,

---

1. Plusieurs auteurs regardent comme le *chagrin véritable* la peau rugueuse de diverses espèces de poissons de mer, requins, roussettes ou chiens de mer, sephens, aiguillats, etc. Cette peau est criblée d'aspérités tellement dures qu'on s'en sert souvent, après l'avoir fait sécher, pour unir le bois et d'autres matières. On l'emploie aussi, dans le même état, pour recouvrir des poignées d'épée, des coffrets, etc.; mais, le plus souvent, on en use préalablement les aspérités, ce qui permet alors de lui donner un très beau poli. Ainsi préparée, elle est journellement utilisée, par les gaîniers, sous le nom de *galuchat*, pour faire des porte-monnaie, des étuis à cigares, des poires à poudre, des carnets, etc.

pour le préparer, on n'emploie ni le tannin, ni l'huile de poisson, ni le sel, ni l'alun, ni aucune autre matière tannante. Aussi, n'est-il pas indissoluble et l'eau bouillante le transforme facilement en gélatine. C'est tout simplement une peau brute qui a été successivement nettoyée, épilée, débarrassée des chairs inutiles, puis étendue, égalisée, et desséchée.

3. L'art du parcheminier a probablement été connu de tout temps. Il est même admissible que les procédés généraux qu'il emploie aujourd'hui sont les mêmes que ceux des anciens. Quoique cette industrie puisse travailler toutes les peaux, elle choisit, le plus habituellement celles de mouton, de veau, de bouc, de chèvre et de chevreau. Elle prépare trois sortes de parchemin : le *parchemin ordinaire,* pour la reliure des livres, l'écriture, les impressions communes ; le *parchemin vitré,* pour les cribles, les tambours, les grosses caisses, les timbales ; le *vélin,* pour la peinture au pastel, la peinture en miniature, les fleurs artificielles, etc.

4. Les **pelleteries** sont des peaux munies de poils longs et serrés qu'on emploie pour rendre plus chauds les vêtements d'hiver ou simplement pour les orner. Elles prennent le nom de *fourrures* quand elles ont été apprêtées. La beauté de toute peau de ce genre dépend de sa douceur, de sa solidité, de la longueur de son poil, de son épaisseur et de sa couleur. Ces qualités ne se trouvent réunies que dans les peaux des animaux qui vivent dans les climats très rudes. Voilà pourquoi les plus belles viennent de la Sibérie et de l'Amérique du Nord. Elles sont fournies par la Loutre marine, la Martre zibeline, le Vison, le Chinchilla, l'Hermine, le Petit-gris, le Castor, les Renards noir, argenté, bleu, etc. Les animaux de nos contrées ne donnent que des fourrures communes. Certaines peaux d'oiseau, notamment celle du Cygne, garnie de son duvet, sont aussi employées comme fourrures. On se sert encore des peaux de Lion, de Tigre, de Panthère, etc., mais uniquement pour faire des tapis, des housses de cheval ou des couvertures.

5. Le travail des pelleteries constitue la profession du *pelletier fourreur.* Il consiste à les ramollir, à les *lustrer,*

c'est-à-dire à les teindre en entier ou seulement sur certains points, afin de donner au poil un éclat particulier ou de cacher des inégalités ou des défauts de la couleur naturelle.

INDUSTRIES DU VÊTEMENT

SOIXANTE-DIXIÈME LEÇON

Sur la *confection des vêtements* [1].

1. Les vêtements, tant d'homme que de femme, se font pour ainsi dire partout, et l'on y emploie des tissus de tout genre et de tout prix. En général, l'étoffe est d'abord coupée d'après des mesures prises sur le corps même de la personne à habiller ; ensuite les pièces ainsi taillées sont assemblées provisoirement afin de les préparer pour l'essayage, et c'est seulement après y avoir fait les retouches dont ce dernier a permis de reconnaître la nécessité, qu'elles sont cousues définitivement. Il n'y a plus alors qu'à donner au vêtement, à l'aide du fer à repasser ou autrement, la tournure qu'il doit avoir, et à y ajouter les boutons et les autres garnitures extérieures.

2. Deux catégories d'industriels se partagent le soin d'habiller les hommes, celle des *tailleurs* et celle des *confectionneurs*. Les premiers prennent mesure et essayent le vêtement lorsque les parties principales en ont été provisoirement assemblées : on les dit *à façon*, quand l'étoffe étant fournie par le client, ils n'ont à recevoir que le prix de la main-d'œuvre ; et *marchands-tailleurs*, quand ils fournissent à la fois la façon et l'étoffe. Les seconds n'essayent pas, travaillent d'avance d'après des mesures en rapport avec les tailles ordinaires, et fournissent toujours l'étoffe et la main-d'œuvre. D'après cela, un vêtement fait par un tailleur proprement dit est plus soigné, mieux ajusté et conserve plus longtemps sa forme qu'un vêtement de confection ; mais ce dernier est moins cher, parce

---

1. Pour les détails, voir ARTS ET MANUFACTURES, tom. III, vingt et unième partie, chap. I.

que les confectionneurs sont parvenus : d'une part, à supprimer les chances de perte en ne faisant pas de crédit, d'autre part, à diminuer les frais de fabrication, en assurant à leurs ouvriers du travail toute l'année.

3. Ce sont les *couturières* qui habillent les femmes. Néanmoins, à diverses époques, les hommes ont entrepris de leur ravir ce gagne-pain. Aujourd'hui même, il existe, dans les capitales, des *couturiers* qui jouissent de ce vain renom, et convenons qu'il est au moins singulier de voir des hommes présider à la toilette des femmes, même de celles du plus grand monde. C'est un usage qui, nous l'espérons, ne se généralisera pas, non seulement parce qu'il est contraire à la bienséance, mais parce que la femme a plus d'aptitude et de goût pour les détails de cette industrie. Les couturières travaillent le plus souvent à la façon ; quelques-unes seulement fournissent l'étoffe. Toutefois, depuis une trentaine d'années, il s'est établi dans les grandes villes, des maisons spéciales de confection pour femmes. La plupart des magasins de nouveautés ont également organisé des ateliers du même genre.

4. Anciennement, les travaux de couture se faisaient exclusivement à la main. Aujourd'hui, dans les grands ateliers et même chez beaucoup de simples tailleurs ou de modestes couturières, ils s'effectuent au moyen de machines ingénieuses qui, mises en mouvement par une seule personne, le plus souvent par une femme, produisent, en une heure, plus d'ouvrage que ne pourraient en fournir un grand nombre d'ouvriers ou d'ouvrières. L'origine de ces machines remonte au commencement de notre siècle, mais elles ne sont devenues réellement pratiques que peu avant 1850. Il en existe actuellement de nombreuses espèces, chacune plus propre que les autres à tel ou tel usage particulier. C'est donc aux personnes qui doivent s'en servir à choisir celles qui conviennent le mieux à l'emploi qu'elles veulent en faire.

SOIXANTE-ONZIÈME LEÇON

Comment se font les *chapeaux*[1].

1. La confection des **chapeaux de femme** est du domaine de l'industrie de la *modiste ;* elle échappe à toute description. Il est, au contraire, possible de donner une idée de celle des **chapeaux d'homme.** C'est donc de ces derniers que nous parlerons dans tout ce qui va suivre. Suivant la matière dont ils sont faits, ils se divisent en *chapeaux de feutre, chapeaux de soie, chapeaux de paille* et *chapeaux de bois.*

2. Les **chapeaux de feutre** sont les plus anciens et les meilleurs. On admet généralement qu'on a commencé, en Europe, à les fabriquer vers la fin du onzième siècle. Pour ceux de première qualité, on emploie les poils de lièvre, de lapin, de cachemire, de veau, de vigogne. Pour ceux de qualité inférieure, on se sert de laine d'agneau ou de chameau. On sait que le feutrage est fondé sur la propriété qu'ont certains poils, surtout la laine, de former, au moyen de l'agitation et de la pression, un tissu naturellement très solide. Toutefois, les poils de lapin et de lièvre ne possédant cette propriété qu'à un très faible degré, on les rend feutrants en les *secrétant,* c'est-à-dire en les imprégnant, avant de les détacher de la peau de l'animal, d'une préparation particulière[2]. En outre, on y ajoute une certaine quantité de laine d'agneau ou de vigogne.

3. C'est dans des ateliers spéciaux appelés *couperies de poils,* que les poils sont secrétés, séparés des peaux, puis triés, classés et empaquetés, suivant leur nature et leur qualité. Le chapelier n'a donc qu'à les assortir, après quoi il les soumet aux opérations de son industrie. La première, dite **arçonnage,** a pour but de les faire foisonner et de les mêler intimement. A cet

---

1. Pour les détails, voir Arts et Manufactures, tom. III, vingt et unième partie, chap. II.

2. Cette préparation n'est autre chose que du nitrate de mercure, sel composé d'acide nitrique (l'eau-forte du langage vulgaire) et de mercure.

effet, on les dispose en couche mince sur un établi, et on les bat fortement en faisant vibrer sur eux la corde d'un espèce d'arc, qu'on nomme **arçon**. Le **feutrage**, qui vient aussitôt après, s'effectue en deux temps, le **bastissage** et la **foule**. Pour bastir, les poils sont partagés en *capades*, c'est-à-dire en lots d'un poids ou d'un volume convenu. On place une de ces capades sur une *feutrière*, grosse toile humide étendue sur une table, l'on pose par-dessus une feuille de papier mouillée, et sur cette feuille une seconde capade, enfin on replie la toile. En pliant alors celle-ci, puis la repliant et la pressant dans tous les sens, les poils de chaque capade s'enchevêtrent et forment deux lames qui ont une certaine consistance. On réunit ces lames par les bords, et l'on en opère la soudure en répétant les mêmes manipulations. Le papier qu'on met entre les capades et les lames a pour destination de les empêcher de se réunir sur toute leur surface. Le résultat de l'opération est une espèce de cône vide, d'une seule pièce, qu'on appelle *cloche,* et auquel il s'agit de donner une plus grande force afin de pouvoir le convertir en chapeau. On y parvient au moyen de la *foule*. Pour cela, on le plonge dans une eau acidulée par l'acide sulfurique[1] ou le tartre[2], et maintenue à une température d'environ 80°, et, à chaque immersion, on le frotte énergiquement sur un banc de bois, tantôt avec la main nue, tantôt avec la main garnie d'un cuir fort nommé **manicle**. Ce frottement, combiné avec l'action de la chaleur et de la liqueur acide, force les poils à s'enchevêtrer davantage, et par suite, diminue les dimensions du cône, tout en le rendant plus consistant.

4. Le foulage terminé, on donne à la cloche la forme cylindrique en la plaçant sur un **moule** en bois, dont on la force à prendre tous les contours, en la pressant alternativement avec le poing, le pouce, et un outil de

1. On a vu ailleurs que l'**acide sulfurique** est le liquide huileux qu'on appelle vulgairement *huile de vitriol.*

2. On donne le nom de **tartre** à un sel qui existe tout formé dans le suc des raisins. C'est de ce corps impur qu'est constituée cette croûte qui se dépose sur les parois des tonneaux où l'on conserve le vin.

fer appelé **poussoir**. On la fait ensuite sécher, on la polit à la pierre ponce et, si le chapeau doit être noir, on le passe dans un bain de teinture. En sortant de ce bain, le chapeau est lavé, essoré, séché à l'étuve, remis sur la forme, poncé de nouveau, brossé et enfin *apprêté*, c'est-à-dire imprégné d'un mélange de gomme arabique, de colle forte, de vinaigre et de fiel de bœuf, qui le rend ferme en agglutinant toutes ses parties. Il n'y a plus alors qu'à le soumettre à la vapeur d'eau pour faire pénétrer l'apprêt, après quoi on l'envoie au *garnisseur*, qui y ajoute la coiffe, la bordure et le cordon. Il est inutile d'ajouter que l'apprêt se supprime quand, au lieu d'être rigide, le chapeau doit rester souple. Les chapeaux souples, ou *chapeaux mous*, comme on les appelle ordinairement, ne sont donc que des feutres sans apprêt. Ajoutons, pour terminer, que depuis quelques années, la plupart des opérations dont nous venons de parler sont faites, dans les grandes fabriques, au moyen de machines.

SOIXANTE-DOUZIÈME LEÇON

Comment se font les *chapeaux*. (*Suite.*)

1. On n'avait encore porté que des chapeaux de feutre, lorsque, vers 1760, les **chapeaux de soie** furent inventés par des industriels de Florence. Cette nouvelle branche de travail pénétra presque aussitôt en France ; mais, pour différentes raisons, elle ne fit des progrès sérieux qu'aux environs de 1825. A partir de ce moment, l'usage des chapeaux de soie se répandit de plus en plus. On sait que ces chapeaux se composent d'une carcasse recouverte, par le collage et la couture, d'une *peluche de soie*. La carcasse se nomme communément *galette* ; elle est faite le plus souvent, soit d'un feutre mince, grossier et apprêté ; soit d'une toile commune rendue rigide au moyen du gommage. Quant à la peluche, c'est une étoffe de soie dont la trame est de coton, et qui présente du côté apparent, des poils plus ou moins longs. Trois catégories d'ouvriers concourent

à la fabrication des chapeaux de soie : les *galetiers*, qui préparent les carcasses ; les *apprêteurs* ou *appropriateurs*, qui enduisent d'apprêt les carcasses et y appliquent la peluche ; les *garnisseurs*, qui posent la coiffe, la bordure et les autres accessoires.

2. Les **chapeaux de paille** sont des coiffures d'été à l'usage des deux sexes, dont la fabrication est immémoriale et le plus souvent une occupation des femmes de la campagne. On emploie généralement la paille du froment ou du seigle, assez rarement celle des autres graminées, et l'on n'utilise que les parties lisses comprises entre les nœuds. Pour les chapeaux communs, on se contente de mouiller les tiges afin de les assouplir. Pour les sortes de belle qualité, on les blanchit au soleil et au soufre, puis à l'aide d'un instrument approprié on les divise en brins, que l'on classe ensuite selon leur grosseur. En quelque état que soit la paille, le travail se fait de la même manière. Des femmes tressent les brins en rubans de différentes longueurs et largeurs, que d'autres ouvrières cousent les uns aux autres en les roulant en spirale, pour en former des chapeaux. Les chapeaux de paille pour dames les plus estimés sont un produit de la Toscane. Ils sont faits de paille de froment ou de seigle, coupée verte, et leurs tresses, sont, non pas cousues, mais *remmaillées*, c'est-à-dire réunies par un fil d'une extrême finesse que l'ouvrière dissimule sous un brin de paille. On les met dans le commerce en forme de *cornets*, ou *cloches*, c'est-à-dire de pains de sucre tronqués.

3. Les **chapeaux de bois** sont presque exclusivement à l'usage des hommes. On les obtient en tressant des lanières étroites et flexibles fournies par différents arbres ou arbrisseaux. Les plus renommés viennent de l'Amérique du Sud, d'où on les exporte dans le monde entier sous le nom, tout à fait impropre, de *chapeaux de Panama*. On en fait dans plusieurs pays, mais l'Equateur et le Pérou sont les centres principaux de la production. Quant à la matière première, elle provient des feuilles de la Carludovique palmée,

plante-arbuste de la famille des Pandanées, que les indigènes appellent *bombonaxa*. Après avoir divisé ces feuilles en rubans plus ou moins étroits, on blanchit ces derniers au soleil, et on les livre aux tresseurs.

SOIXANTE-TREIZIÈME LEÇON

Comment se font les *chaussures*[1].

1. De tout temps, les peuples avancés en civilisation ont employé les mêmes matières pour la fabrication des chaussures usuelles. L'industrie moderne ne diffère donc pas ou ne diffère que fort peu, sous ce rapport, de celle d'autrefois. Le plus grand progrès qu'elle ait réalisé a consisté à remplacer le travail manuel, seul connu des anciens, par des procédés mécaniques. Considérée au point de vue des moyens d'exécution, la cordonnerie actuelle fournit trois catégories bien distinctes de produits : des *chaussures cousues*, des *chaussures clouées* et des *chaussures vissées*.

2. Pour donner une idée de la confection des **chaussures cousues**, nous prendrons pour exemple celle du soulier ordinaire, qui est la plus simple de toutes. On commence par couper le *quartier* et l'*empeigne*. Le quartier est la partie qui emboîte le talon, l'empeigne, celle qui recouvre le reste du pied. Cette première opération terminée, on assemble le quartier avec l'empeigne, et l'on coud sur le bord inférieur de celle-ci, pour la soutenir, de petits morceaux de cuir qu'on appelle *ailettes*. On consolide en même temps le quartier en y collant un *contre-fort*. Cela fait, on place la première semelle sur la **forme** ; on l'arrondit avec un tranchet, puis on applique l'empeigne sur cette même forme, ce qu'on appelle *monter*. Le soulier étant monté, on coud la première semelle avec l'empeigne, en ayant soin de placer entre elles une lanière de cuir, nommée *trépointe*, qui sert à soutenir la couture qui les unit, et qui fait le tour du soulier en s'arrêtant au talon. On pose ensuite sur la semelle,

---

1. Pour les détails, voir ARTS ET MANUFACTURES, tom. III, vingt et unième partie, chap. III.

l'endroit correspondant à la cambrure du pied, un cuir assez épais nommé *cambrion*, qui sert à remplir le vide de cette cambrure. Enfin, on met par-dessus la seconde semelle, on la coud et l'on fait le talon. Il ne reste plus alors qu'à *parer* la semelle extérieure, c'est-à-dire à la rogner sur les bords pour enlever les parties inutiles, puis à la polir au moyen d'un fer chaud, qui la cornifie, ou avec des outils de buis ou d'os. Enfin, on *démonte* le soulier, c'est-à-dire on en extrait la forme, on découpe le quartier et l'empeigne pour leur donner la hauteur voulue, et l'on applique la *bordure*.

3. Inventées au commencement de notre siècle, en Angleterre et aux Etats-Unis, les **chaussures clouées** ne diffèrent des chaussures cousues qu'en ce que les semelles et l'empeigne sont réunies entre elles par un ou deux rangs de clous. Pour les confectionner, l'ouvrier se sert d'une forme dont la face inférieure est garnie d'une bande de fer contre laquelle, sous le choc du marteau, la pointe des clous vient s'aplatir et se river. Les chaussures ainsi obtenues coûtent moins à établir que les précédentes, mais elles sont beaucoup plus lourdes, ont les semelles très dures, et leur rivure manque souvent de solidité. Ce système ne s'applique avec quelque avantage qu'aux chaussures fortes pour homme.

4. Les **chaussures vissées** se distinguent des précédentes, en ce que des vis de laiton y remplacent les clous. Ce mode de fabrication a pris naissance vers 1844 ; il est aujourd'hui appliqué sur une très grande échelle. Tout s'y fait mécaniquement, depuis le coupage des empeignes, des semelles et des talons, jusqu'à la bordure terminale, en passant par le montage et le vissage. On a imaginé pour cela des assortiments de machines ingénieuses qui, dirigées par des ouvriers exercés, reçoivent le cuir à l'état brut et le rendent sous forme de soulier entièrement terminé. Les chaussures ainsi produites sont tout aussi lourdes et aussi dures que les clouées ; mais elles présentent plus de solidité parce que les vis tiennent mieux que les clous,

pourvu cependant, condition indispensable, que les semelles soient faites avec des cuirs de bonne qualité.

SOIXANTE-QUATORZIÈME LEÇON

Comment se font les *gants*[1].

1. Outre les industries dont il vient d'être question, l'habillement des deux sexes en comprend une foule d'autres, telles que la fabrication des *fleurs artificielles*, des *ombrelles* et *parapluies*, des *gants*, des *éventails*, des *corsets*, des *boutons*, de la *bonneterie*, des articles de *lingerie*, etc., dont quelques-unes ont une importance très réelle. Ne pouvant décrire les procédés employés par ces diverses branches de travail, nous nous contenterons de dire quelques mots de l'une d'entre elles, celle de la *ganterie*.

2. On a porté des **gants** dès une époque très ancienne. Néanmoins, si on les considère uniquement comme objets de toilette, ils ne semblent avoir commencé à être en usage que vers le quinzième ou le seizième siècle. Aujourd'hui, sous le rapport de leur mode de fabrication, ils se divisent en deux catégories bien distinctes : en *gants tissés,* qui sont de simples articles de bonneterie et se font comme les autres tissus à mailles ; et en *gants coupés,* qui s'obtiennent en découpant des peaux ou des étoffes, puis assemblant, au moyen de la couture, les pièces découpées. Ce sont les gants de peau qui constituent la branche la plus importante de l'art du gantier.

3. Le gantier n'emploie guère que les peaux de chevreau et de mouton. Les premières sont toujours mégissées. Les secondes ont également subi les mêmes opérations ; quelquefois cependant, elles ont été chamoisées. Ce sont les chevreaux qui fournissent les gants les plus beaux, les plus fins et les plus solides. Quelle que soit la nature de la peau dont ils sont faits, les gants sont dits *sur poil,* quand ils ont le côté exté-

---

1. Pour les détails, voir Arts et Manufactures, tom. III, vingt et unième partie, chap. iv.

rieur de la peau en dehors, et *transparents* ou *sur chair*, quand c'est le côté opposé.

4. A leur arrivée dans l'atelier, les peaux sont d'abord triées, puis successivement humectées, étirées, amincies, et enfin découpées. Les morceaux sont ensuite livrés à des ouvrières, qui les assemblent au moyen de la couture, après quoi les gants terminés sont ouverts à l'aide de baguettes de bois bien arrondies qu'on passe dans chaque doigt, et enfin mis à sécher et empaquetés. Anciennement, la coupe et la couture se faisaient à la main. Aujourd'hui, la première a lieu au moyen de patrons et d'emporte-pièces, dont chaque fabricant possède des collections pour les différentes dimensions. Pour la seconde, on emploie des métiers diversement disposés.

5. Dans le commerce, les gants portent généralement le nom de la peau qui a servi à les fabriquer; mais ces dénominations ne sont pas toujours exactes. Ainsi, les gants, dits *de daim*, *de chamois*, *de peau de chien*, sont, sauf de très rares exceptions, faits avec des peaux de chevreau ou d'agneau très fortes. Il en est de même de ceux *de castor*. De plus, les peaux qu'on emploie pour ces derniers, sont chamoisées et non mégissées. Quant aux *gants de Suède*, ainsi appelés, dit-on, parce qu'on les a d'abord fabriqués dans le pays de ce nom, ils sont faits avec les peaux mégissées de rebut qui ne peuvent servir à la confection des gants de belle qualité. Ils se distinguent des autres en ce qu'ils ont en dehors le côté interne de la peau. On les aromatise habituellement avec un peu d'écorce de bouleau.

6. Nous avons vu qu'il y a des gants coupés faits de tissu. On emploie à cet usage différentes étoffes de laine ou de soie, que l'on découpe et coud à la main ou mécaniquement. La fabrication des gants de cette espèce est donc, sauf la matière, à peu près la même que celle des gants de peau.

INDUSTRIES ALIMENTAIRES

SOIXANTE-QUINZIÈME LEÇON

Comment se fait le *pain*[1].

1. Avant de dire comment se fait le **pain,** il n'est peut-être pas inutile de donner quelques détails sur les *Céréales*[2]. On applique cette dénomination à un groupe de plantes dont les plus importantes sont le Blé ou Froment, l'Orge, le Seigle, l'Avoine, le Maïs et le Riz (*fig.* 42 à 44). Les semences de ces plantes renferment un assem-

Fig. 42.	Fig. 43.	Fig. 44.
Tige de blé.	Tige de maïs.	Tige de riz.

blage de substances qui les rendent éminemment propres à la nourriture de l'homme et d'un grand nombre d'animaux. Ainsi, outre des corps gras, on y trouve de la *cellulose*, de l'*amidon*, et du *gluten*. La cellulose est la ma-

---

1. Pour les détails, voir ARTS ET MANUFACTURES, tome I, quatrième partie, chap. I.

2. On sait que les *Céréales* sont ainsi appelées du nom de *Cérès*, déesse des moissons chez les anciens.

tière qui forme l'enveloppe ligneuse du grain, et qui, après avoir été détachée par la mouture, porte le nom de *son*. L'amidon est bien connu; c'est absolument la même substance que la fécule de la pomme de terre. Quant au gluten, il constitue la partie qui convient le mieux à notre alimentation, et plus le grain en renferme, plus il est nourrissant. Sous ce rapport, le Froment occupe le premier rang, ce qui explique pourquoi, de tout temps, il a été employé de préférence pour fabriquer le pain. Viennent ensuite l'Orge et le Maïs, mais celui-ci se prêtant mal à la panification, sert principalement à confectionner des galettes ou des bouillies. Le gluten a une autre utilité non moins importante. C'est lui, en effet, qui communique à la farine la propriété de faire avec l'eau une pâte susceptible de *lever*, c'est-à-dire de gonfler par la fermentation, expression dont on trouvera bientôt l'explication.

2. Que l'on consomme le grain des Céréales à l'état de pain, de galettes ou de bouillies, il doit toujours être soumis à une première opération, qu'on nomme *mouture*, et qui constitue l'*art du meunier* ou la **meunerie**. Elle consiste à réduire en poudre, ou *farine*, la substance qui occupe le centre du grain et à la débarrasser de l'enveloppe ligneuse. Cette opération s'effectue au moyen de machines spéciales qu'on appelle **moulins,**

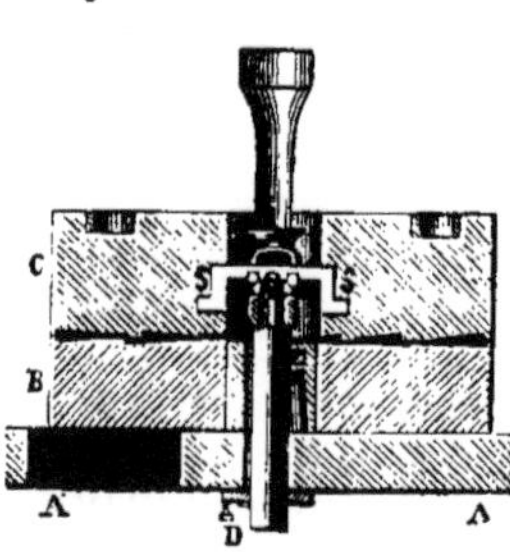

Fig. 45.

et qu'on distingue en *moulins à eau, moulins à vent* et *moulins à vapeur*, suivant que, pour les mettre en mouvement, on se sert d'un courant d'eau, de l'action du vent ou de la force de la vapeur d'eau.

3. Les moulins peuvent être diversement construits quant aux détails; mais on y trouve toujours deux meules de pierre dure placées l'une au-dessus de l'autre, et dont l'inférieure (la *meule gisante*) est immobile, tandis que la supérieure (la *meule volante*) peut tourner avec une certaine vitesse (*fig.* 45)[1]. En outre,

---

1. AA, plancher, appelé *beffroi*, sur lequel repose la meule gisante B.

pour qu'elles puissent bien moudre, il faut que celles de leurs surfaces qui se regardent soient parfaitement planes, et qu'elles aient reçu un *rhabillage* convenable. *Rhabiller* une meule, c'est la diviser en plusieurs compartiments contenant chacun un nombre donné de cannelures coupantes, ou *rayons*, ordinairement dix ou douze (*fig.* 46). Quand les meules sont en travail, leurs cannelures se croisent et font l'effet d'une cisaille (*fig.* 47). On comprend dès lors qu'à mesure que le grain tombe dans l'intervalle qui les sépare, il ne tarde pas à être broyé et réduit en farine. Celle-ci se détache des

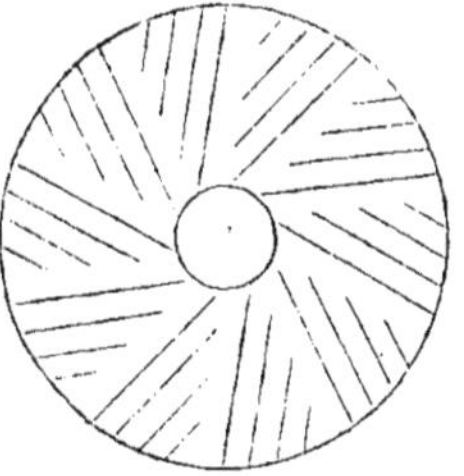

Fig. 46.

parties ligneuses du grain et, poussée par le mouvement même de la meule volante, s'échappe pêle-mêle avec le son par une ouverture particulière qu'on appelle *anche*.

4. La farine étant produite, il n'y a plus qu'à la travailler à l'aide d'appareils nommés **blutoirs**, qui, selon le cas, en retirent la totalité ou une partie seulement du son. On dit qu'une farine est blutée à cinq, à dix ou à quinze pour cent, lorsque, de cent kilogrammes de blé moulu, on en extrait par le blutage cinq, dix ou quinze kilo-

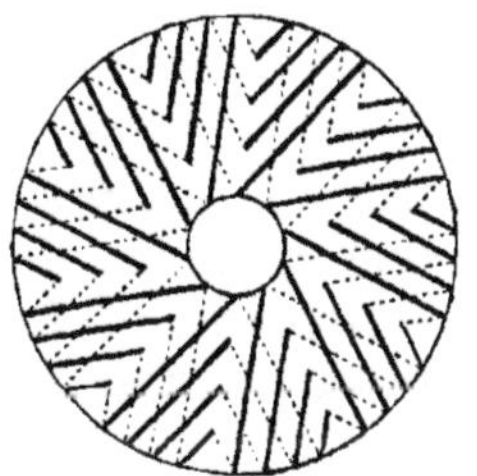

Fig. 47.

grammes de son. Plus le blutage est poussé loin, plus la farine a de blancheur. En revanche, comme le grain de blé ne contient guère au delà de deux à trois pour cent d'enveloppe ligneuse, il en résulte que, plus la farine est blanche, moins elle est nourrissante, parce qu'une portion de ses principes utiles se trouve mêlée au son. De là cette conclusion, que, deux farines étant inégalement blutées, le pain le mieux doué au point de vue alimentaire sera celui à la confection duquel aura

C désigne la meule volante. D est un arbre en fer, nommé *gros fer* ou simplement *fer*, qui, traversant la meule gisante, supporte la meule volante et, au moyen d'une pièce de fer SS, dite *anille*, lui communique le mouvement de rotation qu'il a lui-même reçu du moteur de l'usine.

servi la farine la plus riche en son ; seulement, il aura
moins de blancheur.

SOIXANTE-SEIZIÈME LEÇON

Comment se fait le *pain*. (*Suite*.)

1. « Quel incomparable aliment que le pain ! il plaît
à tous, on ne s'en lasse pas ; il est si bien approprié à
nos organes que la digestion s'en opère sans laisser de
résidus, sans causer aucun trouble dans l'appareil di-
gestif ; la proportion des principes qui le constituent est
si bien ordonnée qu'il s'en faut de fort peu qu'il soit
pour l'homme un aliment complet. » Toutefois, le pain
véritable, le pain proprement dit, est celui de Froment ;
les autres Céréales ne sont même ordinairement employées à le préparer qu'après qu'on y a ajouté une certaine quantité de Froment.

2. La fabrication du pain entretient, dans toutes les
localités un peu importantes, une profession spéciale,
celle de la **boulangerie**. Elle comprend deux opérations principales : le *pétrissage*, ou préparation de la
pâte, et la *cuisson*, ou exposition de cette pâte à l'action
de la chaleur. Ces opérations sont au fond d'une grande
simplicité ; néanmoins, elles demandent des soins minutieux et une certaine habileté pour obtenir de bons
résultats.

3. Le **pétrissage** se fait dans une espèce de longue
caisse qu'on appelle *huche, maie* ou *pétrin*. Il consiste
à délayer la farine dans l'eau de manière à former une
masse homogène et d'une consistance convenable. On y
ajoute ordinairement une petite quantité de sel afin de
rendre la pâte plus savoureuse et de compléter ses propriétés nutritives. Toutefois, si l'on se contentait de
pétrir la farine avec l'eau et le sel, on n'obtiendrait
qu'un pain compacte et de difficile digestion. On prévient cet inconvénient, en introduisant dans la pâte un
peu de **levain**. On nomme ainsi une portion de pâte
qu'on a mise de côté pour cet usage à la fin d'une opération précédente, et qu'on a fait aigrir. Quand on
juge la pâte suffisamment travaillée, on l'abandonne à

elle-même à une température de 15 à 18° centigrades. Sous la double influence de la chaleur et du levain [1], elle éprouve une espèce de décomposition, dite *fermentation panaire,* à la faveur de laquelle il prend naissance de l'alcool et du gaz acide carbonique [2]. En cherchant à s'échapper, ce dernier produit dans la masse des vides nombreux comparables à des bulles d'écume. La pâte se gonfle donc, ce qui la rend plus légère, et ce gonflement augmente encore pendant la cuisson, parce que la chaleur accroît le volume de ces bulles, en même temps qu'elle engendre des vapeurs qui concourent au même effet. Les *yeux,* ou trous, que présente le pain, sont les cavités qu'occupaient les gaz et les vapeurs. Quand la pâte est *levée,* c'est-à-dire gonflée au point voulu, on la *tourne,* en d'autres termes, on la divise en fragments, ou *pâtons,* de différents poids, auxquels on donne la forme que le pain doit avoir. Ces fragments sont ensuite placés dans des corbeilles, où la fermentation s'achève, après quoi on les enfourne.

4. La **cuisson** a lieu dans un fourneau d'une disposition particulière, qu'on appelle *four à pain* ou *four de boulanger.* C'est un pavé circu-

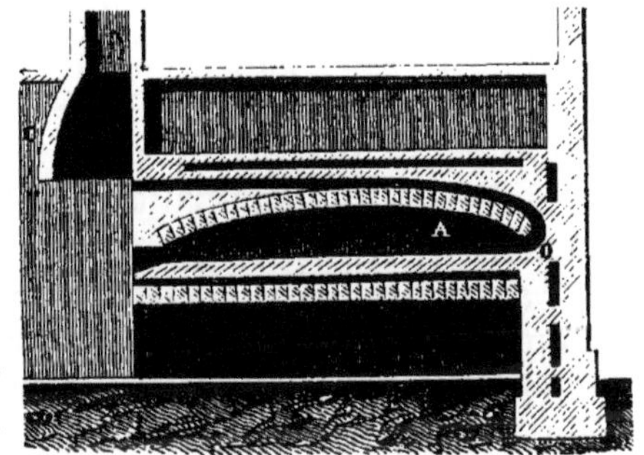

Fig. 48. — Four de boulanger [3].

laire fait de carreaux de terre cuite et recouvert d'une voûte très basse (*fig.* 48). On y brûle du bois bien sec.

1. Dans les villes où il y a des brasseries, on emploie aussi la **levûre de bière** pour levain, mais il faut avoir soin de n'en mettre qu'une petite quantité, sans quoi le pain contracterait un goût désagréable.

2. Il sera question plus loin de l'**alcool.** Quant à l'**acide carbonique,** c'est le même corps gazeux qui se forme dans les cuves à vin, pendant l'ébullition de la vendange, et qui cause la mort de ceux qui ont l'imprudence de descendre dans ces cuves ou qui pénètrent dans les lieux qui les renferment, sans prendre les précautions recommandées par les savants et les autorités publiques. Voyez sur ce corps nos LECTURES VARIÉES SUR LES SCIENCES, pag. 216, 324, 331, etc.

3. A est le pavé du four, la *sole,* comme on l'appelle. La fumée s'échappe

Il est indispensable, pour le succès complet de l'opération, que toutes les parties du four soient également chauffées, mais il en est rarement ainsi, ce qui explique pourquoi, parmi les pains d'une même fournée, il y en a qui sont trop cuits, tandis que d'autres ne le sont pas assez. Quand le four est arrivé à une température suffisante, on enlève toute la braise, et l'on procède à l'enfournement. Comme on sait, ce travail consiste à placer le pain dans le four en se servant de pelles de bois très légères et munies de longs manches. La cuisson dure plus ou moins, suivant la grosseur des pains. On reconnaît qu'elle est terminée à la couleur que la croûte acquiert. Une fois sortis du four, les pains sont posés sur des tablettes, debout à côté les uns des autres. On évite de les superposer, parce que ceux des couches inférieures s'affaisseraient sous le poids de ceux des couches supérieures, et deviendraient compactes.

5. De tout temps, il a été d'usage de fabriquer plusieurs sortes de pains, afin de répondre aux besoins ou au caprice des différentes classes de personnes. Le *pain ordinaire* se prépare avec les farines communes : c'est celui dont la consommation est la plus considérable et, on peut aussi le dire, qui nourrit le mieux. Pour le *pain de luxe,* on emploie les farines les plus belles et les plus blanches; on en distingue de nombreuses variétés qui diffèrent entre elles sous le rapport de la forme et des dimensions, et suivant la manière dont on a travaillé la pâte. Le *pain de munition* est celui qu'on distribue aux troupes. Dans plusieurs parties de l'Europe, on le fait, soit avec de la farine de seigle, soit avec un mélange de cette même farine et de farine brute de froment. En France on se sert exclusivement d'excellente farine de froment blutée à vingt pour cent. C'est également avec de bonnes farines de blé que se fabrique le *pain d'embarquement* ou *pain de marine,* appelé vulgairement *biscuit* ou *galette,* dont l'usage est si général à bord des navires de tous les pays. Seulement, on y fait entrer moins d'eau et de levain afin qu'il ait une pâte très

par plusieurs conduits *o,* qu'on appelle *ouras,* et qui la conduisent dans la *hotte* C, d'où elle passe dans la cheminée.

ferme et qu'il lève peu. En outre, lorsqu'il sort du four, on le fait dessécher complètement dans une étuve pour qu'il puisse se conserver très longtemps[1].

SOIXANTE-DIX-SEPTIÈME LEÇON

Comment se fait le *pain*. (*Fin*.)

1. Le premier usage que les hommes ont fait du grain des Céréales paraît avoir été de le manger entier, et cru ou grillé. Plus tard, on imagina de le ramollir dans l'eau et de le faire cuire, comme c'est encore l'usage pour le Riz et les légumes secs. Plus tard encore, on eut l'idée de le moudre et de former des bouillies avec la farine. Enfin, on couronna toutes ces innovations en se servant de la farine pour confectionner des pâtes plus ou moins fermes, qui, soumises à l'action du feu, devinrent notre *pain*. Toutefois, pendant longtemps, le pain fut lourd et indigeste, parce qu'il n'était pas levé. Il ne devint ce que nous le voyons aujourd'hui que lorsqu'on eut découvert les propriétés du *levain*. Ces diverses inventions remontent à une époque très reculée, mais inconnue. Elles sont toutes originaires de l'Orient, d'où elles pénétrèrent peu à peu en Europe, en passant par la Grèce et l'Italie[2].

2. La **mouture** du grain a beaucoup varié. Dans le principe, on se contenta de le concasser grossièrement entre deux pierres, comme le font encore plusieurs peu-

---

1. La farine de froment ne sert pas seulement à faire le pain. Additionnée de sucre, de lait, de fécule et d'œufs, elle entre dans la composition de la plupart des **pâtisseries**. Enfin, employée seule, elle est utilisée pour préparer ces pâtes consistantes, dites **pâtes d'Italie**, que l'on conserve à l'état sec et dont on confectionne généralement des potages. Parmi ces produits, les uns ressemblent à des fils (*vermicelles*), les autres à des rubans (*lazagnes*), d'autres à des tubes creux (*macaronis*). Il y en a aussi qui ont la forme d'étoiles, de lettres, de chiffres, d'anneaux, de lentilles, etc. Tous s'obtiennent par les mêmes procédés. On fait une pâte très dure, puis, au moyen de presses puissantes, on les comprime dans des moules dont le fond est percé de trous, en sorte qu'elle est forcée de passer à travers ces trous, et cela suffit pour qu'elle prenne la forme voulue. (Pour les détails de la fabrication de tous ces produits, voyez nos ARTS ET MANUFACTURES, tom. I, pag. 239-242.)

2. Sur l'histoire du pain, voir HISTOIRE DE L'INDUSTRIE, première partie, chap. I.

ples sauvages. Plus tard, on imagina de le triturer dans un mortier. Enfin, un perfectionnement en amenant un autre, on eut la pensée de le broyer avec un rouleau de pierre dure sur une table de même matière, ce qui conduisit probablement à le convertir en farine en le faisant passer entre deux meules superposées, la supérieure tournant horizontalement sur l'inférieure. On arriva ainsi graduellement à l'invention des *moulins*.

3. Du temps de Moïse, les moulins étaient connus en Egypte depuis plusieurs siècles, et l'on assure que le peuple de Dieu en emprunta l'usage à ce pays. Ils étaient alors grossièrement construits. De plus, pour les mettre en travail, on se servait, tantôt de la force des animaux (*moulins à manège*), tantôt, ce qui était le cas le plus fréquent, de la force des hommes (*moulins à bras*). Par la suite, mais fort tard, on les mit en mouvement à l'aide des eaux courantes (*moulins à eau*) et du vent (*moulins à vent*). On ne connaît pas positivement la date de ces deux progrès remarquables. On sait seulement qu'ils ont l'un et l'autre une origine asiatique. Les Romains introduisirent le premier en Italie moins de cent ans avant l'ère chrétienne. Quant au second, il avait déjà pénétré en Pologne et en Hongrie au commencement du huitième siècle de notre ère. L'application de la vapeur d'eau à la marche des machines à moudre le grain (*moulins à vapeur*) est tout à fait moderne; elle a commencé en Angleterre, vers 1789. Enfin, de nos jours, ces appareils ont reçu des améliorations sans nombre qui ont eu pour résultat de rendre leur emploi plus facile, plus économique et plus parfait[1].

4. Les modernes ne se sont pas contentés de perfectionner les moulins à blé; ils ont voulu également faire disparaître ce qu'a de pénible et de malpropre la fabrication du pain telle qu'elle a lieu habituellement. A cet effet, on a proposé de remplacer le pétrissage manuel par l'emploi de machines. C'est aux appareils de ce genre qu'on donne le nom de **pétrins mécaniques.** Le nombre en est très grand, et il augmente de jour en

1. Sur l'histoire des moulins, voir HISTOIRE DE L'INDUSTRIE, première partie, chap. I, note des pag. 2, 3 et 4.

jour. Néanmoins, malgré leurs avantages, dont le moindre est de soustraire la pâte au contact de la main de l'ouvrier, diverses circonstances n'ont pas encore permis d'en répandre l'usage, en sorte qu'on ne les rencontre guère que dans quelques boulangeries de l'Etat et des hospices et dans un petit nombre de boulangeries particulières d'une grande importance. Une autre innovation, qui n'a pas eu plus de succès, a eu pour objet de substituer aux fours ordinaires, chauffés au bois et à l'intérieur, des fours au coke ou à la houille, chauffés extérieurement, qui, à la différence des anciens, cuisent le pain avec une régularité parfaite et le soustraient, en outre, au contact des cendres et des fragments charbonneux. Malgré leurs incontestables avantages, ces appareils ont rencontré à peu près les mêmes obstacles que les précédents. Le temps seul peut faire disparaître l'opposition qu'on leur a faite jusqu'à présent.

SOIXANTE-DIX-HUITIÈME LEÇON

Principales industries de la *viande*[1].

1. La chair d'un grand nombre d'animaux peut nous servir de nourriture, mais la viande proprement dite, la vraie viande, est celle que nous donnent le Bœuf, le Veau, le Mouton et l'Agneau, et qu'on appelle *viande de boucherie,* parce que le commerce en est concentré entre les mains des *bouchers*. Il faut y joindre la chair du Porc, dont le débit est assez important, dans la plupart des villes d'Europe et de l'Amérique du Nord, pour faire l'objet d'une profession particulière, celle du *charcutier*.

2. Nous venons de voir que les animaux de boucherie sont le Bœuf, le Veau, le Mouton et l'Agneau. On les prépare généralement à cette destination en les soumettant, pendant un certain temps, à un régime particulier qui a pour objet de les amener à un état d'embonpoint modéré. Quand ils sont arrivés à cet état, ils passent

---

1. Pour les détails de ces deux industries, voir ARTS ET MANUFACTURES, tom. Ier, quatrième partie, chap. III.

entre les mains du boucher. Le travail de ce dernier comprend deux opérations essentielles : *l'abattage* et *l'habillage.*

3. L'**abattage** n'est autre chose que la mise à mort de l'animal. Anciennement, chaque boucher avait sa *tuerie* particulière, ce qui était une cause permanente d'accidents, par suite du fréquent passage des animaux, et d'infection pour les alentours, par la rapide putréfaction des débris. Depuis le commencement de ce siècle, chaque ville un peu importante possède au moins un établissement spécial, appelé *abattoir*, dans lequel tous les bouchers sont tenus de venir tuer les animaux qu'ils destinent à la vente, et qui est disposé de manière à présenter toutes les garanties désirables au double point de vue de la sécurité des personnes et de la salubrité du voisinage. Tous les animaux ne se tuent pas de la même manière, mais on doit toujours agir de telle sorte que la mort arrive le plus promptement possible et en épargnant aux victimes des souffrances inutiles.

4. Quand l'animal ne donne plus signe de vie, on procède à l'**habillage.** On appelle ainsi les diverses opérations qu'on lui fait subir avant de l'envoyer à l'*étal*, c'est-à-dire au magasin de vente. Elles varient, quant aux détails, suivant les localités ; mais elles consistent toujours à introduire de l'air entre la chair et la peau afin de séparer facilement cette dernière, à détacher la tête et les pieds, et à extraire les organes intérieurs. Les bœufs sont ensuite divisés en deux parties égales, du cou à la queue, et transportés, dans cet état, à l'étal. Les veaux et les moutons sont seuls laissés entiers. C'est à l'étal qu'on procède au dépeçage des uns et des autres, et qu'on en classe les morceaux en catégories, selon les qualités, vraies ou supposées, que les consommateurs leur attribuent.

SOIXANTE-DIX-NEUVIÈME LEÇON

Principales industries de la *viande*. (*Suite.*)

1. Les animaux de boucherie ne donnent pas seulement de la viande ; ils fournissent aussi plusieurs pro-

duits secondaires qui sont utilisés par l'industrie. Ainsi, la *peau* est vendue aux tanneurs pour être convertie en cuir. Le *suif* est livré aux parfumeurs, aux fabricants de chandelles et aux stéariniers. Suivant leurs dimensions, les *os* servent à faire des objets de tabletterie, du noir animal, de la gélatine, du phosphore. Les *cornes* sont également employées par les tabletiers, qui en confectionnent des boutons, des tabatières, des peignes, etc. Les *pieds* sont la matière première de plusieurs sortes d'huiles. La *bourre* et le *crin* sont utilisés par les tapissiers et les bourreliers. La *laine* est une des principales matières premières de l'industrie des tissus. Enfin, avec le *sang,* on fait d'excellents engrais; avec les *vessies,* des espèces de bourses; avec les *patins* ou *tendons d'Achille,* de la colle forte; avec les *intestins* ou *boyaux,* des cordes propres à divers usages, tels que la garniture des violons, des vielles et autres instruments analogues, la transmission du mouvement des petites machines, l'enveloppe extérieure des fouets et des cravaches, etc. Rien donc ne se perd d'un animal mort.

2. Nous dirons peu de chose du travail du charcutier. Outre sa viande, qui est d'un usage général, soit à l'état frais, soit à l'état de salaison, et sa graisse, qui est l'unique condiment dans plusieurs pays, le Porc nous donne des déchets non moins utiles que ceux des bêtes de boucherie. La *peau,* une fois tannée, forme un excellent cuir dont on fait des cribles, des harnais, des selles, des garnitures extérieures de malles, même des chaussures. Avec les *soies,* on confectionne des pinceaux pour les peintres et les badigeonneurs, et une foule de variétés de brosses. Le *vieux lard* et la *couenne* servent à graisser les scies et les vrilles, tandis que la *graisse* reçoit le même emploi pour les parties frottantes des machines. Cette dernière est également utilisée par les vétérinaires pour panser certaines plaies et composer divers onguents. Les parfumeurs la font aussi entrer dans plusieurs de leurs préparations. Enfin, comme celle du Mouton et de l'Agneau la *vessie* du Porc est employée pour faire des bourses.

QUATRE-VINGTIÈME LEÇON

Le *beurre* et sa fabrication[1].

1. Le *lait* des herbivores[2] se compose d'eau, d'une matière grasse, d'une espèce particulière de sucre et d'une substance qu'on nomme *caséine*. Le **beurre** en est précisément cette matière grasse. Il s'y présente sous la forme de globules d'une petitesse excessive, qui flottent dans l'eau, tandis que la caséine, le sucre et les sels sont dissous dans celle-ci. Comme ces globules sont plus légers que la partie aqueuse, il en résulte que, si l'on abandonne le lait à lui-même, ils s'élèvent peu à peu à la surface du liquide, et alors ils constituent ce qu'on appelle la *crème*. Vient-on à battre longtemps le lait? ces mêmes globules, d'abord isolés et libres, se réunissent graduellement et finissent par former des masses plus ou moins volumineuses qui se séparent du liquide restant, lequel prend le nom de *babeurre* ou *lait de beurre*. Cette séparation a lieu plus ou moins vite, suivant la température. En été, elle dure environ une demi-heure ; en hiver, elle est beaucoup plus longue, mais on peut la rendre plus prompte en ajoutant un peu de sel au beurre.

2. Le lait de tous les animaux herbivores est propre à la préparation du beurre. Néanmoins, on emploie de préférence le lait de vache, parce que c'est celui qui donne le beurre le meilleur et le plus aromatique. On estime qu'une vache parfaitement nourrie et soignée peut donner près de 140 kilogrammes de beurre par an.

3. Il existe plusieurs méthodes pour préparer le beurre. En Europe, on l'extrait de la crème à l'aide d'un battage énergique ; mais tantôt on ne bat la crème qu'après lui avoir donné le temps de se séparer spontanément du lait, tantôt on emploie le lait tout entier, et on

---

1. Pour les détails, voir ARTS ET MANUFACTURES, tom. Ier, quatrième partie, chap. IV.

2. On appelle *herbivores*, du latin *herba*, herbe, et *vorare*, manger, les animaux qui se nourrissent de plantes, tels que le Bœuf, le Mouton, l'Éléphant, le Cheval, etc. Au contraire, on nomme *carnivores*, du latin *caro, carnis*, chair, et *vorare*, manger, ceux qui font leur nourriture de matières animales, tels que le Lion, le Tigre, le Loup, le Chat, etc.

le travaille aussitôt après la traite. Par ce dernier procédé on n'obtient pas une aussi grande quantité de beurre que par le premier; mais, si l'on a fait usage d'un lait de bonne qualité, le produit est plus délicat. C'est de cette manière que se fabrique le beurre si renommé de la Prévalaye, près de Rennes (Ille-et-Vilaine).

4. Quel que soit le mode d'opérer, les appareils employés sont les mêmes; ils se nomment **barattes**. Le plus répandu dans les petites fermes, est celui qu'on appelle *baratte à pompe,*

Fig. — 49. Baratte à pompe.

beurrière ou *serène*. C'est un vase en bois d'une forme conique (*fig.* 49) et d'environ un mètre de hauteur, dont le couvercle est percé, au milieu, d'un trou rond. Après y avoir introduit le lait, on effectue le battage au moyen d'un disque de bois muni d'un long manche qui passe par l'ouverture du couvercle, et auquel on imprime un mouvement alternatif de bas en haut et de haut en bas. Dans les grandes exploitations rurales, afin d'agir plus rapidement, on se sert de barattes plus compliquées, dont il existe une multitude de variétés. Le plus souvent, elles consistent en un tonneau horizontal qu'on fait tourner sur un axe à l'aide d'une manivelle, et dans l'intérieur duquel se trouvent des bâtons disposés de manière à rompre le plus parfaitement possible la nappe de crème ou de lait. Quelquefois, le tonneau, toujours placé horizontalement, est immobile, et c'est à l'une des extrémités de l'axe, muni des bâtons, qu'est fixée la manivelle.

5. Quand le beurre est bien formé, on fait écouler le liquide restant, ou *petit-lait,* et on lave à l'eau le beurre dans la baratte même, si la disposition de celle-ci le permet. Dans le cas contraire, on réunit à la main le beurre flottant, ou bien encore on jette le tout sur un filtre, qui

retient la matière solide et laisse passer le petit-lait. Il ne reste plus alors qu'à pétrir le beurre afin d'en extraire les portions aqueuses qu'il contient toujours. En faisant ce pétrissage, on immerge de temps en temps le beurre dans l'eau pure. Dans plusieurs pays, on le pétrit à sec, puis on le comprime à l'aide d'une presse. En agissant ainsi, on lui conserve mieux son arôme.

6. Comme le beurre se gâte avec une grande facilité, on a dû chercher le moyen de le conserver. Dans beaucoup de localités, on le met dans des pots de grès, après l'avoir lavé à plusieurs reprises et l'avoir mêlé avec 5 à 6 pour 100 de sel marin : c'est le *beurre salé*. Dans d'autres, on le chauffe jusqu'à la température de l'ébullition, on le débarrasse des écumes, et lorsqu'il est liquide et clair, on le distribue dans des vases de grès : c'est le *beurre fondu*.

QUATRE-VINGT-UNIÈME LEÇON

Le *fromage* et sa fabrication [1].

1. Dans les pays où il y a une grande abondance de lait, une partie de ce liquide est employée à la fabrication des **fromages**. Sous cette forme, il constitue un aliment savoureux et très nourrissant, qui se prête admirablement aux transports lointains, en même temps qu'il est d'une conservation très facile. Aussi, la préparation des fromages est-elle, dans certaines localités, une industrie considérable.

2. C'est la matière que nous avons appelée *caséine*, qui sert à faire le fromage. Elle est dissoute dans l'eau, avec le sucre et les sels ; mais les acides possèdent la propriété de la coaguler, ou comme on dit vulgairement de *cailler* le lait. Dans les fromageries, on détermine rapidement cette coagulation en mettant en contact avec le lait une petite quantité de *présure* [2].

1. Pour les détails, voir Arts et Manufactures, tom. I, quatrième partie, chap. iv.

2. On appelle *présure* une matière acide qui se trouve dans la caillette ou quatrième estomac des jeunes ruminants, à l'âge où ils sont encore nourris de lait. On la prépare ordinairement avec la caillette des veaux.

3. Quoique le lait de tous les herbivores puisse servir à faire du fromage, on préfère généralement celui de vache. Dans certaines localités, on y ajoute du lait de chèvre ou de brebis. Quelquefois même, on emploie uniquement ces derniers, soit seuls, soit mélangés ensemble. Nul doute que la nature du lait ne contribue à modifier les qualités du fromage. Toutefois, ce qui exerce l'influence la plus considérable, ce sont les procédés de fabrication, qui sont loin d'être identiques, quant aux détails, non seulement pour tous les pays, mais encore pour toutes les localités d'un même pays. A cet égard, on a remarqué depuis longtemps qu'une modification, en apparence insignifiante, dans l'un quelconque des traitements que l'on fait subir au lait, peut imprimer aux produits des propriétés essentiellement différentes.

4. Peu de mots suffiront pour donner une idée générale de la fabrication du fromage. Après avoir chauffé le lait à une température de 28 à 30° centigrades, on y ajoute la présure (il en faut huit à douze grammes pour dix litres), et on laisse reposer. Au bout d'une heure ou deux, la coagulation est complète. Aussitôt que le caillé est suffisamment raffermi, on le rompt avec un couteau à plusieurs lames, qui le divise en menus morceaux. On recueille ces morceaux, après avoir fait écouler le petit-lait, on les jette sur une étamine pour qu'ils s'égouttent, puis, afin d'en extraire les dernières portions aqueuses, on les comprime à l'aide d'une presse ou d'une simple planche chargée de poids. On obtient ainsi une espèce de gâteau qu'on réduit en fragments excessivement petits au moyen d'un appareil appelé *moulin à rompre*. Le résultat de cette opération est une pâte homogène que l'on convertit de nouveau en pains par une compression graduée. On procède alors à la salaison. Pour cela, tantôt on plonge les pains dans une forte dissolution de sel, où on les laisse plusieurs jours; tantôt on les frotte, pendant une semaine environ, avec du sel bien sec et bien pulvérisé. Enfin, on les lave à l'eau chaude ou avec du petit-lait chaud, après quoi, quand ils sont devenus secs, on les range dans une cave pour les *affiner*, c'est-à-dire pour

leur faire éprouver une sorte de fermentation qui leur communique le goût et les qualités propres à chacun d'eux.

5. Telles sont les opérations principales de l'industrie fromagère ; mais, comme nous l'avons vu, on les modifie de mille manières, et ce sont ces modifications qui produisent les diverses sortes de fromages. Toutefois, aussi nombreuses que soient ces sortes, on les partage toutes en deux grandes classes, savoir : les *fromages mous,* comme le brie, le camembert, le gérardmer, qui sont toujours peu consistants, et les *fromages fermes,* comme le gruyère, le roquefort, qui, au contraire, sont plus ou moins durs. Dans chacune de ces classes, on distingue, en outre, les *fromages gras,* qui sont faits avec du lait non écrémé, et les *fromages maigres,* pour la confection desquels on n'emploie que du lait écrémé.

QUATRE-VINGT-DEUXIÈME LEÇON

Ce qu'est le *sucre* et comment on se le procure[1].

1. Dans le langage ordinaire, on donne le nom de **sucre** à toute substance qui est douée d'une saveur plus ou moins douce. Les substances de ce genre sont d'origine végétale ; elles se trouvent dans la tige, les fleurs, les fruits, les racines ou les tubercules d'un grand nombre de plantes. Mais celle qu'on emploie ordinairement est fournie soit par la tige d'un grand roseau des contrées chaudes du globe, — la **canne à sucre** (*fig.* 50)[2], — soit par la racine d'une plante de nos climats, — la **betterave à sucre**[3]. — On distingue

1. Pour les détails historiques, voir Histoire de l'Industrie, première partie, ch. II ; pour les détails de la fabrication, voir Arts et Manufactures, tom. I, quatrième partie, chap. v.
2. Les pays où la culture de la Canne est le plus développée sont : — 1º en Amérique, toutes les Antilles, le Brésil, la Louisiane, le Mexique. l'ancienne Colombie ; — 2º en Asie, la Chine, le Japon, l'Inde anglaise, l'Indo-Chine, les Philippines ; — 3º en Afrique. les îles Maurice et de la Réunion, les colonies de Port-Natal et de Libéria, l'Egypte ; — 4º en Océanie, les possessions hollandaises de Java et de Sumatra, les îles Sandwich ; — 5º en Europe, elle n'existe guère que dans les provinces méridionales de l'Espagne.
3. La culture de la Betterave est particulière à l'Europe. Néanmoins,

donc le *sucre de canne* et le *sucre de betterave;* mais ils ont, l'un et l'autre, la même composition, les mêmes propriétés, les mêmes usages, en sorte qu'ils ne sont en réalité qu'une seule et même matière provenant de deux sources différentes. Le sucre que nous employons n'est même généralement qu'un mélange des deux sortes.

2. La fabrication du sucre comprend deux séries d'opérations bien distinctes. Dans la première, on obtient une poudre sableuse, plus ou moins jaunâtre, et douée d'un goût peu agréable : c'est le *sucre brut* ou la *cassonnade*. Dans la seconde, on *raffine* le

Fig. 50. — Récolte des cannes.

sucre brut, c'est-à-dire on le débarrasse des corps étrangers qui altèrent sa couleur et sa saveur, afin de le convertir en *sucre blanc* ou *sucre raffiné*. On appelle *sucreries* les établissements où l'on produit le sucre brut, et *raffineries* ceux où on le raffine.

3. Pour extraire le sucre de la canne, on écrase celle-ci au moyen de presses ou de moulins, et l'on recueille le jus, ou *vesou*, qui en découle. Ce jus est ensuite cla-

depuis quelques années, on s'efforce de l'introduire aux Etats-Unis, où elle donne même déjà des produits très abondants. En Europe, c'est en France qu'elle a lieu sur la plus grande échelle. Viennent ensuite la Belgique, l'Allemagne, l'Autriche et la Russie. Dans notre pays, elle est à peu près concentrée dans vingt-quatre départements, à la tête desquels se placent ceux du Nord, de l'Aisne, du Pas-de-Calais, de l'Oise et de la Somme.

rifié, après quoi on le fait passer successivement dans des chaudières placées sur le feu et à la file, où, par l'ébullition, il se concentre de plus en plus. Quand il est suffisamment épaissi, on le met refroidir dans des réservoirs peu profonds. Enfin, on le verse dans des caisses ou dans des tonneaux, où il ne tarde pas à se prendre en petits grains irréguliers. Quelques parties restent cependant liquides : elles forment ce qu'on nomme la *mélasse*. On les fait sortir par des trous destinés à cet effet.

4. Le traitement des betteraves est beaucoup plus compliqué. Les racines sont lavées avec soin, puis râpées au moyen de machines. L'espèce de pâte qui résulte de ce râpage est enfermée dans des sacs de laine et soumise à l'action de presses très puissantes pour en extraire le jus. Ce jus est aussitôt clarifié, après quoi on le concentre à plusieurs reprises dans des appareils diversement disposés et, chaque fois, on le fait passer sur des filtres appropriés. Lorsqu'il est convenablement concentré, on le distribue dans des chaudières d'une forme spéciale, où il commence à se solidifier, puis dans des vases coniques ou rectangulaires où il achève de passer à l'état solide.

5. Qu'il provienne de la canne ou de la betterave, le sucre brut se raffine de la même manière. On commence toujours par le faire fondre, c'est-à-dire par le rendre liquide, et l'on obtient ce résultat en le chauffant avec une petite quantité d'eau. On purifie alors le *sirop* [1] en le faisant passer dans des caisses pleines de charbon d'os [2] en grains, puis on le concentre rapidement, et on le fait refroidir. Enfin, on le verse dans des moules coniques, appelés *formes*, où il se solidifie. Le plus ou moins de blancheur que présentent les pains provient du plus ou

---

1. On appelle **sirop** toute liqueur composée d'une dissolution concentrée de sucre. Quelquefois, comme c'est ici le cas, cette liqueur ne renferme que de l'eau et du sucre (*sirop de sucre*). Le plus souvent, comme cela a lieu pour les boissons d'agrément, dites *sirops d'orgeat, de groseilles*, etc., et pour les sirops médicamenteux, elle contient, en outre, une ou plusieurs autres substances destinées à la rendre plus agréable ou à lui communiquer quelque propriété particulière.

2. Le **charbon d'os** ou **noir d'os**, s'obtient, comme on l'a vu page 20, en calcinant des os dans des vases fermés. Il possède la propriété de décolorer presque tous les liquides végétaux ou animaux.

moins de soin avec lequel on a effectué les diverses opérations du raffinage.

6. Les usages du sucre sont tellement connus qu'il est inutile de les énumérer[1]. Dans la pharmacie et l'économie domestique, on l'emploie pour rendre plus agréables un nombre infini de préparations. Les industries du chocolatier, du confiseur et du liquoriste n'existeraient pas sans lui. Comme il conserve parfaitement les matières animales ou végétales, on y a journellement recours pour prévenir l'altération des fruits et des viandes. Sous ce rapport, il est même préférable au sel marin pour ces dernières, parce qu'il possède la précieuse propriété de n'en changer ni l'aspect ni la saveur[2].

QUATRE-VINGT-TROISIÈME LEÇON

Ce qu'est le sucre et comment on se le procure. (Suite.)

1. La fabrication du *sucre de canne* est la plus ancienne. On la croit immémoriale en Chine et dans l'Inde, c'est-à-dire dans les pays que l'on regarde comme la patrie originaire du végétal qui lui a donné naissance. Environ 300 ans avant J.-C., lors des conquêtes d'Alexandre le Grand dans l'Asie méridionale, les Grecs en connurent les produits et ils transmirent cette connais-

---

1. On sait que les fleurs contiennent une matière sucrée, et que cette matière, recueillie et travaillée par les abeilles, constitue le **miel**. C'est le miel qui, dans l'antiquité, a remplacé l'usage du sucre. Aujourd'hui encore, il tient lieu de sucre dans plusieurs pays. On appelle *Apiculture* l'art d'élever les Abeilles afin d'en obtenir, dans les meilleures conditions possibles, les produits qu'elles peuvent fournir. Voyez, sur cette intéressante industrie, nos ARTS ET MANUFACTURES, tom. I, troisième partie, chap. I.

2. Depuis un certain nombre d'années, on fabrique, sur une grande échelle, une espèce particulière de sucre, qu'on appelle **glucose** ou **glycose**. Ce sucre a une saveur douce beaucoup moins franche que celle du sucre ordinaire. De plus, au lieu de se montrer, comme celui-ci, en grains d'une forme déterminée, il se présente en globules irréguliers. Il existe dans les raisins et dans les fruits acides; mais, dans l'industrie, on l'obtient en soumettant la fécule de pomme de terre à des manipulations appropriées. C'est pour cela qu'on le désigne vulgairement sous le nom de *sucre de fécule*. On l'emploie surtout pour préparer des sirops et des eaux-de-vie communes, et pour assurer la conservation des vins faibles. Comme il est moins cher que le sucre ordinaire, les confiseurs et les liquoristes le substituent très souvent à ce dernier, dans une foule de leurs préparations. Voy. ARTS ET MANUFACTURES, tom. I, quatrième partie, chap. V.

sance aux Romains. Toutefois, pendant fort longtemps, le sucre fut excessivement rare en Europe et uniquement employé comme médicament. Il ne commença même à devenir un peu abondant que vers le douzième siècle. A ce moment, la culture de la Canne était prospère en Syrie et en Egypte, où elle avait été introduite de l'Inde. Elle existait également dans la plupart des grandes îles de la Méditerranée, ainsi que dans les provinces méridionales de l'Espagne. Un peu plus tard, elle pénétra aux Açores et aux Canaries. Enfin, au commencement du seizième siècle, les Espagnols en dotèrent l'île d'Haïti, la plus importante des Antilles, d'où elle se répandit bientôt dans les îles environnantes. Les plantations du Nouveau-Monde devinrent peu à peu très prospères, et, à partir de 1650, elles envoyèrent en Europe des quantités si considérables de sucre, qu'on put cesser de le faire venir à grands frais de l'Inde, pays qui en avait jusqu'alors principalement alimenté le commerce. On comprend qu'à mesure que le sucre devint plus commun, il diminua naturellement de prix, et cette circonstance, jointe à l'usage du café, du chocolat et du thé, qui ne tarda pas à devenir général, en augmenta rapidement la consommation.

2. Au commencement de notre siècle, on ne connaissait encore que le sucre de canne. Les grandes guerres que la France soutenait alors contre tout le reste de l'Europe, ayant détruit les communications de notre pays avec l'Amérique, on se vit dans la nécessité de remplacer ce produit par la matière sucrée que renferment les plantes indigènes. On s'adressa au Maïs, au Sorgho, à la Carotte, à la Châtaigne, etc.; mais ce fut surtout la Betterave, où la présence du sucre avait été signalée en 1745 par le chimiste prussien Margraf, qui attira l'attention des savants et du gouvernement. Enfin, après une foule de tentatives infructueuses, deux hommes eurent le bonheur de résoudre complètement le problème : l'un, M. Crespel-Delisse, en 1810, dans le département du Nord ; l'autre, M. Benjamin Delessert, en 1812, dans celui de la Seine. Alors commença la fabrication du *sucre de betterave*. Comme on vient de le voir, cette indus-

trie a une origine toute française. Néanmoins, elle ne se développa d'une manière sérieuse qu'après 1830, à la suite de perfectionnements sans nombre apportés aux méthodes de culture et aux procédés d'extraction. Aujourd'hui encore, c'est en France qu'elle est le plus florissante.

3. Bien que la consommation du sucre ait prodigieusement augmenté depuis le commencement de ce siècle, elle est encore fort loin d'avoir atteint, surtout en France, le développement réclamé par les hygiénistes dans l'intérêt de la santé publique. Il est très désirable que l'emploi de ce produit puisse entrer dans les habitudes des gens de la campagne, pour lesquels il serait très utile, parce qu'il rendrait plus salubres, plus agréables et plus faciles à conserver la plupart des fruits dont ils se nourrissent. C'est d'ailleurs un fait incontestable que le sucre est un des agents les plus propres à compléter les propriétés digestives d'une foule de substances alimentaires.

QUATRE-VINGT-QUATRIÈME LEÇON

Le *vin* et sa fabrication[1].

1. Quelques personnes donnent le nom de **vin** à toute liqueur sucrée qui a subi la fermentation alcoolique, expression qui sera expliquée dans l'une des leçons suivantes; mais le vin proprement dit, le *vin véritable,* est exclusivement fourni par le *moût* ou *jus des raisins.* Ce moût renferme au moins une douzaine de matières. L'une d'elles, le glucose[2], en se convertissant en alcool, donne naissance à ce qu'on appelle la *vinosité,* c'est-à-dire à la force du vin. Quant aux autres, elles sont pour ainsi dire accessoires, et servent seulement à modifier la saveur du vin. C'est de leur nombre, des proportions, variables à l'infini, dans les-

1. Pour les détails, voir ARTS ET MANUFACTURES, tom. I, quatrième partie, chap. VIII.

2. On a vu, dans une leçon précédente (page 145, note 2), que le **glucose** est une espèce particulière de sucre qui existe dans les raisins et dans les **fruits** acides.

quelles elles sont mélangées et, peut-être aussi, de leur état particulier, que proviennent les différentes variétés de vins [1].

2. Tout le monde sait que les qualités du raisin, par conséquent, celles du vin, dépendent de plusieurs circonstances, telles que la nature du sol, le climat, l'exposition, le mode de culture, l'espèce de cépage, la marche des saisons aux époques qui influent le plus sur la maturité du fruit. Quel que soit le raisin employé, il faut toujours, pour qu'il puisse donner du vin, qu'il soit écrasé, afin que les substances qui le constituent soient en contact intime. Il faut, en outre, que le moût soit soumis à l'action de l'air, du moins pendant un certain temps.

3. Les vins sont en général blancs ou rouges, mais avec des nuances intermédiaires qui varient à l'infini. Quelques-uns, qu'on appelle *teinturiers,* sont même d'un rouge violet presque noir : on les emploie pour foncer la teinte des vins peu colorés. Nous allons décrire sommairement la manière la plus générale de fabriquer le *vin rouge,* qui est celui dont la consommation est la plus considérable.

QUATRE-VINGT-CINQUIÈME LEÇON

Le *vin* et sa fabrication. (*Suite.*)

1. La fabrication du vin rouge comprend quatre opérations, savoir : la *vendange,* le *foulage,* la *fermentation du moût* et le *décuvage.*

2. La **vendange** est la récolte du raisin. Elle a lieu à des époques qui ne sont pas les mêmes pour tous les pays. Ainsi, dans nos départements du Midi, c'est ordinairement du 8 au 20 septembre. Dans ceux du centre, au contraire, c'est du 20 au 30 du même mois, quand l'année est précoce, et dans les premiers jours d'octobre, lorsqu'elle ne l'est pas.

3. Dans le **foulage**, on se propose d'écraser les raisins pour en exprimer le jus. Ici encore, on ne procède

1. Pour la culture de la Vigne, ou *viticulture,* voir Arts et Manufactures, tom. I, deuxième partie, chap. iv.

pas partout de la même manière. Le plus souvent, on les fait piétiner par des hommes ou passer entre deux cylindres tournant en sens opposés. Dans certaines localités, on se contente d'*égrapper* le raisin, c'est-à-dire de séparer les grains de la râfle.

4. La **fermentation** est la partie la plus importante de la fabrication, puisque c'est par elle que le jus de raisin, ou *moût*, se convertit en vin. Elle commence aussitôt après le foulage. Il se produit alors dans ce jus une modification profonde, accompagnée d'une grande élévation de température, et à la faveur de laquelle la matière sucrée du raisin se décompose en donnant naissance à du gaz acide carbonique, qui se répand dans l'atmosphère, et à de l'alcool, qui reste dans la masse. En traversant la liqueur pour s'échapper, l'acide carbonique y détermine une agitation comparable à celle que présente l'eau qui bout, et qui, très lente d'abord, augmente graduellement, après quoi elle diminue peu à peu et cesse presque entièrement. A mesure que le phénomène s'accomplit, le moût perd sa douceur, se colore en rouge et acquiert la saveur vineuse, en d'autres termes, il se change en vin.

5. Le **décuvage** consiste à soutirer le vin pour le distribuer dans les tonneaux où il doit être conservé. Quand on a retiré tout le vin qui peut s'écouler de lui-même, on enlève le *marc*, c'est-à-dire les râfles et les pellicules, et on le porte au pressoir pour en extraire les portions de liquide qu'il retient encore. On presse ordinairement à plusieurs reprises, et chaque fois l'on obtient un vin de qualité inférieure qu'on garde le plus souvent dans des vases particuliers.

6. La fabrication du *vin blanc* ne diffère pas beaucoup de celle du vin rouge. La principale différence vient de ce qu'il faut éviter de faire fermenter le moût avec les râfles, surtout si l'on emploie des raisins noirs. Aussitôt donc que le raisin a été récolté, on le foule, on le presse et l'on entonne immédiatement le moût. De cette manière, la fermentation nécessaire pour convertir ce dernier en vin s'effectue dans les tonneaux.

QUATRE-VINGT-SIXIÈME LEÇON

Le *vin* et sa fabrication. (*Suite.*)

1. Des témoignages irrécusables prouvent que l'art de fabriquer le vin remonte aux premiers âges du monde, et qu'il a été inventé dans l'Asie-Mineure, sur les versants méridionaux de la chaîne de montagnes où l'Euphrate prend sa source[1]. Les Livres saints nous apprennent, en effet, que le patriarche Noé, quand il sortit de l'arche, s'empressa de planter la Vigne et de faire du vin. Dans l'antiquité, la Palestine et la Perse paraissent avoir été, pendant des siècles, les principaux pays qui produisaient le vin. Par la suite, à une époque inconnue, cet art fut introduit dans les contrées méridionales de l'Europe. Les Grecs assuraient y avoir été initiés par un de leurs dieux, Bacchus. Les habitants de l'Italie attribuaient le même honneur à un autre personnage divin, Saturne. Quant à notre pays, il en dut la connaissance à des habitants de Phocée, ville de l'Asie-Mineure, qui, ayant quitté leur patrie, environ six cents ans avant l'ère chrétienne, vinrent s'établir en Provence et y fondèrent Marseille. Depuis lors, la culture de la vigne et la fabrication du vin ont pénétré peu à peu dans les autres contrées où elles existent actuellement. Néanmoins, dans les temps modernes, la France a toujours occupé le premier rang sous ce double rapport, avantage inappréciable qu'elle doit à la diversité de ses terroirs, de ses cépages, de ses expositions, de ses températures, autant qu'à la supériorité qu'une longue pratique a donnée aux procédés de travail employés par ses habitants.

2. La quantité de vin produite annuellement dans le monde entier est impossible à préciser. On sait seulement que la France seule en fournit plus que tous les autres pays. Or, on estime qu'année moyenne nos vignobles donnent de cinquante-cinq à soixante millions d'hectolitres de vin, représentant une valeur de

---

1. Sur l'histoire du vin, voyez HISTOIRE DE L INDUSTRIE, première partie, chap. III, sect. 1.

plus de sept cent millions de francs pour les propriétaires qui les livrent au commerce. Le cinquième environ de cette production colossale est vendu aux fabricants d'alcool, trois à quatre millions d'hectolitres sont envoyés à l'étranger, et le reste entre dans la consommation intérieure. Les dix départements où la récolte est la plus abondante sont ceux de la Charente-Inférieure, de l'Hérault, de la Gironde, de la Loire-Inférieure, de Saône-et-Loire, du Gers, du Rhône, de l'Yonne, de l'Aude, de Lot-et-Garonne, de la Dordogne, d'Indre-et-Loire et de la Côte-d'Or. N'oublions pas cependant que depuis sept ou huit ans, notre production a énormément diminué par suite des ravages qu'un insecte, le *phylloxéra*, exerce dans la plupart de nos vignobles.

QUATRE-VINGT-SEPTIÈME LEÇON

La *bière* et sa fabrication[1].

1. La **bière** est la boisson fermentée par excellence de la plupart des pays où ne croît pas la Vigne. Les matières premières de sa fabrication sont au nombre de deux : l'une est destinée à fournir du sucre et par suite la partie alcoolique de la liqueur ; l'autre lui donne une saveur particulière et contribue, en outre, à la conserver. Toutes les Céréales, telles que le Froment, le Riz, l'Orge, etc., sont propres à constituer la première, car toutes contiennent de l'amidon et peuvent, par conséquent, donner du sucre ; mais on emploie de préférence le *grain d'orge*, parce qu'il est le plus facile à traiter et le plus économique. Quant à la seconde, c'est une poussière jaune qui se trouve à la base des fleurs du *houblon*, plante grimpante de la famille des Orties (*fig.* 51).

2. La fabrication de la bière se nomme *brasserie*, et l'on appelle *brasseurs* ceux qui en font leur profession. Elle se compose de deux séries d'opérations, appelées l'une *maltage* et l'autre *brassage*, qui, dans les pays

---

1. Pour les détails, voir ARTS ET MANUFACTURES, tom. I, quatrième partie, chap. IX.

où la production est très considérable, constituent des industries complètement séparées.

3. Le **maltage** a pour objet de développer dans l'orge un principe particulier, nommé *diastase*, qui convertira plus tard en sucre l'amidon de l'orge. On obtient ce résultat en faisant gonfler le grain dans l'eau, après quoi on l'étend en couches minces sur le plancher du *germoir*, grande pièce dont la température reste constante entre **14** et **16** degrés au-dessus de zéro. Dans ces conditions, l'orge ne tarde pas à germer. Quand le germe, ou plumule, est devenu à peu près aussi long que le grain, on arrête la germination, en exposant l'orge à une température d'en

Fig. 51. — Branche et cône de Houblon.

viron 50°, dans une étuve d'une construction particulière qu'on appelle *touraille*. Aussitôt que la dessiccation est complète, on passe le grain au tarare pour le débarrasser des petites racines, que la chaleur a rendues cassantes. C'est à l'orge ainsi germée, desséchée et nettoyée qu'on donne le nom de **malt**. Au printemps, surtout aux mois de mars et d'avril, le maltage se fait dans les conditions les plus favorables. De là l'usage d'appeler *bière de mars* la bière qu'on fabrique dans cette saison parce qu'on la regarde comme supérieure à celle qui est préparée dans les autres parties de l'année.

4. Le **brassage** est la fabrication proprement dite de la bière. Il comprend trois manipulations principales : le *démêlage*, le *houblonnage* et la *fermentation*.

5. Dans le **démêlage**, on se propose de transformer en sucre l'amidon de l'orge. On opère sur le malt, moulu

grossièrement au moment de l'emploi. Cette matière est introduite dans une cuve, et l'on fait arriver, dans cette dernière, de l'eau de plus en plus chaude, en ayant soin, chaque fois, d'agiter vivement, soit à bras d'homme, soit à l'aide d'appareils mécaniques, puis de laisser en repos pendant un certain temps. Pendant cette espèce d'infusion, l'amidon se convertit peu à peu en sucre incristallisable (glucose), qui se dissout dans l'eau. La liqueur sucrée prend le nom de *moût de bière*. On la soutire pour la soumettre aux opérations suivantes. Quant au malt épuisé, ou *drèche,* on le vend aux agriculteurs qui l'emploient à la nourriture du bétail.

6. Le **houblonnage** a pour but d'assurer la conservation du moût de bière, qui, sans cela, s'altérerait promptement et tournerait à l'aigre. Il consiste à faire bouillir ce moût avec des cônes de houblon. On l'épaissit ordinairement en y ajoutant un peu de glucose, de mélasse ou de sucre ordinaire de basse qualité.

7. La **fermentation** est destinée à convertir le sucre du moût en alcool et en acide carbonique. Pour cela, on dirige le moût, après le houblonnage, dans une cuve très profonde, où on le laisse refroidir, puis, quand il est à peu près tiède, on y délaie une petite quantité de levûre provenant d'une fabrication précédente. La fermentation ne tarde pas à commencer, et elle continue, pendant plusieurs jours, avec une grande activité. Tant qu'elle dure, il se forme une écume abondante, qui, d'abord blanche et légère, devient peu à peu jaunâtre et épaisse. Cette écume contient la *levûre* mêlée à des parties liquides, dont elle se sépare facilement. Quand la fermentation est terminée, ce qu'on reconnaît à cette circonstance qu'il ne se produit plus de mousse, on peut livrer immédiatement la bière à la consommation. Toutefois, comme elle est un peu trouble, on a généralement soin de la clarifier, afin de la débarrasser des substances étrangères qui altèrent sa limpidité.

QUATRE-VINGT-HUITIÈME LEÇON

La *bière* et sa fabrication. (*Suite.*)

1. Au lieu de préparer la bière uniquement avec de l'orge, on ajoute quelquefois d'autres grains à cette céréale ; ou bien on grille plus ou moins le malt ; ou encore on concentre plus ou moins le moût. Ces circonstances, jointes à la qualité et à la quantité du houblon, ainsi qu'aux procédés particuliers employés par les brasseurs, sont l'origine des innombrables variétés de bière qu'on trouve dans le commerce [1].

2. Il est probable que tous les peuples ont su préparer des boissons enivrantes avec des grains trempés de différentes manières [2]. Néanmoins, comme on a toujours eu la prétention de donner un inventeur à chaque chose, ce sont les Egyptiens qui, dans l'antiquité, passaient pour avoir fait les premiers de la bière : ils la désignaient sous le nom de *vin d'orge.* La bière était également la boisson habituelle de toutes les nations de l'Orient et du Nord. Les Espagnols l'appelaient *ceria,* les Germains *cœlia* et les Gaulois *cervisia.* De ce dernier mot vint plus tard le mot français *cervoise,* qui était encore employé au seizième siècle pour dénommer une variété de bière. Il paraît que les Gaulois et les Espagnols avaient trouvé le moyen de conserver leurs bières pendant fort longtemps ; mais on ignore absolument comment ils s'y prenaient, car l'emploi du *houblon,* qui a précisément pour objet d'empêcher ces liqueurs de se gâter, ne paraît pas remonter au-delà du quinzième siècle.

1. On divise habituellement toutes ces boissons en deux grandes classes, celle des *bières fortes* et celle des *bières faibles.* Les bières fortes sont les plus riches en alcool. Quand elles ont été faites avec soin, elles peuvent être gardées pendant plusieurs années. Les bières faibles sont, au contraire, peu spiritueuses. Elles se gâtent très facilement et veulent être bues dans les trois ou quatre mois qui suivent la fabrication. Quant aux *bières blanches* et aux *bières brunes,* ce sont des bières ordinaires, fortes ou faibles, dont la coloration provient de ce que les premières ont été préparées avec du malt simplement desséché, et les secondes avec du malt fortement grillé. Quelquefois aussi, on donne à celles-ci la teinte qui les distingue en y ajoutant du caramel, c'est-à-dire du sucre incomplètement brûlé.

2. Sur l'histoire de la bière, voyez HISTOIRE DE L'INDUSTRIE, première partie, chap. III, sect. 2.

3. La fabrication de la bière donne quatre sortes de résidus : les *touraillons*, la *drèche*, le *houblon épuisé* et la *levûre*. Les touraillons sont les radicelles provenant de la touraille ; on les emploie comme engrais. Le houblon épuisé a le même usage ; on l'utilise aussi comme moyen de couverture pour préserver les plantes de la gelée ou faciliter la végétation des prairies. Nous avons déjà vu qu'on fait manger la drèche au bétail. Quant à la levûre, elle est recueillie avec soin et vendue aux industries dont les opérations nécessitent une fermentation alcoolique : les boulangers et les distillateurs en consomment des quantités énormes.

QUATRE-VINGT-NEUVIÈME LEÇON

Le *cidre* et sa fabrication[1].

1. Dans plusieurs des pays où le raisin ne mûrit pas, les boissons extraites de fruits plus ou moins sucrés jouent un rôle aussi important que la bière dans d'autres. Tel est le cas, en France, de nos anciennes provinces de Normandie, de Bretagne et de Picardie. Quand ces boissons sont faites avec le jus fermenté des *pommes*, on obtient du **cidre** ; quand c'est avec le jus des *poires*, on a du **poiré.** Elles se préparent toutes de la même manière, mais la fabrication des premières a seule de l'importance.

2. La qualité du cidre dépend surtout de la nature des pommes. Or il existe plus de cent variétés de ces fruits, les unes plus propres que les autres à donner une bonne liqueur. On les divise en trois groupes : les amères, les douces et les aigres. Les meilleures pommes à cidre appartiennent aux variétés amères ; elles fournissent un suc plus dense, plus sucré, qui se clarifie mieux et se conserve plus longtemps. Viennent ensuite les pommes douces et, en dernier lieu, les pommes aigres. Celles-ci ne sont employées qu'à défaut d'autres et, quoi qu'on fasse, on n'en n'obtient que des boissons

---

1. Pour les détails, voir ARTS ET MANUFACTURES, tom. I, quatrième partie, chap. X.

très médiocres, et qui ont la fâcheuse propriété de noircir avec le temps.

3. La fabrication du cidre est fort simple. Après la récolte, les pommes sont déposées dans un endroit sec, pendant un mois ou six semaines, pour qu'elles achèvent de mûrir. Au bout de ce temps, on sépare avec soin celles qui sont gâtées, et l'on broie les autres. La pâte ou pulpe provenant de ce broyage est mise en tas et abandonnée à elle-même pendant dix à douze heures, temps nécessaire pour y développer une coloration d'un jaune orangé qui donne au jus la teinte ambrée que recherchent les consommateurs. On la soumet alors, à trois reprises différentes, à l'action d'une forte presse. On obtient ainsi trois qualités de jus. Le jus de la première pressée constitue le *gros cidre*; c'est le meilleur. Celui des deux autres forme le *petit cidre*; il est très faible, parce que, pour en faciliter l'écoulement, on a trituré le résidu, ou marc, avec une certaine quantité d'eau. Le pressage achevé, chaque jus est distribué séparément dans de grands tonneaux, où il éprouve bientôt une fermentation violente qui dure environ un mois. Une trentaine de jours après, il se trouve suffisamment converti en cidre pour qu'on puisse le boire. Il est alors très clair, sucré, modérément spiritueux et d'un goût agréable. Si l'on ne le consomme pas immédiatement, il est nécessaire de prendre certaines précautions pour lui conserver ces qualités ; autrement, il ne tarde pas à devenir un peu amer et plus ou moins acide. Quand il est arrivé à cet état, il reçoit le nom de *cidre paré*.

4. Plusieurs écrivains attribuent aux Égyptiens et aux Juifs l'invention du cidre et du poiré. Dans tous les cas, des témoignages irrécusables établissent, que dès les premiers siècles de notre ère, les Gaulois connaissaient l'art de préparer ces boissons. Néanmoins, ce n'est que fort longtemps après, vers la fin du treizième siècle ou au commencement du quatorzième, que l'usage du cidre est devenu général en Normandie, d'où il s'est répandu dans les contrées voisines. Aujourd'hui encore, c'est dans certaines parties de la terre normande, particulièrement dans les cantons limitrophes du Calvados et de la Manche, que se fabrique le cidre le plus estimé.

QUATRE-VINGT-DIXIÈME LEÇON

Les *eaux-de-vie* et leur fabrication[1].

1. Quand on place dans des conditions convenables l'une des substances qui contiennent du sucre ou qui peuvent se convertir en sucre, elles ne tardent pas à éprouver une sorte de décomposition à la suite de laquelle il se forme deux produits bien distincts, l'un gazeux, qui est de l'*acide carbonique*, l'autre liquide, mais très volatil, qu'on appelle **alcool**. Cette décomposition a reçu des savants le nom de *fermentation alcoolique*, et c'est en la faisant se manifester dans les jus de raisin, de pomme et de poire, que ces jus acquièrent la propriété de devenir spiritueux et de se transformer en *vin*, en *cidre* et en *poiré*. La fabrication de la *bière* est fondée sur les mêmes principes ; seulement l'opération est plus complexe. On comprend maintenant pourquoi ces quatre boissons sont dites *fermentées*.

2. L'alcool du commerce est toujours mélangé d'une plus ou moins grande quantité d'eau. Il se présente le plus souvent sous deux états différents de concentration. Dans le premier, il renferme généralement 50 à 60 pour cent d'alcool pur ; il sert alors de boisson et constitue **l'eau-de-vie**. Dans le second, il contient 70 à 80 pour cent d'alcool ; il est alors destiné aux usages de l'industrie, et prend la dénomination d'**esprit**. L'eau-de-vie ne diffère donc de l'esprit qu'en ce qu'elle est plus chargée d'eau.

3. On peut extraire l'eau-de-vie d'un très grand nombre de substances, mais plus facilement des unes que des autres. Le traitement est fort simple pour celles qui, en raison des manipulations antérieures qu'elles ont subies, renferment l'alcool tout fait : tel est le cas du vin, du cidre, du poiré et des boissons analogues. Il n'est pas ordinairement très compliqué pour celles qui, plus ou moins sucrées, sont susceptibles de fermenter aisément, comme le vesou, la mélasse et le glucose[2]. Au

---

[1]. Pour les détails, voir ARTS ET MANUFACTURES, tom. I, quatrième partie, chap. XI.

[2]. On a déjà vu qu'on appelle **vesou** le jus sucré que fournit le broyage

contraire, il présente d'assez grandes difficultés pour celles qui ne contiennent naturellement ni sucre ni alcool, mais dans lesquelles il est possible, au moyen d'opérations appropriées, de provoquer la fermentation de l'un ou de l'autre de ces corps : telles sont les graines des Céréales, les divers fruits féculents et la Pomme de terre.

QUATRE-VINGT-ONZIÈME LEÇON

Les *eaux-de-vie* et leur fabrication. (*Suite.*)

1. Toutes les eaux-de-vie s'obtiennent par le procédé de la **distillation** et avec l'aide de la chaleur. Toutefois, parmi les nombreuses substances qui les fournissent, les boissons fermentées sont les seules qui puissent être immédiatement travaillées ; les autres ont besoin d'être préalablement soumises à des manipulations propres à y déterminer la formation du sucre. *Distiller,* c'est séparer des corps volatils d'autres corps qui ne le sont pas ou qui le sont à un moindre degré dans les mêmes circonstances : ici le produit à isoler est l'alcool et, comme il est plus volatil que l'eau et que les autres substances avec lesquelles il est associé, dans le vin, le cidre, le poiré, etc., on conçoit que si l'on conduit le feu avec les précautions convenables, il doit se réduire le premier en vapeur : cette vapeur est recueillie avec soin, après quoi on la ramène à l'état liquide par le refroidissement.

2. La distillation s'effectue au moyen d'appareils appelés **alambics,** les uns *continus,* les autres *discontinus.* Les premiers sont disposés de manière, qu'une fois le feu allumé, ils fonctionnent sans interruption jusqu'à ce que l'encrassement de quelqu'une de leurs parties ou le manque de matière première oblige à arrêter le travail. Les seconds, au contraire, ne marchent que par intermittences, en sorte qu'après chaque

---

des cannes; **mélasse** la liqueur sucrée et incristallisable que produit la fabrication du sucre, et **glucose,** un sucre d'une espèce particulière qu'on trouve dans les raisins et les fruits acides.

opération il faut les ouvrir pour les nettoyer et les charger de nouveau [1].

3. Quand l'eau-de-vie sort de l'alambic, elle est incolore, quelle que soit la liqueur fermentée qui l'a fournie : de là son nom d'*eau-de-vie blanche*. Elle resterait telle indéfiniment si l'on avait soin de la renfermer immédiatement dans des vases de grès ou de verre ; mais, comme on est dans l'usage de la conserver dans des tonneaux de chêne, elle dissout à la longue une certaine quantité de la matière colorante du bois et devient ainsi d'un jaune doré. Elle enlève aussi au bois diverses substances aromatiques qui lui communiquent une saveur et une odeur plus ou moins agréables. Une remarque qui a été faite depuis longtemps, c'est que tous les merrains ne communiquent pas ces qualités au même degré. Les meilleurs sous ce rapport sont ceux des environs d'Angoulême, de Bayonne, de Riga et de Dantzig.

QUATRE-VINGT-DOUZIÈME LEÇON

Les *eaux-de-vie* et leur fabrication. (*Suite.*)

1. En énumérant les matières qui servent à produire l'eau-de-vie, nous avons déjà indiqué les principales espèces que présente cette classe de liquides. Les meilleures sont les *eaux-de-vie de vin*, et c'est en France que se fabriquent les plus recherchées. Les unes viennent des départements de la Charente et de la Charente-Inférieure et sont généralement désignées sous le nom d'*eaux-de-vie de Cognac* [2] ; les autres, dites *eaux-de-vie d'Armagnac*, se tirent des départements du Gers, des Landes et de Lot-et-Garonne ; d'autres, enfin, appelées *eaux-de-vie de Montpellier*, sont produites par les départements de l'Hérault, de l'Aude et du Gard. La fabrication des *eaux-de-vie de grains, de betterave, de fécule, de pomme de terre, de mélasse*, etc., est florissante dans

---

1. Pour l'histoire de ces appareils, voyez l'Histoire de l'Industrie, première partie, chap. iv, sect. 2.

2. On les divise, en allant des plus estimées à celles de moindre qualité, en quatre classes qu'on appelle : *grandes champagnes* ou *fines champagnes*, *petites champagnes*, *premiers bois*, *seconds bois*.

tous les pays qui ne récoltent pas de vin ou qui en récoltent fort peu, tels que la Belgique, la Hollande, l'Allemagne, la Russie, l'Angleterre. En France même, depuis la maladie de la vigne, elle s'est tellement développée, qu'elle constitue une industrie de premier ordre dans une trentaine de nos départements, surtout dans ceux du Nord.

2. Les eaux-de-vie de vin sont consommées en grande partie comme boissons [1]. L'alcool de même origine, rectifié à divers degrés [2] et fait avec soin, sert, sous le nom d'*alcool* ou d'*esprit bon goût*, à préparer différentes liqueurs de table, les fruits confits dits à l'eau-de-vie, ainsi qu'une foule de produits pharmaceutiques. On l'utilise également pour augmenter la force des vins faibles et en faciliter le transport, ainsi que pour conserver les pièces anatomiques, les objets d'histoire naturelle, et dissoudre une multitude de substances afin de les rendre propres aux besoins de la science ou de l'industrie. Les eaux-de-vie et les alcools des autres provenances reçoivent généralement les mêmes applications, mais dans les circonstances où l'on se préoccupe moins de la qualité que du bon marché. Ces produits sont qualifiés de *mauvais goût,* parce qu'ils ont une saveur plus ou moins désagréable dont on n'est pas encore parvenu à les débarrasser complètement.

3. Comme celle de tant d'autres choses, la découverte de l'alcool est entourée de la plus grande obscurité [3]. On sait seulement que, du temps d'Aristote, plus de trois cents ans avant Jésus-Christ, les savants de la Grèce savaient déjà distiller le vin. Ce n'est donc ni aux Arabes, ni au chimiste Arnaud de Villeneuve, qui vivait au treizième siècle, qu'appartient la découverte de l'art distillatoire et de ses produits. Les premiers se bornèrent à pratiquer

---

1. Voyez dans nos LECTURES VARIÉES SUR LES SCIENCES USUELLES, quels effets désastreux produit, au point de vue de la santé et de la morale, l'abus de l'eau-de-vie proprement dite et, en général, de toutes les boissons alcooliques.

2. *Rectifié à divers degrés,* c'est-à-dire distillé plusieurs fois de suite afin de le rendre plus fort, en le dépouillant de plus en plus de ses parties aqueuses.

3. Voyez à ce sujet l'HISTOIRE DE L'INDUSTRIE, première partie, chap. IV.

cet art sur une plus grande échelle qu'on l'avait fait auparavant. Quant au second, on croit généralement, encore même la chose n'est pas certaine, qu'il propagea l'usage de l'eau-de-vie en médecine. Quoi qu'il en soit, l'eau-de-vie, à cause des vertus imaginaires qu'on lui attribuait, fut d'abord considérée comme un remède, et on ne la trouvait que chez les pharmaciens. Peu à peu cependant s'introduisit la coutume de l'employer aussi comme boisson. Ce nouvel usage existait déjà dans toute l'Europe à la fin du seizième siècle. A mesure qu'il se répandit, on se mit à perfectionner les appareils distillatoires. Toutefois, de grands progrès ne furent réalisés, sous ce rapport, qu'à partir de 1800, par Edouard Adam, chimiste rouennais, et, huit ans après (1808), un autre de nos compatriotes, Cellier-Blumenthal, construisit le premier alambic à marche continue. De cette époque date l'extension énorme que l'industrie de la distillation a reçue de nos jours, au grand dommage de la santé publique et de la morale.

QUATRE-VINGT-TREIZIÈME LEÇON

Le *café*[1].

1. On cultive dans les contrées chaudes du globe un arbrisseau toujours vert, appelé *caféier*, dont le fruit, à peu près semblable à celui de notre Cerisier, renferme deux, trois ou quatre graines, le plus souvent deux, pressées l'une contre l'autre. Ce sont ces graines qui constituent le **café**. Après les avoir débarrassées de la chair qui les enveloppe, on les livre au commerce sous le nom de *café vert* (*fig.* 52).

2. On admet généralement que le Caféier est originaire de l'Abyssinie, d'où il a passé, à une époque très ancienne, dans la province d'Yémen, en Arabie. En 1690, les Hollandais s'étant procurés, dans ce dernier pays, quelques pieds du précieux végétal, les transportèrent dans leurs possessions de la Malaisie, où ils se multiplièrent parfaitement. A partir de ce moment, les diffé-

1. Pour les détails, voir ARTS ET MANUFACTURES, tom. I, quatrième partie, chap. XII, sect. 1.

rents peuples de l'Europe rivalisèrent d'efforts pour introduire la culture du Caféier dans toutes celles de leurs colonies d'Asie, d'Afrique et d'Amérique, où la nature du sol et le climat le rendirent possible [1].

3. On sait que le café sert à préparer une infusion aromatique des plus délicates, à laquelle on donne le même nom. Toutefois, il n'est pas possible de l'employer à l'état vert. Avant de le soumettre à l'action de l'eau, il est indispensable de le griller ; mais cette opération veut être faite avec des soins extrêmes. Si, en effet, la chaleur était trop faible, le café ne donnerait qu'une boisson amère, parce que ses principes agréables ne se trouveraient pas suffisamment développés. Si, au contraire, elle était trop forte, une grande partie de ces mêmes principes se dissiperait, et la liqueur si re-

Fig. 52. — Branche de Caféier, avec deux fruits isolés, dont un ouvert pour montrer la disposition des graines.

cherchée n'aurait qu'une saveur fade, accompagnée d'une odeur détestable. Dans cette circonstance, comme dans beaucoup d'autres, l'expérience seule peut servir de guide ; elle a démontré que le degré de chaleur ne doit pas être le même pour toutes les sortes commerciales. En raison de ces difficultés, certains industriels se sont consacrés au grillage du café, et, ainsi qu'on

1. Les lieux de production sont aujourd'hui très nombreux, mais ils n'ont pas tous la même importance. Les principaux sont les suivants : — 1° en Amérique, le Brésil, les Antilles, la Guyane, les Etats du Vénézuéla et de Costa-Rica ; — 2° en Asie, l'île de Ceylan, la province d'Yémen, en Arabie ; — 3° en Afrique, le royaume d'Angola, les îles du Cap-Vert, l'île Bourbon ou île de la Réunion, l'île de France ou île Maurice ; — 4° en Océanie, les îles de Java et de Timor. On conçoit que les cafés de tous ces pays ne possèdent pas les mêmes qualités. Les plus estimés se récoltent dans l'Yémen, à Bourbon, à la Martinique et à Java.

devait s'y attendre, cette innovation a eu pour résultat d'améliorer notablement la qualité moyenne des produits livrés à la consommation. Ce progrès a été rendu encore plus sensible par le mélange des différents cafés dans des proportions que la pratique a fait connaître [1].

QUATRE-VINGT-QUATORZIÈME LEÇON

Le *café*. (*Suite.*)

1. L'usage du café est né en Arabie pendant le treizième siècle. Il n'existe que des traditions contradictoires sur les circonstances au milieu desquelles il se produisit ; mais les historiens arabes sont tous d'accord pour reconnaître qu'il commença aux environs de la Mecque, d'où les pèlerins qui venaient visiter le tombeau de Mahomet l'introduisirent dans les contrées voisines. En 1655, des marchands syriens le firent connaître à Constantinople. Vers 1640, les Vénitiens et les Génois, dont les relations commerciales avec l'Orient étaient alors incessantes, l'apportèrent en Italie. A partir de ce moment, il pénétra rapidement dans toutes les autres contrées de l'Europe.

2. En ce qui concerne la France, le café était déjà connu à Marseille depuis une trentaine d'années, quand le voyageur Thévenot, en 1655, et surtout Soliman-Aga, ambassadeur du sultan Mahomet IV auprès de Louis XIV, en 1669, le mirent à la mode à Paris. Toutefois, la boisson nouvelle eut d'abord peu de partisans dans cette grande ville ; mais les médecins s'étant avisés de la défendre comme nuisible à la santé, il n'en fallut pas davantage pour que tout le monde voulût en user, et elle se répandit graduellement partout.

3. Depuis le commencement de ce siècle, la consommation du café n'a cessé de se développer, au grand

---

[1]. Certains fabricants ont eu également l'idée de saupoudrer le café, à la fin du grillage, d'un peu de sucre en poudre. Le grain se trouve ainsi revêtu d'un vernis de sucre brûlé, ou *caramel*, qui donne plus tard à l'infusion une couleur plus foncée. A cause de cette propriété, beaucoup de personnes croient faire une économie en préférant ce *café caramélisé* pour la confection du café au lait, mais elles se trompent, car l'excès de coloration est uniquement due à du sucre brûlé, qu'elles paient au même prix que d'excellent café.

avantage de la santé publique. L'état hygiénique de populations entières a été profondément amélioré par l'usage habituel de cette boisson bienfaisante, et personne n'ignore les services qu'elle rend aux armées en campagne, aux marins, aux mineurs et, en général, à tous ceux qui exercent des professions pénibles ou malsaines. Actuellement, il s'en consomme, chaque année, en Europe seulement, plus de 340 millions de kilogrammes. La France figure dans ce chiffre pour environ 46 millions de kilogrammes d'une valeur supérieure à 88 millions de francs [1].

QUATRE-VINGT-QUINZIÈME LEÇON

Le *thé* [2].

1. Après le café, quelques mots sur le **thé** ont leur place naturelle. On appelle ainsi des feuilles desséchées et plus ou moins roulées qui servent à préparer une boisson aromatique désignée aussi sous le même nom. Ces feuilles sont fournies par un arbrisseau (*fig.* 53) appelé vulgairement *arbre à thé,* qui croît spontanément en Chine et au Japon, où il est, de temps immémorial, l'objet d'une culture très considérable. On le cultive aussi, mais avec moins de succès, dans une grande partie de l'Inde et dans la plupart des îles de la Malaisie.

2. En Chine, l'arbre à thé fleurit au printemps.

1. A diverses époques, le prix relativement élevé du café a fait naître l'idée de le remplacer par des substances moins chères et produites par notre sol ; mais, comme on devait s'y attendre, on n'a jamais pu obtenir quelque chose rappelant, même de loin, le parfum, la saveur ou les propriétés de la graine du Caféier. Une de ces tentatives a eu cependant un succès inouï : c'est celle à laquelle nous devons la **chicorée torréfiée**, vulgairement et improprement appelée **café de chicorée**. Ce produit se prépare avec les racines de la Chicorée sauvage. Après un nettoyage parfait, ces racines sont divisées en menus fragments, séchées à fond dans une étuve, grillées et moulues, après quoi on passe la poudre dans des bluttoirs à mailles plus ou moins larges, pour en former plusieurs sortes de divers degrés de finesse. Inventée en Hollande ou en Prusse, vers le milieu du siècle dernier, cette fabrication a été introduite en France en 1801 par un Belge du nom de Giraud. Elle est aujourd'hui très développée dans tous ces pays. Voyez ARTS ET MANUFACTURES, tom. I, quatrième partie, chap. XII.

1. Pour les détails, voir ARTS ET MANUFACTURES, tom. I, quatrième partie, chap. XII.

Aussitôt après la récolte des feuilles, on les plonge, pendant une demi-minute, dans de l'eau bouillante, puis on les exprime pour en extraire un suc verdâtre d'une saveur fort amère, et enfin, on les étale sur des plaques chaudes de fer, où. en se desséchant, elles se crispent et se roulent. Celles qu'on destine à produire des thés de choix sont roulées une à une à la main. Souvent aussi, on les aromatise en y ajoutant des fleurs odoriférantes.

3. Il en est des thés comme des vins et des cafés. Innombrables en sont les espèces et les qualités. Dans le commerce, on les divise toutes, suivant leur nuance, en deux grandes catégories : celle des *thés noirs* et celle des *thés verts*, chacune comprenant sept à huit sortes principales.

Fig. 53. — Branche d'Arbre à thé.

Tous ces thés proviennent du même arbrisseau. Les différences d'aspect, de couleur, d'odeur et de saveur qui les distinguent, sont dues, soit au climat, soit à la nature ou à l'exposition du sol, soit à l'âge auquel on a recueilli les feuilles ou aux manipulations particulières qu'on leur a fait subir [1].

1. Le thé, dit *de la caravane*, si apprécié des gourmets, ne constitue pas une espèce particulière. On nomme ainsi des thés verts ou noirs d'excellente qualité que les Russes tirent directement des lieux de production par l'intermédiaire des caravanes, ou compagnies de marchands, qui font le commerce de l'Asie centrale. Or, ce mode de transport, qui a lieu dans des pays plus ou moins froids, contribue beaucoup à conserver le parfum et l'odeur du thé, qui sont, au contraire, plus ou moins altérés par la longue traversée dans des mers torrides que doivent faire les navires, car la chaleur est le plus grand ennemi du thé.

4. Le thé pris en infusion constitue un stimulant léger. Les Chinois et les Japonais en usent largement depuis des siècles; il leur procure une excitation que le climat de leur pays rend nécessaire. Il a été introduit en Europe vers 1602, époque à laquelle la Compagnie hollandaise des Indes en envoya quelques caisses dans les Pays-Bas et à Paris. Depuis le commencement de ce siècle, il est devenu comme la boisson habituelle d'une grande partie des populations du nord de notre continent, surtout en Hollande, en Angleterre et en Russie. Partout ailleurs, notamment en France, il n'est entré dans les mœurs qu'à titre de bon ton; encore même, n'a-t-il pas pénétré dans les classes inférieures, où on lui préfère, avec raison, le café.

QUATRE-VINGT-SEIZIÈME LEÇON

Le *chocolat* [1].

1: Dans les parties les plus chaudes de l'Amérique, surtout au Mexique, au Brésil, à la Guyane, aux Antilles, dans les républiques de la Nouvelle-Grenade, de l'Equateur et de Caracas, on cultive un arbre dont le port a beaucoup d'analogie avec celui de notre Cerisier de taille moyenne, et qui, suivant les lieux et les espèces, atteint une hauteur de trois à dix mètres. Cet arbre s'appelle *cacaoyer* ou *cacaotier*. Son fruit, long de douze à quinze centimètres, ressemble à un concombre de couleur jaunâtre, et renferme, au milieu d'une chair aigrelette, une quarantaine de graines disposées sur cinq rangs. Ces graines sont connues sous le nom d'*amandes* ou de *fèves de cacao,* par abréviation **cacao.** Au moment de la récolte, elles sont âpres et amères, mais on les met en tas, sous une couche de sable, afin d'y développer une légère fermentation, qui les débarrasse de leur amertume et les rend aromatiques. On les dessèche alors au soleil, puis on les livre au commerce (*fig.* 54).

2. Le cacao est la matière première du **chocolat.**

1. Pour les détails, voir Arts et Manufactures, tom. I, troisième partie, chap. VI.

A cet effet, on le débarrasse des diverses impuretés qui y adhèrent, on le grille, on le broie, puis on y ajoute une certaine quantité de sucre. Le mélange est alors réduit en une pâte très consistante, pour la confection de laquelle on n'emploie aucun liquide, parce que le cacao contient une matière grasse qui en tient lieu, et qu'on appelle vulgairement *beurre de cacao*, à cause de sa ressemblance avec le beurre ordinaire. Lorsque cette pâte est

Fig. 54. — Branche de Cacaoyer, un fruit ouvert pour montrer la disposition des graines.

arrivée au point voulu, on la convertit, par le procédé du moulage, en plaques ou tablettes de diverses formes et dimensions.

3. Nous venons de voir que le chocolat est une pâte formée de sucre et de cacao. Quand il ne renferme que ces deux substances, on l'appelle généralement *chocolat de santé*. Très souvent on y ajoute un ou plusieurs aromates dont le choix est en rapport avec le goût des consommateurs [1].

4. Anciennement, le chocolat se faisait toujours à force de bras. Aujourd'hui, le travail a lieu au moyen

1. Outre les chocolats ordinaires, on en confectionne de plusieurs espèces à l'usage des personnes malades et dans lesquels on fait entrer des substances médicamenteuses. On réussit ainsi à détruire ou du moins à diminuer la répugnance qu'inspire l'emploi de certaines substances peu agréables à prendre. Nous devons à cet usage les chocolats dits *purgatifs*, *vermifuges*, etc., qu'on trouve dans toutes les pharmacies.

de machines ingénieuses qui effectuent toutes les opérations, depuis le nettoyage des graines jusqu'au pliage de la pâte moulée. L'idée qui a dominé dans l'invention de ces machines a été : d'une part, d'empêcher tout rapprochement entre la main de l'ouvrier et la pâte de cacao ; d'autre part, d'éviter, autant que possible, le contact de cette même pâte avec le fer, choses qui assurent la propreté du travail et l'inaltérabilité de la qualité du produit.

QUATRE-VINGT-DIX-SEPTIÈME LEÇON

Le *chocolat*. (*Suite*.)

1. C'est à l'Espagne que nous devons la connaissance du chocolat[1]. Au commencement du seizième siècle, quand les guerriers de ce pays débarquèrent au Mexique, ils y trouvèrent l'usage du cacao universellement répandu. Tous les Mexicains faisaient de cette fève leur nourriture habituelle. Après avoir grillé et moulu le cacao, ils en composaient des boissons fortifiantes en le délayant dans de l'eau fortement aromatisée, ou bien ils en formaient une espèce de bouillie en le mélangeant de farine de maïs et de différentes épices. A ces préparations, les colons espagnols en substituèrent bientôt une autre, uniquement constituée de cacao, de sucre et d'un peu de vanille, et alors fut découvert le *chocolat* proprement dit.

2. Le nouveau produit fut apporté en Espagne vers 1550, et pendant longtemps, ce pays en approvisionna les autres contrées de l'Europe. Les Hollandais et les Anglais furent, dit-on, les premiers qui s'affranchirent de ce monopole. Le tour de la France vint un peu plus tard[2]. Dans tous les cas, au siècle dernier, à l'exception

1. Voyez à ce sujet l'HISTOIRE DE L'INDUSTRIE, première partie, chap. v.
2. Plusieurs écrivains assurent que le chocolat fut apporté en France par l'infante Marie-Thérèse, fille de Charles IV, roi d'Espagne, lors de son mariage avec le dauphin Louis, petit-fils de Louis XIII, qui monta plus tard sur le trône sous le nom de Louis XIV. Les autres attribuent à cette importation une date plus ancienne et en font honneur au cardinal Alphonse de Richelieu, frère du grand ministre et archevêque de Lyon, qui en tenait la recette de moines espagnols. Cette dernière version doit être la vraie, car, en 1660, époque du mariage de l'infante, l'usage du chocolat existait déjà dans les hautes classes de la société.

de l'Espagne, la consommation du chocolat était très limitée dans toute l'Europe, particulièrement en France. Le meilleur était fourni par les Espagnols et les Hollandais. On en faisait bien dans notre pays, mais il était de qualité inférieure, à cause surtout de la difficulté de se procurer de bon cacao. Nos industriels finirent cependant par se mettre à l'œuvre, et bientôt leurs produits purent lutter avec ceux des étrangers : ils durent ce résultat, qui ne devint bien manifeste qu'après 1815, d'une part, à l'emploi de matières premières choisies avec soin, d'autre part, à l'invention de machines ingénieuses qui, remplaçant le travail manuel, permirent de travailler avec plus de propreté et surtout d'économie, ce qui donna le moyen de diminuer notablement les prix de vente et, par conséquent, d'augmenter proportionnellement la consommation.

3. Aujourd'hui, on prend du chocolat partout. Néanmoins, il y a des contrées où l'usage de cet aliment est beaucoup plus général que dans les autres. Ce sont celles dont la population appartient à la race latine, c'est-à-dire la France, l'Espagne, le Portugal et l'Italie. Ces quatre pays, réunis à leurs colonies, anciennes ou actuelles, absorbent plus des quatre cinquièmes de tout le cacao récolté.

INDUSTRIE DU PAPIER

QUATRE-VINGT-DIX-HUITIÈME LEÇON

Comment on fait le *papier*[1].

1. Malgré les innombrables recherches auxquelles les savants se sont livrés, il a été jusqu'à présent impossible de découvrir l'origine de l'écriture, telle que nous la connaissons aujourd'hui. Dans tous les cas, une fois inventée, on s'est servi des substances les plus diverses pour en fixer les signes. Depuis environ dix ou onze siècles, on emploie généralement le **papier**.

---

1. Pour les détails, voir ARTS ET MANUFACTURES, tom. III, dix-septième partie, chap. I.

2. Quelle est la matière première du papier? C'est la substance qui forme la partie solide de tous les végétaux, et que les savants appellent *cellulose*. Quand elle est pure, elle est d'un blanc presque parfait et comme diaphane. Toutes les plantes pourraient donc servir à faire du papier, puisqu'elles renferment toutes de la cellulose. Malheureusement, celles qu'il est possible d'utiliser sont en fort petit nombre, parce que la cellulose s'y trouve accompagnée de corps étrangers dont il est toujours fort difficile, souvent même impossible de la débarrasser économiquement. Pendant des siècles, on n'a su faire usage que du *chanvre*, du *lin* et du *coton*, et encore après qu'ils ont été réduits à l'état de chiffons [1]. Aujourd'hui même, on emploie ces textiles, surtout les deux premiers, pour les papiers de choix, tels que ceux qui doivent durer longtemps; pour les sortes plus ou moins communes, on les remplace, en totalité ou en partie, par la *paille* des Céréales, le *bois* de certains arbres, ou les fibres filamenteuses du *Sparte* et de l'*Alfa*, plantes qui abondent dans toute l'Afrique du Nord, notamment en Algérie.

3. La fabrication du papier comprend deux groupes d'opérations. Dans celles du premier, on réduit les matières en pâte ; dans celles du second, on s'empare de cette pâte et l'on en fait des feuilles de papier. Nous allons indiquer très brièvement comment on procède dans l'un et dans l'autre, mais en supposant que les chiffons soient la matière de la pâte.

4. Les chiffons sont d'abord battus pour en faire tomber la poussière, puis successivement triés et classés suivant leur couleur et leur degré de finesse, découpés en très menus morceaux, et enfin fortement lessivés pour les débarrasser des huiles et des graisses qui peuvent les salir. Il s'agit alors d'en détruire la texture de manière à les amener à n'être plus qu'une espèce de charpie dont les fibrilles ne doivent pas être brisées.

1. Ces matières ont été choisies à l'état de chiffons, parce que, pour être rendues propres à fournir des tissus, il faut les soumettre à des traitements préparatoires qui ont précisément pour effet de séparer la cellulose des corps étrangers dont il vient d'être question.

L'opération se nomme **effilochage** ou **défilage**. Anciennement, elle s'effectuait partout au moyen de lourds pilons de bois qui, mus par une roue hydraulique, battaient les chiffons mouillés, dans des auges également de bois. Aujourd'hui, dans toutes les papeteries bien organisées, on se sert de machines spéciales, appelées **défileuses** ou **effilocheuses,** qui sont mises en mouvement par l'eau ou la vapeur. Chacune de ces machines se compose d'une longue caisse dans laquelle un cylindre horizontal tourne avec une très grande vitesse. Le fond de la caisse et le cylindre sont armés de lames tranchantes qui fonctionnent comme des lames de ciseaux.

5. Quand les chiffons ont été suffisamment travaillés par les défileuses, ils sont détissés et réduits en filaments très courts formant avec l'eau, qui n'a cessé de les humecter, une bouillie épaisse dans laquelle ils se croisent et s'entremêlent dans tous les sens. Cette bouillie se nomme *défilé* ou *demi-pâte*. On la blanchit en la soumettant, soit dans la défileuse, soit dans une cuve spéciale, à l'action d'une substance particulière, le chlore, qui, nous l'avons déjà vu, possède la propriété de détruire les couleurs végétales. Après cette opération, le défilé est lavé à grande eau, puis *afiné,* c'est-à-dire travaillé au moyen de **piles affineuses,** qui en recoupent les fibrilles et ne sont autre chose que des piles effilocheuses dont les lames tranchantes sont plus rapprochées. A ce moment, il constitue une pâte homogène, susceptible d'être étendue en couches minces et d'une épaisseur uniforme. Dans cet état, il porte le nom de *raffiné;* c'est la pâte proprement dite.

QUATRE-VINGT-DIX-NEUVIÈME LEÇON

Comment on fait le *papier*. (*Suite.*)

1. Maintenant que nous avons une idée de la préparation de la pâte, voyons comment on s'y prend pour la convertir en papier. Cette conversion peut se faire de deux manières, par l'ancien procédé ou par le nouveau.

Dans le premier, le travail s'effectue à la main; dans le second, il a lieu mécaniquement.

2. La fabrication à la main a presque entièrement disparu. Elle consiste essentiellement à faire, une à une, les feuilles de papier, en plongeant dans la pâte une espèce de tamis rectangulaire (*fig.* 55) que l'on retire aussitôt tout chargé. A l'aide de mouvements convenables imprimés au tamis par l'ouvrier, l'eau de la pâte s'échappe à travers la toile et il reste sur celle-ci les fibres filamenteuses, qui forment par leur entrecroisement une nappe feutrée et bien homogène. Les dimensions des feuilles sont nécessairement très-bornées, car elles dépendent de la grandeur des tamis, et ceux-ci sont limités à leur tour, dans leurs proportions, par la force des hommes qui doivent les manier.

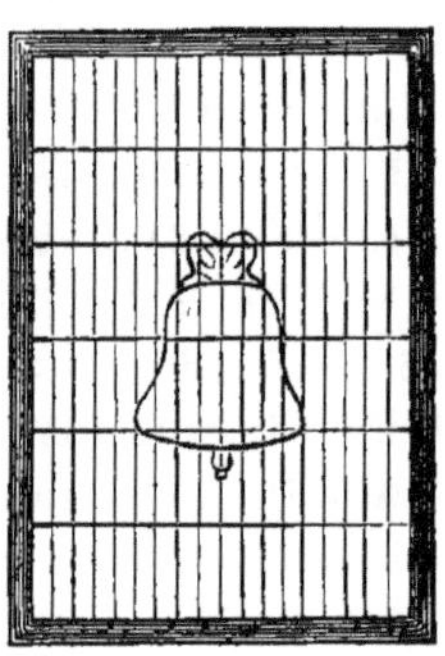

Fig. 55. — Forme de papetier.

3. Dans la fabrication mécanique, au lieu de faire les feuilles l'une après l'autre, on produit un ruban d'une longueur quelconque, mais d'une largeur déterminée, que l'on découpe ensuite en feuilles de dimensions convenables. Bien que les appareils qu'elle emploie présentent, à première vue, une très grande complication, il est cependant facile de comprendre comment les choses s'y passent. La pâte, préalablement réduite en bouillie, tombe sur une toile métallique, très fine, qui est animée d'un double mouvement : d'une part, d'un mouvement de progression dans le sens longitudinal, afin d'éloigner du réservoir à pâte la portion de papier en voie de formation, et d'offrir continuellement à la bouillie qui arrive sans cesse un emplacement vide sur la toile; d'autre part, d'un mouvement latéral de va-et-vient, afin de faciliter l'égale répartition de la pâte et l'écoulement de l'eau qu'elle contient. Deux règles de laiton, placées transversalement un peu au-dessus de la toile, près de l'endroit où arrive la matière, servent à régler l'épaisseur de celle-ci, par conséquent celle de la bande de

papier ; tandis que deux courroies de cuir, tendues sur
les côtés, l'une à droite, l'autre à gauche, maintiennent
les bords de cette même bande.

4. A mesure qu'elle chemine, la nappe de pâte abandonne son eau, qui s'échappe à travers les mailles de
la toile, en sorte que lorsqu'elle a parcouru la longueur
de celle-ci, elle se trouve assez ferme pour qu'elle
puisse continuer seule sa route. Elle passe alors sur des
pièces de feutre, qui la conduisent entre des cylindres
dont la pression la débarrasse de la plus grande partie
de l'humidité qu'elle retient encore. Enfin, elle achève
de se sécher en glissant sur de gros cylindres creux,
chauffés au moyen de la vapeur, après quoi elle va s'enrouler, à l'état de papier achevé, sur un grand dévi-
doir. Les choses sont tellement disposées qu'en deux
ou trois minutes, à partir du moment où la pâte s'é-
coule sur la toile métallique, le papier est amené au
point de pouvoir être employé immédiatement. S'il doit
être converti en papier de tenture, servir à l'emballage
des marchandises ou à l'exécution des plans, on le laisse
tel qu'il sort de la machine, c'est-à-dire en rouleau.
Pour les autres usages, on le découpe en morceaux ou

Fig. 56. — Vue d'une papeterie mécanique.

feuilles de la grandeur voulue, opération qui se fait généralement à l'aide de couteaux mécaniques. Le dessin
ci-joint (*fig.* 56), qui représente une papeterie où l'on

travaille au moyen de machines, montre comment les opérations se succèdent, depuis le moment où la pâte arrive sur la toile métallique jusqu'à celui où la bande de papier fabriqué est découpée longitudinalement en trois rubans, qui seront ensuite divisés transversalement pour être convertis en feuilles.

CENTIÈME LEÇON

Comment se fait le *papier*. (*Suite*.)

1. Il existe beaucoup de sortes de papier, les unes plus propres que les autres à tel ou tel emploi particulier. Elles diffèrent entre elles par la nature et la qualité des matières de leur pâte et par les soins apportés à leur fabrication. Ainsi, outre les *papiers d'impression* et les *papiers à écrire*, il y a des *papiers à calquer*, des *papiers d'emballage*, des *papiers à filtrer*, des *papiers brouillards*, des *papiers goudron*, des *papiers bulles*, des *papiers de soie*, etc., chaque catégorie renfermant un grand nombre de variétés. Mais les plus importantes sont les deux premières, c'est-à-dire celles des papiers d'impression et des papiers à écrire.

2. Comme leur nom l'indique, les papiers d'impression sont destinés à la reproduction des livres, des cartes géographiques et des estampes, tandis que les papiers à écrire servent à recevoir l'écriture. Le tissu des premiers est tellement spongieux que l'humidité les pénètre aussitôt, ce qui n'a aucun inconvénient pour l'usage qu'on doit en faire, parce que l'encre des imprimeurs est grasse et très épaisse ; mais ils ne peuvent servir à l'écriture, parce qu'ils *boiraient*, l'encre à écrire étant, au contraire, d'une très grande fluidité. Les papiers d'écriture doivent donc être préparés de manière qu'ils ne puissent pas boire. On obtient ce résultat en les soumettant à une préparation qu'on appelle *encollage*, et qui se fait différemment, selon le mode de fabrication. Le papier à la main se colle en feuilles, au sortir du séchoir. A cet effet, on prend une poignée de feuilles et on les passe dans un bain tiède composé d'eau, de colle forte et d'alun. Quant au papier méca-

nique, il est encollé au moment même où il se produit. Pour cela, on ajoute à la pâte, avant qu'elle se répande sur la toile métallique, une quantité convenable d'un mélange d'eau, de résine, de soude caustique, d'alun et de fécule. Il résulte de ces deux façons d'opérer, que le papier à la main est simplement collé à la surface ; aussi boit-il à l'endroit où on le gratte, ce que ne fait pas le papier mécanique, parce qu'il est collé dans toute la masse.

3. Le papier se vend en *mains* et en *rames*. Chaque main est l'assemblage de 25 feuilles, et chaque rame se compose de 20 mains. Il y a donc 500 feuilles à la rame. Le plus souvent chaque feuille est ployée en deux. Quelquefois cependant, les feuilles sont laissées ouvertes afin d'éviter le pli du milieu, qu'il est très difficile de faire disparaître. Il est, en outre, à remarquer que les papiers de très petites dimensions, appelés *papiers à lettres*, parce qu'ils sont habituellement destinés à la correspondance, se vendent rognés et divisés en *cahiers* de six feuilles. La réunion de vingt de ces cahiers fait une *ramette*, et quatre ramettes forment une *rame*. Dans ce cas particulier, la rame ne contient donc que quatre cent quatre-vingts feuilles.

CENT UNIÈME LEÇON

Comment se fait le *papier*. (*Suite.*)

1. On a vu qu'après l'invention de l'écriture, on s'était servi des matières les plus diverses pour en recevoir les signes. Suivant leurs ressources ou leur degré de civilisation, les premiers peuples employèrent des pierres plates, des bandes de toile, des plaques de métal, des morceaux d'écorce, des tablettes de bois, d'os, d'ivoire ou de cuir, des feuilles d'arbres, etc. Plus tard, on apprit à préparer la peau des animaux, et l'on en fit une espèce de *parchemin* analogue à celui dont on se sert encore aujourd'hui. A une époque encore très reculée, on sut également tirer parti des feuillets très minces que présente la tige de certaines plantes arborescentes ou herbacées, ce qui conduisit à l'invention du

papyrus ou *papier d'Egypte*. Enfin, sans doute beaucoup plus tard, on imagina de réduire en bouillie, au moyen de l'eau, les fibres filamenteuses qui enveloppent les graines du cotonnier ou celles que fournissent la tige et les feuilles d'un grand nombre de végétaux, puis de couler cette bouillie sur une surface plane, où, par la dessiccation, elle se transformait en une espèce de membrane très mince et très unie. Alors naquit la fabrication de notre *papier*[1].

2. On admet généralement que cette industrie a commencé en Chine à une époque très ancienne, mais inconnue, et que les Arabes en ayant appris les procédés lors de leurs conquêtes dans l'Asie centrale, les firent connaître aux Grecs de Byzance et les introduisirent, en outre, directement en Sicile et en Espagne, qui, à leur tour, les communiquèrent peu à peu aux autres contrées de l'Europe. Toutefois, les papetiers européens n'ayant pas à leur disposition les mêmes matières que les Orientaux, qui travaillaient uniquement les fibres du cotonnier, y suppléèrent à l'aide des produits indigènes, en sorte que le chanvre et le lin prirent la place du coton. Ce dernier ne fut employé que fort tard, surtout à partir du dix-septième siècle, quand les progrès généraux de l'industrie l'eurent rendu abondant. On fait généralement remonter au douzième siècle la fondation des premières papeteries qu'il y ait eu en France.

3. Nous avons dit que le papier se fait de deux manières : à la main ou à la machine. La fabrication manuelle a nécessairement précédé la fabrication mécanique : il n'y en a pas eu d'autre pendant fort longtemps. Cette dernière a été inventée en France, en 1799, par Louis Robert, employé à la papeterie de M. François Didot, à Essonne (Seine-et-Oise) : mais la machine de cet inventeur ne fut en état de servir qu'à partir de 1803, après qu'elle eut reçu en Angleterre des perfectionnements indispensables, dus, pour la plupart, à l'ingénieur Bryan Donkin.

1. Voyez à ce sujet l'HISTOIRE DE L'INDUSTRIE, quatrième partie, sect. 1 (*Papyrus*), sect. 2 (*parchemin*), sect. 3 (*papier*).

CENT DEUXIÈME LEÇON

Ce qu'on entend par *papiers peints*[1].

1. Les **papiers peints** ne sont autre chose que des papiers ordinaires dont l'une des faces est ornée de dessins d'une ou plusieurs couleurs. Sous le rapport de l'aspect, ils ont donc une grande ressemblance avec les indiennes. Ils s'en rapprochent encore au point de vue des moyens d'exécution. On sait qu'ils servent uniquement à la décoration des chambres d'habitation, et comme ils ont remplacé pour cet usage les tapisseries et les autres étoffes qu'on employait anciennement, on les appelle communément *papiers de tenture* ou *de tapisserie*.

2. La fabrication des papiers peints est facile à comprendre. Un rouleau de papier étant couché sur une longue table, on le recouvre avec des brosses à longs poils d'un mélange de colle forte, de craie et d'une couleur appropriée, afin de lui donner ce qu'on appelle un *fond*, c'est-à-dire une teinte uniforme pour servir de base aux préparations subséquentes. Après cela, on le fait sécher et, quand il est sec, l'on en unit la surface en promenant sur l'envers, avec force, un petit cylindre de cuivre qui tourne sur deux pivots, à l'extrémité d'un long manche. Il est alors prêt à recevoir les dessins. Cette opération se fait par la voie de l'impression, à peu près comme dans l'indiennerie, manuellement ou à l'aide de machines.

3. Dans le travail manuel, on se sert de planches de bois gravées en relief, et en nombre égal à celui des couleurs. L'ouvrier, les prenant l'une après l'autre, les charge de couleur, puis les applique sur le papier en exerçant dessus chaque fois une forte pression avec un levier de bois. Comme cette manière de procéder est très lente et très coûteuse, on ne l'emploie généralement que pour les papiers de luxe, et surtout pour l'exécution des dessins les plus compliqués. L'impression méca-

---

1. Pour les détails, voir Arts et Manufactures, tom. III, dix-septième partie, chap. iii.

nique est spécialement destinée à la production des papiers communs ou ordinaires. Ici, les planches sont remplacées par des rouleaux de bois, également gravés en relief et un pour chaque couleur, qui se chargent eux-mêmes de couleur et fonctionnent absolument comme ceux des fabriques d'indiennes.

4. Certains papiers ont des parties dorées ou argentées. L'exécution de ces parties ne présente rien d'extraordinaire. On les imprime au moyen d'un vernis visqueux d'huile de lin, qui sert de mordant, puis on applique dessus, soit de la poudre d'or ou d'argent, soit des feuilles de l'un ou de l'autre métal. Dans les deux cas, la matière précieuse ne se fixe que sur les points mordancés et un brossage suffit pour la faire tomber partout ailleurs. La fabrication des **papiers veloutés** est aussi facile à comprendre. Après avoir imprimé le papier avec le vernis d'huile de lin, l'ouvrier l'introduit dans une caisse de bois à fond de cuir, dans laquelle il a mis d'avance de la tontisse de drap [1] teinte de la couleur voulue. Saisissant alors deux longues baguettes, il frappe le cuir par dessous. La tontisse s'élève aussitôt en poussière fine, qui en retombant sur le papier s'attache uniquement sur les parties revêtues de mordant.

5. L'industrie des papiers peints nous est venue de la Chine, et ce sont des navigateurs hollandais qui, vers le milieu du seizième siècle, en ont, les premiers, fait connaître les produits en Europe. Les essais pour imiter ces papiers commencèrent au siècle suivant; ils consistèrent à fabriquer une espèce de velouté destiné à remplacer les tentures en tapisserie dont l'usage était alors général chez les personnes riches. Les Anglais attribuent cette innovation à Jérôme Lanyer, un de leurs compatriotes (1634), tandis que les Français en font honneur à Lefrançois, ouvrier gaînier de Rouen, qui l'aurait faite quelques années plus tôt (1620). Quoi qu'il en soit, une vive émulation s'engagea bientôt,

---

1. On appelle **tontisse** cette espèce de bourre qui, dans les fabriques de draps, provient de la tonte de l'étoffe. On la réduit en poudre fine à l'aide de moulins spéciaux, puis on lui donne par la teinture la couleur qu'on désire.

pour ce genre de produits, entre les industriels des deux nations. Cette lutte pacifique eut pour résultat principal de faire créer la fabrication des papiers peints proprement dits. Dès 1746, cette branche nouvelle de richesses était exploitée en Angleterre, dans de vastes établissements spéciaux. Les deux premières usines semblables qu'ait eues notre pays furent fondées à Paris, .l'une, en 1780, par Arthur et Robert, l'autre, en 1785, par Réveillon. Enfin, en 1790, Jean Zuber, non seulement introduisit la fabrication des papiers peints à Mulhouse, mais la dota, en outre, de si nombreuses et si importantes améliorations qu'elle s'en trouva comme entièrement transformée. C'est de cette époque que datent les grands progrès de cette industrie et, par suite, l'extension énorme qu'a prise l'emploi de ses produits.

INDUSTRIES DES LIVRES ET DES ESTAMPES

CENT TROISIÈME LEÇON

Comment se font les livres : l'*imprimerie*[1].

1. Les anciens ne pouvaient se procurer les livres qu'avec une extrême difficulté, parce que, pour les exécuter, ils ne connaissaient que la transcription à la main, procédé lent et dispendieux entre tous. Si les modernes sont mieux partagés sous ce rapport, ils le doivent à une invention merveilleuse, faite au quinzième siècle, qui permet de reproduire avec rapidité et économie toute espèce d'ouvrages, au moyen d'empreintes provenant d'un petit nombre de caractères mobiles. Cette invention a donné naissance à la **typographie** ou **imprimerie en caractères**, qu'on désigne généralement, dans le langage vulgaire, par un seul mot : **imprimerie**.

2. Pour faire un livre suivant la nouvelle méthode, on commence par se procurer plusieurs collections de

---

1. Pour les détails, voir ARTS ET MANUFACTURES, tom. III, dix-huitième partie, chap. I.

petites tiges de métal (*fig.* 57) dont chacune porte en saillie à son sommet l'un des signes de l'écriture[1]. Seulement, comme cette saillie doit produire sur le papier l'image du signe qu'elle représente, elle est figurée dans un sens différent, c'est-à-dire que la partie de droite est à gauche et réciproquement. On donne le nom de *lettre* à chaque tige prise isolément, et celui de *caractère* à la réunion de toutes les tiges qui ont été faites pour être employées ensemble.

Fig. 57. — Caractères typographiques.

3. A leur arrivée à l'atelier, les lettres sont distribuées dans une espèce de grande boîte, appelée *casse*, qui est divisée en autant de compartiments, ou *cassetins*, qu'il en faut pour qu'il y en ait un pour chaque lettre de l'alphabet, capitale ou ordinaire, accentuée ou non accentuée, pour chaque chiffre, pour chaque signe de ponctuation ou d'orthographe, et pour différentes sortes de lames de métal qui, moins hautes que les lettres, servent, suivant leur épaisseur, les unes à séparer les mots, les autres à compléter les lignes courtes.

CENT QUATRIÈME LEÇON

Comment se font les livres : l'*imprimerie*. (*Suite.*)

1. Ces dispositions prises, on peut procéder à la fabrication d'un livre. Elle comprend cinq opérations indispensables : la *composition*, la *mise en pages*, l'*imposition*, la *correction* et le *tirage*.

2. La **composition** consiste à extraire les lettres une à une de leurs cassetins respectifs et à les assembler d'une certaine manière pour en former successivement des mots, des lignes et des paquets de lignes (*fig.* 58)[2].

1. Le métal de ces tiges est un alliage de plomb et d'antimoine, dans la proportion de 80 du premier et de 20 du second.

2. Cette figure représente un ouvrier compositeur exécutant son travail. Debout devant sa casse et ayant un feuillet de copie sous les yeux, il saisit, de la main droite, chaque lettre dans le cassetin qui la renferme, et la range à mesure dans un instrument, appelé *composteur*, qu'il tient de la main gauche. Il forme ainsi successivement des mots et des lignes; mais, au bout

3. Dans la **mise en pages**, on convertit en pages régulières les paquets de lignes provenant de l'opération précédente. A cet effet, on divise ces paquets en autant de parties que les dimensions du livre comportent de pages, et l'on y ajoute tout ce qui est en dehors du texte courant, c'est-à-dire les numéros des pages, les titres, les figures, etc.

Fig. 58. — Composition typographique.

4. L'**imposition** a pour but de ranger les pages de telle sorte que la feuille de papier étant pliée, elles se trouvent exactement dans l'ordre voulu par leur numérotage. Les pages appartenant à la même feuille sont divisées en deux groupes égaux, chacun destiné à imprimer l'un des côtés du papier. De plus, chaque groupe est placé dans un cadre ou châssis de fer, dans lequel on le consolide au moyen de pièces de bois ou de métal, ce qui donne au tout la solidité d'une planche et permet de l'enlever et de le transporter sans crainte. Tout châssis (*fig.* 59) garni de ses pages et de ses pièces de consolidation porte le nom de *forme*.

5. Par la **correction**, on s'assure si, en effectuant leur travail, les ouvriers chargés de la composition, ont exactement suivi le texte qu'on leur avait donné. A cet effet, on imprime un ou plusieurs exemplaires du

d'un certain temps, son composteur se trouve plein de lignes. Il enlève alors celles-ci et les dépose sur la *galée*, planche rectangulaire à rebords qui, dans le dessin, occupe l'angle droit de la casse.

texte composé, et c'est sur ces exemplaires, appelés *épreuves*, que l'on indique les fautes à faire disparaître.

6. **L'impression** ou le **tirage** consiste à transporter sur le papier, avec le secours d'une encre particulière et d'une certaine pression, l'empreinte des lettres disposées dans les formes. L'encre est un mélange de noir de fumée et d'huile de lin rendue très épaisse par l'action du feu.

Fig. 59. — Forme typographique.

La pression, on l'exerce à l'aide de presses spéciales, qu'on nomme **presses typographiques**, et dont les unes sont *manuelles* ou *à bras* et les autres *mécaniques*. Le dessin ci-joint (*fig.* 60) représente une presse manuelle [1]. Les appareils de cette sorte ne peuvent guère donner, par journée de travail, qu'environ quatre cents exemplaires d'une même feuille imprimée d'un seul côté. C'est pour obtenir un rendement plus considérable qu'ont été inventées les presses mécaniques. Pour se faire une idée de la rapidité avec laquelle ces machines

1. La forme à imprimer se place sur la table, ou *marbre*, M, et on l'encre au moyen d'un rouleau fait de colle forte et de mélasse. Quant à la feuille de papier, on l'étend, après l'avoir humectée, sur un cadre T, qui est garni d'un ou plusieurs morceaux de drap; on pose par dessus un cadre plus léger *f*, sur lequel sont collées deux ou trois feuilles de papier fort, découpées aux endroits correspondant aux pages; enfin on abat le tout sur la forme. Agissant alors de la main gauche sur la manivelle *m*, l'ouvrier amène le marbre, et par suite, la forme, sous la plaque ou *platine* SS; puis, de la main droite, il tire à lui le *barreau* ou levier A. Sous l'action de ce barreau, la platine, poussée de haut en bas par la vis V, descend verticalement sur le cadre T, et la pression qu'elle y exerce force les lettres de la forme à produire leur empreinte sur le papier. Ce résultat obtenu, l'ouvrier laisse aller le barreau, et la platine, entraînée par le contre-poids H, remonte aussitôt. En même temps, il fait reculer le marbre en tournant la manivelle *m* dans un sens convenable, puis, relevant les châssis, enlève la feuille imprimée. Avec cette machine, on n'imprime qu'un seul côté de la feuille. Pour imprimer l'autre côté, il faut répéter l'opération, après avoir, il est superflu de le dire, changé la forme.

fonctionnent, il suffira de savoir que les éditeurs de journaux en emploient qui, mues par la vapeur, impri-

Fig. 60. — Presse typographique à bras.

ment près de vingt mille feuilles à l'heure, et souvent des deux côtés à la fois.

CENT CINQUIÈME LEÇON

Comment se font les livres : l'*imprimerie*. (*Suite*.)

1. Voyons maintenant ce que deviennent les feuilles imprimées. On commence par les étendre sur des ficelles pour les faire sécher, puis elles passent entre les mains du *brocheur*. Celui-ci les plie une à une de manière que les pages se suivent exactement, après quoi il les assemble dans l'ordre indiqué par la pagination. Le volume se trouvant ainsi formé, il n'y a plus qu'à le coudre et à coller une couverture de papier de couleur. Si, au lieu d'être simplement broché, il doit être cartonné ou relié, il passe, après l'assemblage des feuilles, entre les mains du *relieur*, qui l'habille suivant le goût ou le caprice de l'acheteur.

2. Le tirage terminé, on lave les formes pour les débarrasser de l'encre qui y adhère, puis on les démonte, afin de pouvoir en faire servir les lettres à l'exécution d'un autre ouvrage. Il faut donc, quand on veut réimprimer un livre, faire une nouvelle composition. Or, comme cette opération est la partie la plus coûteuse de l'art typographique, on a imaginé de la supprimer entièrement pour les ouvrages dont la vente rapide doit nécessiter des réimpressions plus ou moins nombreuses. On obtient ce résultat d'une manière fort simple. Avant de détruire chaque forme, on en prend une empreinte dans laquelle on coule du métal de la même nature que celui dont on se sert pour la fabrication des caractères. Quand le métal est refroidi, on a une planche solide, qui est la reproduction parfaite de la forme, et qu'on peut soumettre à la presse absolument comme cette dernière.

3. L'opération dont nous venons de parler porte le nom de **clichage,** et l'on distingue le *clichage au plâtre* et le *clichage au papier,* suivant que la matière de l'empreinte est le plâtre ou le papier. Il y a aussi le *clichage galvanique,* qui est une ingénieuse application des procédés galvanoplastiques. Nous ne pouvons dire comment on opère dans ces divers cas, parce que cela nous mènerait trop loin ; mais, quelle que soit la méthode qu'on emploie, on a toujours le moyen de réimprimer les livres à peu de frais, puisqu'on n'a que le tirage et le papier à payer, ce qui permet d'en diminuer notablement le prix et, par suite, d'en faciliter l'achat à un plus grand nombre de personnes. Les ouvrages d'école et de piété et, en général, tous ceux d'un usage populaire, ne s'impriment plus guère que sur clichés.

CENT SIXIÈME LEÇON

Comment se font les livres : *l'imprimerie.* (*Suite.*)

1. L'Imprimerie est née en Europe, au milieu du quinzième siècle, mais ses commencements sont entourés d'une très grande obscurité[1]. On sait seulement que

---

1. Voyez l'HISTOIRE DE L'INDUSTRIE, cinquième partie, sect. ii.

deux villes, Mayence et Strasbourg, ont des droits incontestables à son invention, et que l'humanité est redevable de cet *art divin,* comme l'appelait un illustre évêque de l'époque, à un artiste mayençais vulgairement désigné sous le nom de Gutenberg. Cet homme de génie commença ses recherches à Strasbourg, vers 1436, et les termina à Mayence, quelques années plus tard. Ce fut aussi dans cette dernière ville qu'il exécuta ses premières impressions, probablement en 1456, époque à laquelle il y fonda, en compagnie du banquier Jean Faust, un atelier auquel il associa, un peu plus tard, le calligraphe Pierre Schæffer.

2. Jusqu'en 1461 ou 1462, l'Imprimerie n'exista qu'à Mayence. A partir de ce moment, elle pénétra peu à peu dans toutes les parties de l'Europe. Paris fut la première ville de France qui la posséda : elle y fut introduite en 1470 par trois ouvriers, un suisse et deux allemands, Ulrich Gering, Michel Friburger et Martin Crantz, qu'avaient fait venir le professeur Guillaume Fichet et le docteur Jean de la Pierre, prieur du collège de Sorbonne.

3. Contrairement à ce qui se passe généralement dans l'industrie, où les progrès ne s'accomplissent qu'avec une grande lenteur, les procédés généraux de la Typographie avaient été portés à un si haut degré de perfection par Gutenberg et ses associés, qu'on n'a eu presque rien à y changer. Les modernes n'ont réellement fait qu'imaginer le clichage, et améliorer l'impression en substituant des presses plus rapides aux anciennes qui, en raison de la lenteur de leurs mouvements, ne pouvaient plus suffire aux besoins du commerce. Le *clichage au plâtre* a été inventé à Londres, en 1804, par lord Charles Stanhope. Le *clichage au papier* a paru en 1846, et presque en même temps en France, en Allemagne et en Angleterre. Quant au *clichage galvanique,* il a été une simple conséquence de la Galvanoplastie, et n'est venu que beaucoup plus tard. Relativement aux presses, on s'est d'abord occupé de perfectionner la presse de Gutenberg, qui était en bois et d'une construction très grossière. En 1795, lord Stanhope, le même

dont il vient d'être question, donna le signal en établissant la presse en fer qui porte son nom, et qui a servi de modèle à presque tous ceux qui ont fait des recherches dans la même voie. Quant aux *presses mécaniques,* on en attribue l'idée théorique à un avocat anglais, William Nicholson, en 1790. Toutefois, la première qui ait pu servir est celle que les mécaniciens saxons Kœnig et Bauer construisirent à Londres, quelques années plus tard, pour le journal le *Times,* et qui fonctionna, dès le 28 décembre 1814, pour l'impression de cette feuille.

CENT SEPTIÈME LEÇON

Comment se font les *estampes*[1].

1. L'art de la **gravure** rend aux œuvres des artistes, peintres, dessinateurs, architectes, sculpteurs, les mêmes services que l'Imprimerie à celles des écrivains : il les préserve de l'oubli, en sorte que si une cause quelconque vient à les faire périr, le travail du graveur en transmet une image fidèle aux générations futures. Remarquons, en outre, qu'en donnant le moyen de reproduire à l'infini et de la manière la plus exacte la représentation des objets de toute sorte, il facilite singulièrement l'étude de toutes les sciences en la rendant à la fois plus claire et plus attrayante. C'est pour cela qu'on est dans l'usage d'orner de figures les livres destinés à augmenter la somme de nos connaissances, et à développer en nous l'amour du vrai, du bien et du beau.

2. Qu'est-ce donc que la Gravure ? c'est l'art de tracer sur une surface dure un dessin quelconque, qui, au moyen d'une encre et d'une forte pression, est ensuite transporté sur le papier. On obtient ainsi ce qu'on appelle une *estampe* ou, comme on dit aussi très souvent, une *gravure.* On peut graver sur une foule de matières, mais, en général, on emploie le *cuivre,* l'*acier,* le *zinc,* la *pierre* ou le *bois.* Dans tous les cas, on se propose l'un des deux résultats suivants : — ou bien, le dessin est

1. Pour les détails, voir ARTS ET MANUFACTURES, tom. III, dix-neuvième partie, chap. III.

formé par des espèces de petits sillons : c'est la *gravure en creux* ; — ou bien, il est formé par des traits en saillie : c'est la *gravure en relief*. Beaucoup de méthodes peuvent conduire à l'un ou à l'autre de ces résultats ; nous ne parlerons que des plus usitées, c'est-à-dire de la *gravure au burin*, de la *gravure à l'eau forte* et de la *gravure sur bois*.

3. La **gravure au burin** est en creux et se fait sur cuivre ou sur acier. Elle doit son nom à l'instrument avec lequel on l'exécute, et qui consiste en une petite barre d'acier trempé dont la section présente un carré ou un losange allongé [1]. Après s'être procuré une planche de métal parfaitement plane, l'artiste y décalque le dessin en sens inverse, puis le trace avec une aiguille très fine, qui laisse sur le cuivre ou l'acier un trait léger et excessivement délié. Saisissant alors le burin de la main droite, il le pousse en avant avec la paume, de manière à creuser le métal partout où la pointe a passé, en ayant soin de varier la forme, la largeur et la profondeur des sillons, suivant qu'il le juge nécessaire pour rendre le caractère extérieur des objets. A mesure qu'il coupe la planche, le burin laisse de chaque côté des sillons un petit rebord saillant qu'on enlève avec un outil tranchant assez semblable à un grattoir.

4. La **gravure à l'eau forte** est aussi une gravure en creux. Comme la précédente, elle se fait sur cuivre ou sur acier, mais le plus souvent sur cuivre. Quant à son nom, elle le tire de la substance qui sert à attaquer le métal, et qui n'est autre chose que de l'acide nitrique très faible. L'artiste commence par couvrir la planche d'une couche, aussi mince et aussi unie que possible, d'un enduit de couleur noire préparé pour cela ; puis, sur cet enduit, il trace avec une pointe très fine le trait et les ombres du dessin à représenter. De cette manière, l'enduit se trouve enlevé sur tous les points qui doivent marquer à l'impression, tandis que les parties destinées à être blanches restent cachées sous ce même enduit. Ces préparatifs achevés, on entoure la planche d'un re-

---

1. On l'appelle aussi *gravure en taille-douce* à cause de la douceur de ses effets.

bord de cire, et l'on verse, dans cette espèce de cuvette, une certaine quantité d'eau forte, dont on varie la force suivant la température ou l'effet particulier qu'on veut produire. Ce liquide respecte les parties recouvertes d'enduit ; au contraire, il attaque celles que la pointe a mises à nu et les creuse plus ou moins profondément selon le temps qu'on fait durer son action. Quand on juge la morsure poussée assez loin: on enlève l'eau forte, la cire et l'enduit, et le dessin se trouve gravé en creux sur la planche.

5. La **gravure sur bois** est la gravure en relief par excellence. Elle s'exécute sur des morceaux de bois dont le grain est très fin et très serré. On emploie presque exclusivement le buis ou le poirier. La surface du bois étant bien polie, on la blanchit avec de la céruse, pour que le dessin soit plus apparent, puis on y dessine à la plume ou au crayon le sujet qu'on veut représenter. Ce travail terminé, on creuse et enlève, avec des outils tranchants, les parties blanches que le dessinateur a laissées et qui doivent rester telles à l'impression. Ce genre de gravure a reçu de nos jours une extension très considérable à cause de la facilité avec laquelle il se prête à la publication des ouvrages où des figures doivent être mêlées au texte. En effet, les bois gravés se placent sans difficulté au milieu des caractères d'imprimerie, puis texte et figures s'impriment et se clichent à la fois[1].

CENT HUITIÈME LEÇON

Comment se font les *estampes*. (*Suite.*)

1. Qu'elles soient sur bois, sur pierre ou sur métal, les gravures en relief s'impriment de la même manière que les formes typographiques et avec les mêmes presses. Les choses sont tout autres pour les gravures en creux. Ici, on se sert d'une presse particulière, dite **presse en**

---

1. On remplace quelquefois la gravure sur bois par une gravure en relief faite sur pierre, sur cuivre ou sur zinc, au moyen d'une liqueur acide. Dans ce cas, après avoir écrit ou dessiné sur la pierre ou le métal avec une encre particulière, on fait mordre par l'acide, qui creuse les parties blanches et respecte celles qui ont été chargées d'encre. On emploie souvent cette méthode pour graver des cartes géographiques à bon marché.

taille-douce, qui consiste en deux rouleaux de bois, placés l'un au-dessus de l'autre, et disposés de manière à tourner chacun dans un sens différent. L'encrage des planches n'a également rien de commun avec celui de l'imprimerie. En effet, pour y procéder, on commence par barbouiller d'encre toute la surface de la planche, en ayant soin qu'elle s'introduise bien dans tous les creux, après quoi, on l'enlève, d'abord avec des chiffons, puis avec la paume de la main, dans toutes les parties qui doivent former des blancs. Quand ce nettoyage est achevé, on pose la planche sur une épaisse flanelle, on étend dessus une feuille de papier un peu humide, on applique sur le papier une autre flanelle, et, enfin, on engage le tout entre les cylindres de la presse. En tournant, ces derniers exercent sur le papier une pression tellement énergique qu'ils l'obligent à aller chercher l'encre jusque dans les creux les plus déliés.

2. Parmi les diverses méthodes de graver dont il vient d'être question, la *gravure sur bois* est incontestablement la plus ancienne. Plusieurs auteurs pensent qu'elle était déjà connue en Chine dès le onzième siècle de notre ère, et dans l'Inde dès le treizième[1]. En Europe, la France et l'Allemagne s'en disputent l'invention. Quelles que soient les raisons qu'on puisse faire valoir en faveur de ces deux pays, il est certain qu'on y gravait sur bois au commencement du quinzième siècle, probablement même à la fin du quatorzième. C'est aussi au quinzième siècle, que sont nées la *gravure au burin* et la *gravure à l'eau-forte*. On admet généralement que la première a été découverte, en 1452, par un orfèvre florentin du nom de Maso Finiguerra, et que la seconde a été inventée, vers 1496, par un artiste morave, appelé Wenceslas d'Olmutz. C'est encore au quinzième siècle qu'ont eu lieu les premières tentatives pour graver en relief sur pierre ou sur métal à l'aide des acides[2].

---

1. Voyez à ce sujet l'HISTOIRE DE L'INDUSTRIE, sixième partie.
2. De nos jours, l'application de la Galvanoplastie et de la Photographie à l'art du graveur a fait imaginer de nouvelles méthodes de gravure en relief et de gravure en creux. Ces méthodes constituent ce qu'on appelle la *gravure galvanique* et la *gravure héliographique*, mais elles sont beaucoup trop compliquées pour que nous puissions essayer de les décrire ici.

CENT NEUVIÈME LEÇON

Ce qu'on entend par lithographie[1].

1. On vient de voir que l'Imprimerie en **caractères** sert à multiplier les livres, et que la Gravure rend les mêmes services pour les dessins. L'art dont il va être question pourrait, à la rigueur, les remplacer toutes les deux, car il donne le moyen de reproduire les écritures et les dessins, en supprimant la partie la plus longue et la plus coûteuse du travail du typographe et du graveur. Cet art a reçu le nom de **lithographie**. Quelques mots suffiront pour en faire comprendre le principe.

2. On commence par se procurer la matière qui doit recevoir l'écriture ou le dessin. Cette matière n'est autre chose qu'une pierre calcaire d'une qualité particulière qu'on ne rencontre que dans un petit nombre de localités. Elle se trouve dans le commerce sous la forme de dalles bien dressées. On laisse la face inférieure telle qu'elle est. Quant à la supérieure, si elle doit être écrite, on la polit en la frottant avec une pierre ponce trempée dans l'eau; si, au contraire, elle doit être dessinée, on la *graine* après le polissage, c'est-à-dire qu'on la recouvre d'aspérités microscopiques en promenant dessus, avec une pierre semblable, une bouillie de sable très fin.

3. La pierre étant ainsi préparée, on y exécute l'écriture ou les dessins. L'opération se fait comme à l'ordinaire, mais en sens inverse. Pour les dessins, on se sert de crayons gras d'une composition spéciale. Pour l'écriture, on emploie des plumes d'acier trempé et une encre solide renfermant les mêmes substances que les crayons, et qu'on délaye avec de l'eau à mesure qu'on en a besoin. Le travail de l'écrivain ou du dessinateur terminé, on passe sur la pierre un pinceau trempé dans de l'eau-forte faible, puis une dissolution épaisse de gomme arabique. En la rendant plus poreuse sur les parties libres, l'acide lui communique la propriété de

---

1. Pour les détails, voir ARTS ET MANUFACTURES, tom. III, dix-huitième partie, chap. II.

prendre et de retenir l'humidité avec une certaine énergie. La gomme concourt aussi au même effet ; de plus, elle empêche les corps gras de s'étendre au-delà des limites voulues.

4. Après le gommage, la pierre est prête pour l'impression. Cette opération nécessite l'emploi de presses d'une construction particulière, les unes *à bras,* les autres *mécaniques,* et qui se composent toutes essentiellement d'une partie mobile appelée *chariot,* sur laquelle on place la pierre, et d'une partie fixe, consistant en un râteau ou en un cylindre, qui donne la pression, et sous laquelle un mécanisme approprié conduit la première. La pierre étant bien calée sur le chariot, pour qu'elle ne puisse se déranger pendant le travail, on l'humecte avec une éponge imbibée d'eau, puis on l'encre en passant dessus un rouleau de bois recouvert de cuir et chargé d'une encre faite de noir de fumée et d'huile de lin cuite. Cette encre, qu'on appelle *noir d'impression,* est repoussée par les points qui sont humides et ne s'attache que sur ceux où il y a de l'écriture ou du dessin. Quand la pierre est encrée, on y étend une feuille de papier blanc un peu moite, on met par dessus un châssis garni de cuir, et l'on pousse le tout sous le cylindre ou le râteau, dont l'action force le papier à s'emparer de l'encre déposée sur la pierre. La feuille se trouvant ainsi imprimée, on l'enlève pour la remplacer par une autre feuille blanche, et l'on répète les mêmes opérations de mouillage de la pierre, d'encrage, etc., dont nous venons de parler. Enfin, quand on a tiré le nombre d'exemplaires voulu, on efface la pierre pour la faire servir à la reproduction d'un autre texte ou d'un autre dessin [1].

5. La Lithographie n'existe que depuis la fin du siècle dernier [2]. Elle a été inventée, en 1796-1798, par un

1. Les impressions lithographiques sont ordinairement en noir. Quelquefois cependant, on les fait en couleur. Dans ce dernier cas, il faut autant de pierres et, par conséquent, autant de tirages successifs que le dessin a de nuances, et, quand on imprime une couleur, les choses doivent être disposées de telle sorte que cette couleur ne puisse s'appliquer que sur les parties du papier où il convient qu'elle soit. La lithographie en couleur forme un art distinct qu'on appelle **chromolithographie.**

2. Voyez à ce sujet l'HISTOIRE DE L'INDUSTRIE, sixième partie.

pauvre employé du théâtre de Munich, du nom d'Aloïs Senefelder. Moins de vingt ans après, elle était répandue dans toute l'Europe. Les premières tentatives pour l'introduire en France furent faites en 1800 ; elles n'eurent aucun succès. Notre pays ne posséda même le nouvel art qu'à partir de 1816, époque à laquelle M. Godefroy Engelmann, de Mulhouse, et le comte de Lasteyrie fondèrent à Paris deux vastes ateliers qui servirent de modèles à tous les établissements du même genre que l'on vit s'élever par la suite, soit dans cette ville, soit dans les départements. Depuis son origine, la lithographie n'a cessé de faire une concurrence très active à la typographie pour l'impression des écritures, et à la taille-douce pour celle des dessins. Quoique plus lente et plus chère que la première, elle lui est généralement supérieure pour les petits tirages, notamment pour les tableaux, les cartes de visite, les billets de faire part, les factures de commerce, etc. Comparée à la taille-douce, elle est plus expéditive et moins coûteuse pour les travaux communs, mais elle perd ces deux avantages lorsqu'elle veut lutter de beauté dans l'exécution. Néanmoins, entre les mains d'habiles ouvriers, et le nombre en est excessivement restreint, elle peut produire des œuvres d'un très grand mérite.

INDUSTRIES DES CORPS GRAS

CENT DIXIÈME LEÇON

Ce qu'on entend par corps gras.

1. On entend par **corps gras** des substances combustibles, douces au toucher, qui fondent à une température peu élevée. Les unes sont d'origine animale, et les autres d'origine végétale, et, suivant leur degré de consistance, on les appelle *huiles*, *beurres*, *graisses*, *suifs* ou *cires*. Elles nous rendent de nombreux services, mais leur plus grand usage, c'est : d'une part,

de nous fournir la lumière, au moyen des lampes [1], des chandelles et des bougies ; d'autre part, de servir d'assaisonnement à presque tous nos aliments, et d'entrer dans la fabrication des savons. Quelques mots maintenant sur les plus importantes au point de vue industriel, c'est-à-dire les *suifs,* les *cires* et les *huiles.* Commençons par les deux premières sortes.

2. On sait que le **suif** est la graisse du bœuf, du mouton, de la chèvre, et autres animaux herbivores. Il est contenu dans des poches excessivement petites, qui sont formées par des peaux plus ou moins minces, et dont l'ensemble a reçu le nom de *tissu adipeux.* En dépeçant l'animal, les bouchers détachent ce tissu et le vendent à des industriels spéciaux, appelés *fondeurs de suif,* qui se chargent d'en extraire le suif [2]. Le suif est la matière première des chandelles et de l'acide stéarique. Il entre aussi dans la fabrication des savons et des cosmétiques. On l'emploie encore pour rendre le cuir plus souple et adoucir les parties frottantes des outils et des machines. Enfin, son extraction donne un résidu, appelé *pain de cretons,* qu'on emploie comme engrais et pour nourrir les chiens et les porcs.

3. La **cire** est produite par plusieurs sortes d'insectes (*cire animale*) ou par les feuilles, les fleurs, les fruits, la tige de diverses plantes (*cire végétale*). Celle qu'on emploie en Europe est fournie par les Abeilles. Quand on la retire des rayons, elle contient des matières étrangères qui la rendent jaunâtre, plus ou moins odorante, et un peu onctueuse. On l'utilise quelquefois dans cet état, sous les noms de *cire vierge, cire brune, cire jaune;* mais, le plus souvent, on ne la met en œuvre qu'après l'avoir purifiée et blanchie. La première de ces opérations la débarrasse des corps qui lui communiquent l'onctuosité et l'odeur, la seconde, de celles qui masquent sa couleur.

---

1. Voyez à ce sujet l'HISTOIRE DE L'INDUSTRIE, onzième partie, chap. i (*éclairage par les huiles végétales*), et chap. ii (*éclairage par les corps gras solides*).

1. Voir, sur cette industrie, ARTS ET MANUFACTURES, tom. III, treizième partie, chap. ii.

4. A l'état brut, la cire sert à frotter les parquets et les meubles, à faire des mastics pour greffer les arbres, à boucher les mailles des lits de plume, pour que celle-ci ne puisse s'échapper. Les couturières y ont aussi recours pour rendre le fil plus glissant. Quand elle a été purifiée et blanchie, les pharmaciens la font entrer dans une foule de médicaments, cérats, pommades, onguents, etc. La fabrication des cierges d'église en consomme aussi une grande quantité. Enfin, on l'utilise pour confectionner des fleurs artificielles, des masques, des pièces d'anatomie, des objets pour l'étude de l'histoire naturelle.

CENT ONZIÈME LEÇON

Ce qu'on entend par corps gras. (Suite.)

1. Il y a des **huiles végétales** et des **huiles animales**. Occupons-nous d'abord des premières. Elles se trouvent quelquefois dans la partie charnue du fruit, comme c'est le cas de celle d'olive (*fig.* 61); le plus souvent, c'est dans les semences, comme c'est le cas de celles de colza, de pavot-œillette, de cameline, de navette, de lin, etc., que l'on appelle, pour ce motif, *huiles de graines*. Toutes sont emprisonnées dans des cellules d'une petitesse extrême, d'où on ne peut les faire sortir qu'au moyen d'une très forte pression, répétée plusieurs fois, et souvent combinée avec l'action de la chaleur[1].

Fig. 61. — Rameau d'olivier chargé de fruits.

1. Pour la fabrication des huiles végétales, voir ARTS ET MANUFACTURES, tom. I, troisième partie, chap. IV.

2. Toutes les huiles végétales peuvent servir à l'éclairage. Néanmoins, on donne de préférence cette destination à celles de colza, de cameline, d'œillette, de noix et de navette. L'huile d'olive de première qualité est l'huile de table par excellence. On la remplace souvent, dans les pays de production, par celles de noix, de faîne, d'œillette, d'arachides[1], pourvu cependant qu'elles soient très pures. Dans la fabrication du savon, on fait une consommation énorme d'huile d'olive de qualité tout à fait inférieure (*huile de recense*), ainsi que d'huile de graines, de coco et de palme[2]; mais il est à remarquer que ces deux dernières, au lieu d'être fluides, comme les autres, ont la consistance du beurre. L'huile de lin entre dans la composition des couleurs dites *à l'huile*, de l'encre d'imprimerie et de plusieurs vernis, notamment du vernis noir pour chaussure. Elle est quelquefois remplacée, dans ces diverses applications, par l'huile de noix, l'huile d'œillette ou l'huile de chènevis. Ces quatre sortes d'huiles doivent leur emploi en peinture à la propriété d'être *siccatives,* c'est-à-dire de s'épaissir par l'action de l'air, au point de perdre leur caractère de corps gras et de se convertir en une espèce de peau ou de membrane sèche et transparente.

3. Les huiles animales sont fournies par les Cétacés[3], les poissons et certaines parties du corps des animaux herbivores. Les plus importantes à connaître sont *l'huile de baleine,* qu'on emploie pour faire des savons et se procurer du gaz d'éclairage; *l'huile de foie de morue,* qui a son principal usage dans l'art de guérir; *l'huile de poisson* ou *de sardine,* qu'on utilise

1. On appelle **arachides** ou **pistaches de terre** les semences, en forme d'amande, d'une plante annuelle de la famille des Légumineuses, qui est cultivée dans toutes les contrées tropicales, et même dans quelques parties de l'Europe méridionale.

2. Ces deux huiles sont extraites des fruits de deux arbres de la famille des Palmiers, qui croissent l'un et l'autre dans toutes les parties les plus chaudes de l'ancien monde (Inde, Guinée, Congo) et du nouveau (Brésil, Guyane). L'**huile de palme** est fournie par l'Elaïs, l'**huile de coco** par le Cocotier.

3. On appelle **Cétacés** les animaux marins qui, avec une organisation intérieure analogue à celle des Mammifères, ont la forme extérieure et les habitudes des poissons. Tels sont les Baleines, les Cachalots, les Dauphins, etc.

surtout pour adoucir le cuir ; l'*huile de pied de mouton*, l'*huile de pied de bœuf* et l'*huile de pied de cheval*, qui servent, les deux premières, à graisser les rouages des machines, la troisième à alimenter les lampes des émailleurs et des fabricants de perles fausses.

CENT DOUZIÈME LEÇON

Comment se font les *chandelles*[1].

1. La fabrication des **chandelles** consiste à entourer de *suif fondu* une mèche formée de brins de coton légèrement tordus. Peu d'opérations manufacturières sont aussi simples. On emploie deux procédés : le *moulage* et la *plonge*. On appelle *chandelles moulées* les produits du premier, et *chandelles plongées* ou *chandelles à la baguette* celles du second.

2. Dans le *procédé du* **moulage,** on se sert de moules de métal dont un bout est évasé en entonnoir, tandis que le bout opposé est légèrement conique. Une mèche, placée dans l'axe de chaque moule, est tendue, d'un côté, au moyen d'une petite traverse que porte l'entonnoir, de l'autre, par une cheville qui ferme le trou du cône. Les moules étant rangés verticalement sur une table, la partie évasée en haut, on les remplit un à un de suif avec une cuiller, puis on les laisse refroidir avant de démouler. Dans les grandes fabriques, on rend le moulage plus rapide en se servant d'appareils qui remplissent plusieurs moules à la fois.

3. Dans le *procédé de la* **plonge,** on enfile sur des baguettes une vingtaine de mèches, qu'on trempe toutes à la fois, et à plusieurs reprises, dans un bain de suif entretenu à une température voisine de la solidification. A chaque immersion, une couche mince de matière adhère aux précédentes et on la laisse consolider avant de former la suivante. On multiplie ces immersions et ces refroidissements alternatifs jusqu'à ce que les

---

1. Pour les détails, voir ARTS ET MANUFACTURES, tom. III, treizième partie, chap. II.

chandelles aient la grosseur voulue. Anciennement, les immersions se faisaient presque toujours à la main. Aujourd'hui, on les effectue le plus souvent à l'aide d'appareils qui abrègent beaucoup le travail, et dont le dessin ci-joint (*fig.* 62) donne une idée exacte. Quel que soit le procédé employé, quand les chandelles se sont suffisamment durcies, on les expose à l'air et à la lumière pour les sécher et les blanchir, après quoi on les livre au commerce en paquets pesant un demi-kilogramme.

4. De tout temps, le suif a été appliqué à l'éclairage. Quant au mot *chandelle*, qui vient du latin *candela*, il n'a pas toujours eu la

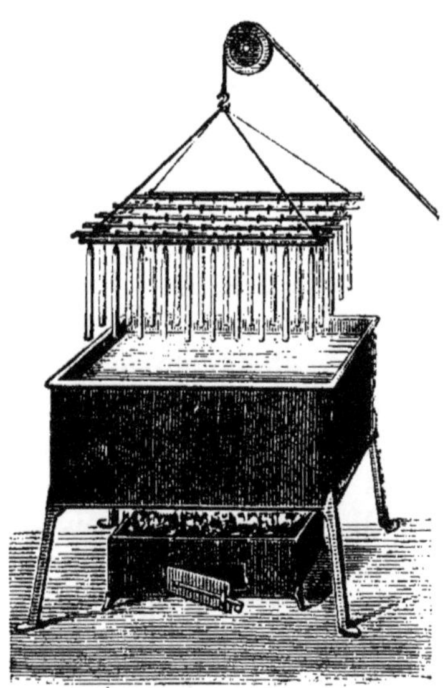

Fig. 62. — Chandelles à la baguette.

signification restreinte qu'il a aujourd'hui. En effet, dans le principe, à Rome, aussi bien que partout ailleurs, on s'en servait pour désigner indistinctement les instruments d'éclairage fabriqués avec le suif ou la cire. Seulement, quand on voulait spécifier la matière employée, on ajoutait le nom de cette matière au mot *chandelle*, et l'on disait, suivant le cas, *chandelle de suif* ou *chandelle de cire*. En France, cet usage dura jusqu'au quatorzième siècle, époque à laquelle l'on réserva le nom de *chandelle* au suif, et les noms de *cierge* et de *bougie* à la cire[1].

---

1. On sait que ce nom de *bougie* donné à la chandelle de cire vient uniquement de ce qu'anciennement c'est de la ville de Bougie, en Algérie, que venait ou était censée venir la cire la plus estimée.

CENT TREIZIÈME LEÇON

Comment se font les *bougies*[1].

1. La *cire* et l'*acide stéarique* sont les matières qu'on emploie principalement pour faire les **bougies**[2]. Nous connaissons la cire. Quant à l'acide stéarique, qu'on appelle aussi, mais improprement, *stéarine*, c'est une substance solide, incolore, sans odeur ni saveur, qui brûle avec une flamme blanche, très éclairante, et qui existe dans la graisse humaine, dans le blanc de baleine, dans plusieurs huiles végétales, surtout dans le suif de bœuf et de mouton. On l'extrait de ce dernier au moyen de manipulations trop compliquées pour que nous puissions les décrire. Il a été découvert en 1811 par M. Chevreul, chimiste français.

2. Les **bougies de cire** sont les plus anciennes. Elles ont sur la chandelle l'avantage de brûler sans odeur ni fumée, et de moins couler; mais leur prix élevé en a toujours fait un objet de luxe, et, depuis l'invention des bougies stéariques, on ne s'en sert presque plus. On en distingue deux sortes : les *bougies ordinaires* ou *bougies de table* et les *bougies en corde* ou *bougies filées*. Les premières se fabriquent ordinairement comme les chandelles moulées, sauf que les moules sont souvent en verre. Pour obtenir les secondes, on fait passer une mèche d'une longueur quelconque dans un bain de cire, d'où elle sort en traversant une filière[3], après quoi elle s'enroule sur un tambour

---

1. Pour les détails, voir ARTS ET MANUFACTURES, tom. III, treizième partie, chap. III.

2. On se sert aussi du **blanc de baleine** et de la **paraffine**, mais les bougies faites de ces substances sont des produits de luxe et, par conséquent, d'une consommation très bornée. Le **blanc de baleine**, appelé aussi **cétine et spermaceti**, est fourni par plusieurs grands Cétacés appartenant presque tous au genre Cachalot; il se trouve, partie en suspension, partie en dissolution, dans une huile épaisse qui entoure le cerveau de ces animaux. Quant à la **paraffine**, c'est un produit chimique qui a été découvert en 1829, par le chimiste bavarois Reichenbach, dans le goudron du bois de hêtre, et qu'on extrait industriellement des huiles lourdes de schiste, de lignite et de boghead, de certains pétroles et de l'ozokérite.

3. Une **filière** n'est autre chose qu'une plaque d'une matière quelconque percée de trous de différents diamètres.

tournant. On conçoit que le diamètre des trous de la filière détermine celui de la bougie.

3. Les **bougies stéariques** se font par le procédé du moulage; seulement, dans les grands ateliers, on coule la matière au moyen d'appareils qui, remplissant beaucoup de moules à la fois, accélèrent le travail, tout en épargnant de la main-d'œuvre et des déchets inutiles. L'acide est fondu à une basse température, dans une chaudière à double fond, plaquée d'argent, et chauffée à la vapeur. On y ajoute généralement de 3 à 5 pour cent de cire bien blanche afin de durcir les bougies, et l'on agite le mélange. Enfin, quand la masse est sur le point de se solidifier, on la distribue dans les moules. Au sortir de ces derniers, les bougies sont légèrement jaunâtres. On les blanchit en les exposant à la lumière, soit en plein air, soit, ce qui est préférable, dans des chambres vitrées. Enfin, on les plonge dans une lessive faible de carbonate de soude, pour chasser les impuretés qui peuvent les salir, et on les livre à des machines qui les coupent à la longueur voulue, les polissent et y impriment la marque du fabricant.

4. La cire et l'acide stéarique servent également à faire les **cierges d'église.** Deux procédés sont en usage : l'un dit *à la cuiller,* pour les cierges de petit ou de moyen diamètre; l'autre, dit *à la main,* pour ceux de fortes dimensions. Dans le premier, les mèches étant suspendues verticalement à un châssis, on puise avec une cuiller la matière demi-fluide, et on la fait couler le long de chacune d'elles. On laisse sécher, on donne une nouvelle couche, et l'on continue ainsi jusqu'à ce qu'on arrive à la grosseur voulue. Dans la seconde, on couche les mèches sur une table et on les enveloppe à la main de la matière qu'on a choisie, et qu'on a simplement ramollie dans l'eau tiède. De quelque façon que les cierges aient été formés, on en égalise la surface en les roulant sur une table polie avec une planchette de bois dur.

5. Comme celui du suif, *l'éclairage à la cire* remonte à une très haute antiquité. En France, il fut d'abord réservé aux cérémonies du culte; mais, par la suite,

il pénétra dans les habitations des personnes riches, où cependant il ne devint un peu général qu'à partir du dix-septième siècle. Quant aux *bougies stéariques,* elles sont une invention toute moderne et d'origine française, qui, essayée dès 1825 par les chimistes Chevreul et Gay-Lussac, n'a été réalisée industriellement qu'à partir de 1831, époque à laquelle les docteurs de Milly et Motard découvrirent le moyen de produire la matière première à bas prix. Ces bougies sont communément appelées *bougies de l'Etoile,* parce que c'est dans le quartier de ce nom, à Paris, que les docteurs de Milly et Motard établirent leur première fabrique. On en fait aujourd'hui partout, et leur usage a pris une telle extension qu'elles ont presque entièrement remplacé les chandelles de suif et les bougies de cire, parce que, moins chères et plus éclairantes que les secondes, elles n'ont ni la mauvaise odeur ni la lumière fumeuse des premières.

CENT QUATORZIÈME LEÇON

Comment se fait le *savon*[1].

1. En s'unissant aux huiles et aux graisses, certains corps, appelés *oxydes métalliques,* forment des composés doués de propriétés spéciales et qu'on désigne sous le nom générique de **savons**. Ces composés sont très nombreux. Ceux qu'on emploie dans l'économie domestique et dans les arts, les seuls dont nous nous occuperons, se divisent en *savons durs* et *savons mous*. Les premiers se font avec la soude et l'huile d'olive[2]; on les appelle souvent *savons de Marseille,* parce que c'est dans cette ville que, dans notre pays, la fabrication en a toujours été la plus active. Pour les seconds, on emploie généralement la potasse et les huiles de graines.

---

1. Pour les détails, voir ARTS ET MANUFACTURES, tom. III, treizième partie, chap. I.

2. Depuis beaucoup d'années, quand l'huile d'olive est trop chère, on la remplace soit par le suif ou la graisse, soit par l'huile de palme, de coco, ou d'amande; mais les savons ainsi produits sont loin de valoir ceux dont fait partie l'huile d'olive.

2. Indiquons brièvement comment on procède pour préparer les **savons durs**. Dans une chaudière on verse une lessive faible de soude, puis une quantité convenable d'huile, et l'on fait bouillir le mélange, en le brassant afin de le rendre homogène. Bientôt l'huile perd sa transparence et forme avec la soude une émulsion blanche qui devient peu à peu consistante. Quand ce résultat est obtenu, on ajoute une lessive plus concentrée et l'on continue l'ébullition pendant plusieurs heures. Au bout de ce temps, le savon est formé, mais il est en dissolution dans l'eau. On le sépare de celle-ci, puis on le soumet de nouveau à l'action du feu, jusqu'à ce qu'on le juge assez consistant. On le coule alors dans des moules, appelés *mises,* où il devient dur en se refroidissant. Quand il sort des moules, le savon est d'un bleu foncé tirant sur le noir. On l'emploie rarement dans cet état. Le plus souvent, au moyen d'opérations fort simples, on le blanchit ou bien on le transforme en *savon marbré,* c'est-à-dire présentant des veines bleues ou rougeâtres sur un fond blanc. Les bonnes ménagères n'ignorent pas que le savon marbré est plus économique que le savon blanc, parce qu'on ne peut l'obtenir qu'en y laissant 30 pour 100 d'eau au plus, tandis que ce dernier peut en renfermer jusqu'à 50 pour 100.

3. La fabrication des **savons mous** est beaucoup plus simple que celle des savons durs. On fait bouillir la matière grasse avec des lessives de potasse de plus en plus fortes, qu'on y introduit à trois reprises différentes, en commençant par les plus faibles. Quand le mélange est bien homogène, on le concentre pour en séparer la plus grande partie de l'eau ; puis, lorsqu'il est cuit, c'est-à-dire amené au degré de consistance convenable, on le coule dans des tonneaux. Les savons mous ont l'aspect d'un miel épais. Ils sont *verts* ou *noirs.* Si l'on a employé l'huile de chènevis, ils présentent naturellement une coloration verdâtre. Si l'on s'est servi d'autres huiles, qui ont par elles-mêmes une teinte jaune, on les verdit en ajoutant un peu d'indigo à la masse. Les savons noirs se font aussi avec l'huile de chènevis, mais on leur donne la nuance qui les caractérise en y ajoutant une matière colorante appropriée.

4. Nous ne terminerons pas sans dire quelques mots des savons dit *de toilette,* dont la fabrication forme une des branches principales de l'art du parfumeur[1]. Ils sont à base de soude ou de potasse et se préparent comme les savons mous. Seulement, on évite de les faire trop alcalins, c'est-à-dire d'y mettre trop de soude, et l'on emploie des matières de choix. En outre, on y incorpore des substances aromatiques. Ceux qui sont transparents s'obtiennent en dissolvant du savon ordinaire dans l'alcool chaud, qui en sépare toutes les impuretés. On décante ensuite la liqueur dans des vases de fer-blanc. Les pains acquièrent toute leur transparence quand ils sont parfaitement secs.

CENT QUINZIÈME LEÇON

Comment se fait le *savon.* (*Suite.*)

1. Les applications du savon sont connues de tout le monde. Le savon blanc sert au blanchiment et au nettoyage du linge fin. Le savon marbré, qui est plus alcalin, par suite plus mordant, est employé pour blanchir et nettoyer les tissus forts. Les savons mous reçoivent la même destination que ce dernier ; on en consomme aussi de grandes quantités pour le foulage et le dégraissage de la laine. Quant aux savons de toilette, leur nom seul indique l'usage qu'on en fait.

2. C'est dans les ouvrages de Pline le Naturaliste, mort l'an 79 de Jésus-Christ, qu'il est question, pour la première fois, de compositions analogues à nos savons. Cet écrivain leur donne le nom de *sapo,* origine du mot français *savon,* et il en attribue l'invention aux Gaulois qui, raconte-t-il, les obtenaient avec des mélanges de cendres et de suif. Au temps où il vivait, les Romains, ses compatriotes, connaissaient aussi l'art du savonnier; car on a trouvé dans les ruines de Pompéi, un atelier

1. Sur la **parfumerie**, voir ARTS ET MANUFACTURES, tom. III, vingt-deuxième partie.

complet de savonnerie, avec ses différents ustensiles, et des baquets pleins de savon.

3. Dans les temps modernes, les documents relatifs à l'industrie savonnière ne remontent pas au delà du quinzième siècle. Alors, dit-on, fut fondée à Savone, en Italie, la première fabrique de savons durs tels qu'on les fait encore aujourd'hui. Il paraît à peu près établi que cette ville conserva le monopole de cette branche d'industrie jusque vers le commencement du dix-septième siècle, où elle en fut presque entièrement dépossédée par les Génois. Un peu plus tard, cette même industrie fut introduite en Provence par les soins du grand Colbert. En 1660, Marseille comptait déjà sept savonneries très importantes et, une centaine d'années plus tard, elle se trouvait un des principaux centres de la fabrication des savons à base de soude. Depuis la fin du siècle dernier, les progrès de l'aisance générale ont permis à l'art du savonnier de pénétrer dans tous les pays qui ne le possédaient pas encore, et de prospérer dans ceux où diverses causes l'avaient jusqu'alors empêché de se développer.

LES MOTEURS.

CENT SEIZIÈME LEÇON

Ce qu'on entend par *moteurs*.

1. Aucune machine ne peut fonctionner si on ne la met en mouvement au moyen d'une force quelconque. Or, la force qui lui donne ce mouvement est ce qu'on appelle un **moteur**. Ainsi, l'homme qui pousse la brouette est un moteur. De même, la jeune fille dont le pied agit sur la marche du rouet à filer. De même encore, le cheval qui traîne une voiture, le bœuf qui tire la charrue, l'eau qui fait tourner la roue du moulin, le vent qui gonfle la voile des navires, le poids des horloges d'église, le ressort des montres et des pendules de cheminée. Enfin, l'eau convertie en vapeur à l'aide du feu, peut, ainsi que beaucoup d'autres gaz,

être employée comme moteur. Le dessin ci-joint (*fig.* 63) représente quelques-unes de ces forces.

Fig. 63. — Principales forces motrices.

2. Les anciens ne savaient recueillir et utiliser que la force motrice développée par les hommes ou par les animaux, par le vent ou par l'eau. Les mécaniciens du moyen âge y ont joint celle qui résulte de l'action des poids et des ressorts, ce qui a conduit à l'invention des horloges et des montres. Enfin, dans les dernières années du dix-septième siècle, on a commencé à tirer parti de la force expansive de la vapeur d'eau, et, depuis cette époque, la **machine à vapeur** est devenue le moteur par excellence de l'industrie.

3. Comment l'eau peut-elle produire de la force ? Peu de mots le feront comprendre. On a remarqué de tout temps que lorsqu'on chauffe de l'eau dans un vase, elle devient de plus en plus fluide, et qu'arrivée à une certaine température, elle se met à bouillir, c'est-à-dire qu'elle passe à l'état de gaz ou de vapeur. Si le vase est ouvert, cette vapeur se répand dans l'air à mesure qu'elle se forme; si, au contraire, il est fermé, elle exerce sur les parois qui l'emprisonnent une pression énorme et d'autant plus considérable que son volume est 1,700 fois plus grand que celui de l'eau d'où elle provient. Si alors on lui ouvre un étroit passage, elle s'y

précipite avec violence en chassant devant elle tout ce qu'elle rencontre. A ce moment, il se produit donc une force très énergique, et c'est en réglant cette force qu'on est parvenu à faire de l'eau en vapeur l'admirable moteur que tout le monde connaît.

4. La description de la machine à vapeur nous entraînerait trop loin; en conséquence, nous ne la ferons pas. Nous dirons seulement que les besoins si variés de l'industrie en ont fait et en font encore varier la construction de mille manières. Néanmoins, quelles que soient les dispositions particulières qu'on donne à tels ou tels de leurs organes, on divise toujours les machines de ce genre en *machines fixes* et *machines locomobiles*. On donne le nom de **machines fixes** à celles qu'on établit à demeure, à l'endroit même où elles doivent servir, et comme elles ne sont pas destinées à être changées de place, on les fait lourdes et massives. On n'en trouve guère d'autres dans les établissements industriels qui ont besoin d'un moteur puissant. Au contraire, on appelle **machines locomobiles** celles dont la légèreté est assez grande pour qu'on puisse les transporter. Leur construction est généralement fort simple et, afin de pouvoir les conduire là où l'on veut les utiliser, on les met souvent sur un train à quatre roues auquel on attelle un ou plusieurs chevaux. La *locomotive* des chemins de fer en est une variété particulière dont il sera question plus loin.

CENT DIX-SEPTIÈME LEÇON

Ce qu'on entend par *moteurs*. (*Suite.*)

1. La machine à vapeur est considérée avec raison comme une des plus belles conquêtes de l'esprit humain, et une de celles qui ont exercé l'influence la plus considérable sur le développement industriel de tous les peuples. Son invention date du dix-septième siècle. Elle appartient à Denis Papin, médecin français, à qui des écrivains prévenus ou mal informés ont vainement essayé d'en ravir l'honneur. Avant ce savant, beaucoup de physiciens, même dans l'antiquité, avaient bien connu

la force expansive de la vapeur ; mais il est le premier qui ait compris toute la valeur de cette force et en ait clairement indiqué toute la diversité des applications.

2. C'est en 1690 que Denis Papin fit connaître ses idées relatives à l'emploi de la vapeur. Il construisit même plus tard un modèle ; mais, comme toutes les choses qui commencent, cet appareil était si défectueux qu'il eût été impossible de s'en servir. Les travaux de notre compatriote ne furent cependant pas perdus. En effet, le capitaine anglais Thomas Savery se les appropria, et, à l'aide de diverses modifications de détail, réussit à construire une machine qui, à partir de 1698, fonctionna avec un certain succès.

3. La machine de Savery était uniquement destinée à faire mouvoir des pompes pour l'épuisement des mines. Comme elle était très grossière, le serrurier Thomas Newcomen et le vitrier Jean Cauley l'enrichirent bientôt de perfectionnements qui en rendirent l'usage plus avantageux. La machine ainsi modifiée, reçut le nom de **machine de Newcomen.** Elle fut adoptée, à partir de 1712, par les directeurs des houillères pour faire marcher les pompes d'épuisement. Enfin, arriva James Watt.

4. A la suite de recherches commencées en 1763 et continuées jusqu'en 1782, cet homme illustre transforma la machine à vapeur de la manière la plus complète, et, au lieu de se borner à l'employer à la manœuvre des pompes, il eut le bonheur de la rendre propre à tous les usages de l'industrie, ainsi que Papin en avait eu d'ailleurs l'idée. Dès ce moment, elle put devenir un moteur universel, et les mécaniciens de tous les pays, se mirent à l'œuvre pour l'approprier le plus parfaitement possible aux divers genres de services qu'elle pouvait être appelée à rendre [1].

5. Dans le principe, toutes les machines à vapeur

---

1. La première machine à vapeur qu'on ait vue en France fut importée d'Angleterre en 1732, et montée à Fresnes, près de Condé, pour le compte de la compagnie des mines d'Anzin. Une deuxième fut installée aux houillères de Littry, en 1749. Deux autres furent établies à Paris, en 1782. Ces quatre machines étaient uniquement destinées à faire mouvoir des pompes : de là le nom de *pompe à feu* que, pendant longtemps, on a donné en France à la machine à vapeur.

étaient fixes. Les locomobiles sont une invention américaine, qui ne paraît pas remonter au delà de 1825. Aujourd'hui, on les emploie dans les ateliers de tous les pays pour mettre en mouvement les appareils les plus divers. L'agriculture s'en sert aussi pour faire fonctionner les machines à battre, à moissonner, à faner, etc. Enfin, dans l'art des constructions, elles donnent le moyen d'effectuer, avec une rapidité et une économie inconnues auparavant, les transports de matériaux, les épuisements, les travaux de sondage et une foule d'autres opérations non moins importantes.

INDUSTRIE DE LA NAVIGATION.

CENT DIX-HUITIÈME LEÇON

Navigation fluviale, navigation maritime[1].

1. L'origine de la **navigation** remonte aux temps le plus reculés. La vue de quelque arbre flottant en suggéra probablement l'idée, et la nécessité dut exciter les hommes à se servir de ce grossier moyen de transport, soit pour descendre le cours des rivières ou traverser les bras de mer, afin de découvrir de nouveaux lieux de chasse ou de pêche, soit simplement pour échapper aux inondations. Plus tard, les facilités que les peuples trouvèrent, pour se rendre d'un point à un autre, en lançant à la mer de simples troncs creusés avec le feu, durent éveiller en eux l'esprit d'aventure et les engager à visiter les terres lointaines. Plus tard encore, lorsque, devenus plus nombreux, ils tournèrent leurs armes les uns contre les autres, elles durent faire naître en eux la pensée de se servir du même moyen pour attaquer. Ce ne fut qu'à une époque relativement moderne que les progrès de la civilisation, en créant les relations commerciales, imprimèrent à la navigation une impulsion nouvelle, et

---

1. Pour les détails, voir ARTS ET MANUFACTURES, tom. III, vingtième partie, chap. VII, sect. 5, et HISTOIRE DE L'INDUSTRIE, quatorzième partie, chap. I.

alors commença son rôle véritablement utile, le seul peut-être qui lui restera un jour. Dès ce moment, elle fit une alliance étroite avec l'industrie, et la prospérité de l'une se trouva subordonnée à celle de l'autre.

2. De tout temps, on a distingué la *navigation fluviale*, qui a lieu sur les cours d'eau, et la *navigation maritime*, qui s'opère sur l'Océan. La première est aussi appelée *navigation intérieure*, parce qu'elle se fait dans l'intérieur des continents. La raison contraire a valu à la seconde le nom de *navigation extérieure*. Arrêtons-nous d'abord sur la **navigation fluviale**.

3. En faisant suivre aux fleuves et aux rivières le fond des vallées, la nature a donné à l'homme un admirable moyen de transport économique. Malheureusement, une foule de causes ne permettent pas d'en tirer tout le parti possible. Les principales sont dues à l'irrégularité du régime des cours d'eau, à la rapidité de la descente, aux ensablements, aux changements de lit, toutes choses qui rendent très difficile, souvent même impraticable la circulation des bateaux. De plus, l'abondance des eaux augmente la vitesse du courant dans les temps de crue, et la sécheresse, au contraire, ne laissant qu'une profondeur insuffisante, le service reste forcément interrompu, et la reprise devient aussi incertaine que l'inconstance des saisons dont elle dépend.

4. Divers moyens, qui datent de l'enfance de l'art, sont mis en usage pour étendre et régulariser la navigation fluviale. Ainsi, on modère la pente des rivières en soutenant leurs eaux à l'aide de *barrages,* établis en travers d'une rive à l'autre, et que les bateaux franchissent par des passages ou *pertuis,* munis de portes. On rétrécit leur lit, pour accélérer le courant, au moyen de *digues* ou d'*épis*. Enfin, on augmente leur profondeur, là où elle est insuffisante, par l'opération du *draguage,* c'est-à-dire en enlevant les sables et les terres avec des machines puissantes, appelées **dragues,** qui fonctionnent jour et nuit.

5. Dans les premiers temps, la **navigation maritime** consista simplement à côtoyer les rivages. Par la suite, l'habitude apprit, pour de plus longs trajets, à

se contenter de quelques points de reconnaissance espacés de loin en loin sur la route à parcourir. Toutefois, on ne se hasarda à se lancer en pleine mer, à entreprendre les voyages les plus lointains, que lorsqu'on eut découvert la *boussole*. Les navires s'enhardirent alors, et ils purent quitter la terre, sûrs qu'ils étaient de la retrouver. Dès ce moment, on établit deux sortes de navigation maritime ; le *cabotage* ou *navigation côtière* et la *navigation au long cours* ou *navigation hauturière*.

6. Le **cabotage** est littéralement la navigation qui se fait de cap en cap, sans perdre la côte de vue. Néanmoins, ce mot a aujourd'hui un sens beaucoup plus étendu, car, dans notre marine, il comprend les voyages de France au détroit de Gibraltar, au Sund, dans la Méditerranée et dans la mer Noire.

7. La **navigation au long cours** est celle qui se fait en haute mer, à travers l'immensité de l'Océan. Nos lois y comprennent les voyages en Amérique, dans l'Océanie, dans la mer des Indes, dans la partie de l'Atlantique située au sud de Gibraltar et dans les pays d'Europe qui se trouvent au delà du Sund.

CENT DIX-NEUVIÈME LEÇON

Ce qu'on entend par *boussole,* son origine[1].

1. Nous venons de voir que l'invention de la **boussole** a été l'origine des grands progrès de la navigation maritime. Quelques mots sur cet instrument ont donc ici leur place naturelle. Disons d'abord ce qu'on entend par *aimant* et *aiguille aimantée*.

2. L'**aimant** est un minerai de fer qui possède la propriété d'attirer le fer, et au moyen duquel on peut très facilement communiquer la même propriété à des baguettes d'acier. Il y a donc des *aimants naturels* et des *aimants artificiels*. Or si, prenant une lame d'acier aimanté, très mince et taillée en losange, on la suspend, par son milieu, soit à un fil, soit sur une

1. Pour les détails, voir HISTOIRE DE L'INDUSTRIE, quatorzième partie, chap. II.

pointe métallique (*fig.* 64), on remarque qu'aussitôt que cette lame est abandonnée à elle-même, elle tourne sur son point d'appui et s'arrête dans une direction constante, qui est, à peu de chose près, celle du sud au nord, l'une des pointes, invariablement tournée vers le sud, et la pointe opposée, vers le nord. C'est cet aimant mobile qu'on appelle **aiguille aimantée.**

Fig. 64. — Aiguille aimantée.

3. La **boussole** n'est autre chose qu'une aiguille aimantée mobile autour de son centre. On la dispose de différentes manières suivant l'usage qu'on veut en faire ; mais la boussole proprement dite, celle qui a précédé toutes les autres, lesquelles n'en sont que de simples modifications, est la *boussole marine* que les marins appellent *compas de route,* parce qu'elle leur sert à se diriger au milieu des mers. A bord des navires, cet instrument est enfermé dans une boîte rectangulaire, que protège une autre boîte appelé *habitacle,* et les précautions les plus minutieuses sont prises pour que rien ne puisse la déranger. Comme le montre le dessin (*fig.* 65), le pivot de l'aiguille est placé au centre d'un cadran, divisé en 360 parties égales ou degrés, et portant, en outre, les points cardinaux et leurs intermé

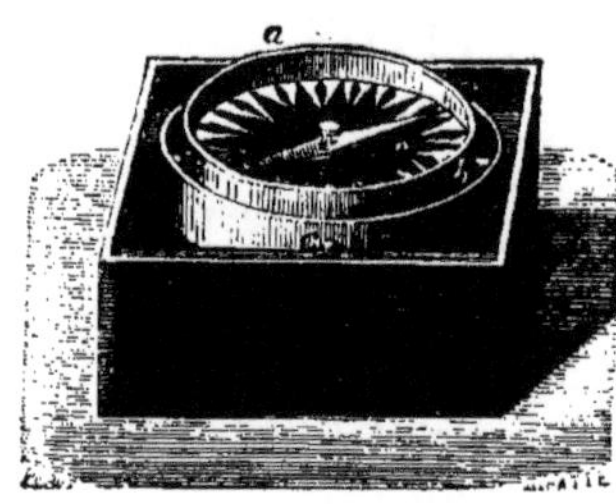

Fig. 65. — Boussole.

diaires, c'est-à-dire ce qu'on appelle la *rose des vents.* La nature de ce livre ne nous permet pas de dire de quelle manière on interprète les mouvements de l'aiguille sur ce cadran. Il suffira de savoir qu'à l'aide des indications qu'elle fournit, combinées avec des observations astronomiques qu'il effectue, le capitaine peut toujours connaître le lieu où il se trouve et déterminer la direction qu'il doit donner à son navire.

4. Disons, pour terminer, où, et à quelle époque la boussole a été inventée. Ce point d'histoire a donné lieu à beaucoup de discussions. Il paraît cependant prouvé que, dès l'an 2634 ans avant Jésus-Christ, les Chinois connaissaient la propriété que possède l'aiguille aimantée de prendre la direction polaire ; mais qu'ils ne songèrent que fort tard, peut-être vers le cinquième ou sixième siècle de notre ère, à utiliser cette propriété à bord des navires. Il est également établi que ce peuple avait des boussoles grossières dans les premiers temps du moyen âge. Il en apprit l'usage aux navigateurs arabes qui fréquentaient les mers de l'Inde, et ceux-ci le communiquèrent, sans qu'on puisse savoir à quelle époque, à ceux de la Méditerranée. La boussole était déjà bien connue en Europe à la fin du douzième siècle. Alors elle se composait simplement d'une aiguille aimantée qui flottait, sur deux fétus ou sur un morceau de liège, dans une fiole pleine d'eau ; mais on ne tarda à y introduire des perfectionnements qui, la rendant plus facile à manier et plus exacte, l'amenèrent peu à peu à la forme qu'elle a aujourd'hui.

CENT VINGTIÈME LEÇON

Canaux de navigation [1].

1. En parlant de la navigation des fleuves et des rivières, nous avons dit combien elle est irrégulière et pourquoi. Or, c'est précisément pour faire disparaître cette irrégularité que les **canaux** ont été inventés. Toutefois, l'expérience a bientôt appris que leur rôle ne se borne pas à améliorer les voies navigables données par la nature, qu'ils peuvent également servir à en créer de nouvelles.

2. On peut définir les canaux : des espaces creusés par la main des hommes, en forme de lit de rivière, pour faciliter les transports du commerce. Tout canal consiste en une tranchée dont les bords sont plus ou moins

---

1. Pour les détails, voir ARTS ET MANUFACTURES, tom. III, vingtième partie, chap. VII, sect. 3, et HISTOIRE DE L'INDUSTRIE, quatorzième partie, chap. V.

inclinés, suivant la nature du terrain (*fig.* 66). Le sol *ss* de cette tranchée se nomme *plafond.* Sur l'un des bords

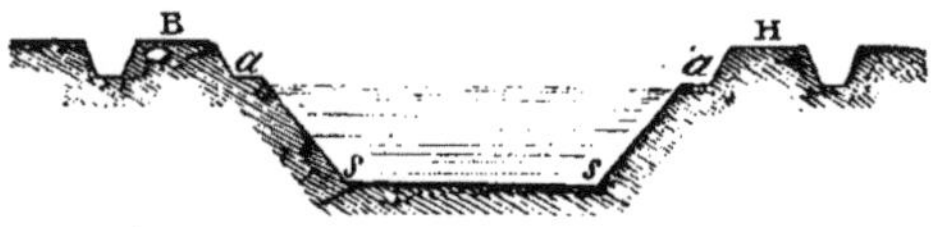

Fig. 66. — Canal de navigation (coupe).

H se trouve un chemin, dit *de halage,* pour la circulation des hommes ou des chevaux qui tirent les bateaux; sur le bord opposé B, un autre chemin moins large, appelé *banquette,* pour le passage des piétons. Ces deux chemins sont séparés du *lit* du canal par un petit sentier *aa,* nommé *berme,* qui est destiné à retenir les pierres et les terres que le pied des hommes ou des animaux pourrait faire détacher ; et de la campagne environnante par un fossé qui, recevant les eaux de pluie, les empêche de dégrader les bords de l'ouvrage. La largeur du canal dépend de celle des bateaux qui doivent y circuler ; mais il faut toujours qu'elle soit assez grande pour que deux bateaux puissent passer aisément. Quant à sa profondeur, elle doit être calculée de telle sorte qu'il y ait au moins $0^m,30$ d'eau sous le bateau complètement chargé.

3. Outre les parties que nous venons d'indiquer, les canaux sont munis d'un certain nombre d'**écluses à sas**. On appelle ainsi une espèce de chambre en maçonnerie (*fig.* 67), qui occupe toute la largeur du

Fig. 67. — Écluse à sas (plan).

canal, et qui est fermée à ses deux extrémités par une porte mobile en charpente ou en tôle. Chaque porte AB, se compose de deux battants, ou *vantaux,* dont l'un présente à sa partie inférieure, une ouverture fermée par une *vanne* ou *ventelle,* qu'on fait mouvoir d'en haut au moyen d'une crémaillère et d'un pignon à manivelle. Quand les deux battants sont fermés, ils forment, en s'appliquant l'un contre l'autre, un angle obtus du côté d'amont. Dans cette position, ils sont tellement pressés par l'eau extérieure, qu'on ne pourrait les séparer, même en agissant sur les barres, qui servent de levier pour cet usage.

4. Les écluses divisent donc le canal en un certain nombre de parties qu'on appelle *biefs*. Par conséquent, il y a pour chacune d'elles, un *bief supérieur* et un *bief inférieur*. Dans les circonstances ordinaires, la porte d'amont est ouverte, et celle d'aval est fermée. De cette façon, l'eau est au même niveau dans le bief inférieur, et dans la *chambre,* ou *sas,* de l'écluse. Rien n'est alors plus facile que de faire passer un bateau de ce bief dans le sas. Cet effet obtenu, on ferme la porte d'aval, puis on ouvre, non pas la porte d'amont, mais la vanne dont elle est munie. L'eau du bief supérieur pénètre, par l'ouverture qu'on lui livre, dans le sas, dont il élève peu à peu le niveau. Enfin, quand ce dernier et le bief ont le même niveau, on ouvre la porte d'amont, et l'on fait passer le bateau. On exécute la même manœuvre, mais en sens inverse, pour introduire un bateau du bief supérieur dans l'inférieur.

CENT VINGT ET UNIÈME LEÇON

Canaux de navigation. (Suite.)

1. Suivant leur destination, les canaux de navigation se divisent *en canaux latéraux, canaux à points de partage* et *canaux maritimes.*

2. Les **canaux latéraux**, appelés aussi **canaux de dérivation**, ont pour objet de remplacer un cours d'eau naturel dont la navigation est imparfaite ou trop difficile à améliorer. Ils se construisent latéralement à ce cours d'eau, et dans la vallée même qu'il parcourt. Ils empruntent les eaux dont ils ont besoin, soit au cours d'eau dont ils tiennent lieu, soit à l'un de ses affluents. Enfin, on les compose de parties horizontales, ou biefs, réunies par des écluses. De cette façon, ils n'ont pas de courant sensible, et les bateaux peuvent les parcourir avec la même facilité, dans les deux directions. Il y a des canaux latéraux qui courent constamment le long du cours d'eau,

sans que les bateaux puissent passer de l'un dans l'autre ailleurs qu'aux deux extrémités de l'ouvrage. Dans d'autres, au contraire, les bateaux du cours d'eau peuvent passer dans le canal, et réciproquement, sur certains points du parcours. On obtient ce résultat en établissant, sur chacun de ces points, ce qu'on appelle une *descente en rivière*, c'est-à-dire un tronçon de canal formé de plusieurs sections séparées par des écluses.

3. Les **canaux à points de partage** sont destinés à réunir deux vallées contiguës. Ils doivent donc franchir les chaînes de montagnes ou de collines qui séparent toujours les vallées; par conséquent, ils présentent des pentes en sens opposés. On fait monter les bateaux sur l'une des pentes et on les fait descendre sur l'autre, au moyen de nombreuses écluses, qui sont échelonnées de manière à diviser chaque branche du canal en biefs à pente nulle. En général, on fait passer le canal par la partie la plus basse de la chaîne. Quant à son alimentation, on y pourvoit en rassemblant à grands frais, dans des réservoirs immenses, établis sur le point le plus élevé du parcours, les eaux qui descendent des hauteurs voisinent. Le plus grandiose travail de ce genre qui existe est notre *canal du Midi* ou *du Languedoc*, dont le bief le plus élevé, établi sur le col de Naurouse, près de Castelnaudary (Aude), est à 189 mètres au-dessus du niveau de la mer.

4. Les **canaux maritimes** servent à faire communiquer deux mers ensemble; ils sont généralement sans écluses. Tel est celui qui a été établi, dans ces dernières années, en Egypte, pour réunir la mer Rouge à la Méditerranée. Il commence à Suez, sur le golfe de même nom, dans la mer Rouge, et se termine à Port-Saïd, sur la Méditerranée, après un parcours de 160 kilomètres.

5. Les *canaux de dérivation* sont les seuls que les anciens aient connus; encore, même n'en firent-ils qu'un petit nombre. Le plus célèbre fut construit en Egypte pour joindre le Nil avec la mer Rouge. Les *ca-*

naux à points de partage sont, au contraire, d'origine moderne. Ils ont été la conséquence de l'invention des écluses à sas, faite en Hollande au treizième siècle, suivant les uns, en Lombardie, au quinzième, suivant les autres. Ces écluses furent introduites en France, entre 1515 et 1519, par Léonard de Vincy; mais on ne les employa d'abord que pour améliorer la navigation des rivières. Quelques années plus tard, l'ingénieur provençal Adam de Craponne ayant proposé d'en faire également usage pour mettre en communication les bassins des différents fleuves, ne put, pour diverses raisons, faire adopter ses idées. Le premier canal à point de partage qui ait été construit est celui de Briare, dont les travaux, commencés en 1604 par Hugues Crosnier, ne furent terminés qu'en 1642. Celui du Languedoc, dont nous avons parlé, fut conçu et exécuté par Riquet de Bonrepos, de 1666 à 1680. C'est de l'établissement de cet ouvrage célèbre que datent non seulement en France, mais encore dans toute l'Europe, les grandes entreprises de navigation artificielle. Quant aux *canaux maritimes*, l'idée en a été conçue à plusieurs époques ; mais, le seul qu'on ait construit jusqu'à présent est celui de Suez, l'un des ouvrages les plus remarquables qui soient sortis de la main des hommes.

CENT VINGT-DEUXIÈME LEÇON

Les *bateaux à vapeur*[1].

1. Jusqu'à notre siècle, c'est au moyen de *rames* mues par des hommes ou de *voiles* gonflées par le vent qu'on a fait marcher les navires. On se servait des rames aussi bien sur les mers que sur les fleuves et les rivières. Quant aux voiles, on les réservait généralement à la navigation des grands lacs et des mers. Mais l'action des rames était impuissante à faire remonter les courants rapides, et l'on y suppléait imparfaitement par le dur travail du halage. Quant aux

1. Pour les détails, voir HISTOIRE DE L'INDUSTRIE, quatorzième partie, chap. IV.

voiles, elles éprouvaient des obstacles insurmontables durant les calmes et les tempêtes, et, quand les vents étaient contraires, elles ne permettaient d'avancer qu'avec une excessive lenteur. A diverses époques, même chez les anciens, on essaya de vaincre ces difficultés en disposant sur les flancs des navires des *roues armées de palettes* qui étaient mises en mouvement par des hommes ou des animaux (*fig.* 68); mais ces tentatives n'eurent aucun succès : elles ne pouvaient même réussir qu'à la condition de trouver un moteur ayant une force infiniment plus grande et plus régulière que celle des moteurs animés. L'on ne fut en possession de cette force que lorsqu'on put appliquer la *machine à vapeur* aux besoins de l'industrie.

Fig. 68. — Roues des navires anciens.

2. La question de savoir quel est le premier qui a eu l'idée des **bateaux à vapeur** a donné lieu à de nombreuses controverses. Il est aujourd'hui absolument établi que cet honneur appartient à l'un de nos compatriotes, le médecin Denis Papin, c'est-à-dire à l'homme de génie à qui nous devons également la machine à vapeur. Dès 1690, au moment même où il venait de créer théoriquement cette dernière machine [1], Papin annonça qu'il serait possible de l'employer à faire tourner des roues à palettes disposées sur les côtés d'un bateau ; et, une dizaine d'années plus tard, se trouvant dans la Hesse, il fit construire, d'après ces principes, un petit bateau qui, essayé à Cassel, sur la Fulda, pendant l'été de 1707, fut brisé par des mariniers au moment où il se disposait à le conduire en Angleterre [2]. Au reste, la machine à vapeur était encore

1. Voyez ci-dessus pages 205-206.
2. Vingt-neuf ans après, c'est-à-dire en 1736, un mécanicien anglais, du nom de Jonathan Hulls, conçut un remorqueur à vapeur qui ne fut jamais

si imparfaite que son application à la marine n'eût pu donner que des résultats insignifiants. Elle ne devint même susceptible d'un emploi utile sous ce rapport, que soixante ans plus tard, après les perfectionnements indispensables introduits dans sa construction par James Watt.

3. Les recherches véritablement sérieuses ne sont pas antérieures à l'année 1760, c'est-à-dire à l'époque où Watt avait déjà exécuté ses premiers travaux. A partir de ce moment, elles devinrent de plus en plus nombreuses. Il y eut des expériences à Paris en 1774 et 1775, à Baume-les-Dames en 1776, à Lyon en 1783. Ces dernières furent faites par le marquis de Jouffroy, à la vue de milliers de spectateurs, dont elles excitèrent l'admiration. A la même époque, le problème de la navigation à vapeur était à l'étude presque partout ; mais, tandis qu'en Europe les essais avaient lieu sans persévérance, on y apportait en Amérique l'esprit de suite qui pouvait seul conduire au succès. En 1784, le gouvernement des Etats-Unis, voulant améliorer la navigation des immenses cours d'eau de ce pays, avait promis une forte récompense à celui qui procurerait aux bateaux chargés le moyen de remonter les rivières économiquement et avec une certaine vitesse. On comprit aussitôt qu'on ne pouvait remporter le prix qu'en employant la force motrice de la vapeur. Les expériences commencèrent en 1786. Elles duraient encore dix-sept ans après, quand des nouvelles arrivées d'Europe vinrent en rendre la continuation inutile.

4. Pendant que les essais dont nous venons de parler se poursuivaient aux Etats-Unis, on apprit qu'au mois d'août 1803, un citoyen américain, Robert Fulton, qui, depuis quelque temps, habitait la France, était parvenu à faire naviguer sur la Seine, à Paris, un petit bateau à vapeur, et que ce bateau s'était comporté à la satisfaction de son constructeur. C'est de cette époque seulement que date la réalisation pra-

exécuté : c'est à ce mécanicien que, pendant longtemps, les Anglais ont prétendu attribuer l'invention des bateaux à vapeur.

tique de la navigation à vapeur. Par reconnaissance pour l'accueil bienveillant que lui avaient fait notre gouvernement et nos savants, Fulton aurait voulu faire profiter la France du bienfait de son invention; mais, n'ayant pu y réussir, il la transporta dans son pays natal, auquel, du reste, il l'avait toujours spécialement destinée. Quatre ans après, le 11 août 1807, il lança, dans la rivière de l'Est, à New-York, le premier bateau qui ait véritablement servi. Ce bateau se nommait *le Clermont*. La manière dont il fonctionna dans les voyages d'essai qu'on lui fit exécuter, démontra aux plus incrédules les grands avantages de la navigation nouvelle, et, en quelques années, elle se trouva établie sur tous les grands fleuves des Etats-Unis. Elle pénétra en Europe, d'abord, par l'Angleterre, en 1812, puis en France, en 1816.

CENT VINGT-TROISIÈME LEÇON

Les *bateaux à vapeur*. (*Suite.*)

1. Dans le principe, on croyait que les bateaux à vapeur ne pouvaient servir qu'à la navigation fluviale : c'était même en vue de cette application restreinte que Fulton et presque tous ses devanciers avaient entrepris leurs recherches. L'expérience apprit bientôt qu'ils étaient également bons pour la navigation maritime. En 1815, on commença par longer les côtes. Un peu plus tard, on s'éloigna plus ou moins du rivage. Enfin, en 1825, un bateau anglais, l'*Entreprise,* s'élança en pleine mer et fit le voyage d'Europe dans l'Inde, aller et retour, avec un bonheur inouï. Dès ce moment, les bateaux à vapeur furent reconnus propres aux transports maritimes. Ce ne fut cependant qu'à partir de 1836 que, grâce aux perfectionnements de toute sorte apportés à leur construction, qu'ils purent entreprendre les voyages les plus prolongés, dans toutes es mers, par tous les temps, et dans toutes les saisons.

2. Pendant longtemps, les bateaux à vapeur ne furent employés qu'au transport des personnes et des

marchandises. En voyant les avantages qu'en retirait la marine commerciale, les gouvernements comprirent qu'ils pourraient aussi rendre de grands services à la marine militaire. Toutefois, l'impossibilité où l'on était de mettre les roues à l'abri des boulets ennemis, jointe à quelques autres difficultés inhérentes à leur mode de construction, ne fit d'abord voir en eux qu'un moyen de communication rapide et certaine, et ils ne purent devenir des navires de combat qu'après qu'on fut parvenu à remplacer les roues à palettes par une *hélice*.

3. Qu'est-ce donc qu'une **hélice?** Comme le montre le dessin (*fig.* 69), on appelle ainsi un appareil composé de lames de tôle fixées en spirale sur un arbre de fer. Cet appareil est placé parallèlement à la quille, dans une ouverture pratiquée à l'arrière, au-dessous de la ligne de flottaison. Une machine à vapeur lui imprime un mouvement de rotation très rapide.

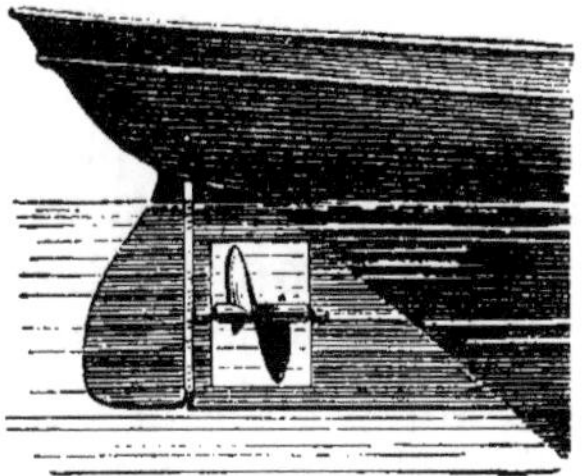

Fig. 69. — Hélice propulsive.

4. La plus ancienne tentative pour appliquer l'hélice à la propulsion des bateaux paraît avoir été faite au Havre, en 1693, par un nommé Duquet. Des essais du même genre eurent lieu par la suite, surtout à partir de 1803, en France, en Angleterre et aux Etats-Unis ; mais aucun de ceux qui les exécutèrent ne put réussir à produire un appareil applicable. Enfin, parurent le fermier anglais William Petit Smith et le capitaine suédois John Ericson qui, après des recherches commencées presque en même temps, et tous les deux en Angleterre, eurent le bonheur, pendant les années 1836-1837, d'établir des hélices véritablement propres à un service sérieux. C'est de cette époque que date la marine à hélice, et l'on sait que l'adoption du nouveau propulseur a complètement transformé la navigation maritime, aussi bien au point de vue commercial que sous le rapport militaire.

INDUSTRIE DES CHEMINS DE FER

CENT VINGT-QUATRIÈME LEÇON

Les *chemins de fer*[1].

1. On a compris de tout temps que pour aller commodément d'un lieu à un autre, il était nécessaire d'établir, entre le point de départ et le point d'arrivée, une bande de terrain disposée de manière à diminuer le plus possible la fatigue des hommes et des animaux. C'est à ces bandes de terrain que l'on donne le nom de **routes**. Elles sont aussi anciennes que la civilisation, et les différents peuples ont apporté à leur construction tous les soins que comportait le degré de culture auquel chacun d'eux était parvenu. A la suite de perfectionnements successifs, la même idée a conduit à l'invention des **chemins de fer.**

2. Comme les routes ordinaires, les chemins de fer se composent de parties rectilignes, soit horizontales, soit inclinées, réunies par des parties courbes. Leur grand avantage provient de ce que leur surface étant infiniment plus dure, plus unie et plus résistante, on peut y obtenir des vitesses plus grandes avec toute espèce de moteurs et, comme les frais de traction diminuent en même temps, il en résulte que les transports s'y opèrent avec plus de rapidité et, par conséquent, plus d'économie. Cet avantage est d'autant plus marqué que le moteur qu'on emploie a une puissance plus considérable ; mais, pour qu'il puisse se manifester complètement il faut que la voie ferrée présente des pentes très peu sensibles et des courbes excessivement douces. C'est pour cela qu'on leur fait franchir les vallons et les rivières sur des ponts nommés *viaducs*, les légères dépressions du sol au moyen de *tranchées*, enfin, les hauteurs importantes dans des galeries souterraines qu'on appelle *tunnels*, et qui, parfois, sont

---

1. Pour les détails, voir ARTS ET MANUFACTURES, tom. III, vingtième partie, chap. VII, sect. 2, et HISTOIRE DE L'INDUSTRIE, quinzième partie, chap. I.

longues de plusieurs kilomètres, comme à la Nerthe, près de Marseille, au mont Cenis et au Saint-Gothard. Les routes ordinaires nécessitent bien quelquefois des ouvrages du même genre, mais jamais dans des dimensions aussi considérables.

3. Les chemins de fer ont pris naissance en Angleterre ; c'est également dans ce pays qu'ils ont reçu leurs premiers perfectionnements. Quant à l'époque de leur origine, on la fait remonter au milieu du dix-septième siècle. On raconte à ce sujet qu'en 1630 un ingénieur français nommé Beaumont, qui était attaché au service d'une des houillères de Newcastle-sur-Tyne, imagina de rendre les transports plus faciles et moins dispendieux en faisant rouler les chariots sur des poutrelles disposées le long de la route. Cette innovation ayant produit les résultats les plus satisfaisants, fut adoptée par les propriétaires des autres mines, et quelques années suffirent pour la répandre dans toute l'Angleterre. Cependant, on ne tarda pas à s'apercevoir que les rails de bois s'usaient très vite, ce qui nécessitait des frais d'entretien très considérables. Pour en augmenter la durée, on commença par les revêtir d'une lame de fer (1738). Cet artifice n'ayant pas été aussi efficace qu'on l'avait espéré, on eut l'idée, sur plusieurs chemins, de se servir de rails de fonte (1766) ; mais le problème ne se trouva complètement résolu que lorsqu'on eut adopté l'usage des rails de fer forgé (1805). Or ce perfectionnement capital arriva juste au moment où l'emploi de la **machine locomotive** allait permettre aux voies ferrées de recevoir tous leurs développements.

CENT VINGT-CINQUIÈME LEÇON

Les chemins de fer. (Suite.)

1. La locomotive parut dans le courant de 1804 ; elle procura des vitesses bien supérieures à celles qu'on obtenait des chevaux, mais elle présentait des imperfections énormes, qui, malgré les efforts d'un grand nombre de constructeurs, ne furent complètement

supprimées qu'en 1829, époque à laquelle l'illustre ingénieur Georges Stéphenson eut le bonheur de triompher de tous les obstacles qui avaient arrêté ses devanciers. Dès ce moment, les voitures purent circuler avec une rapidité infiniment plus grande, et les chemins de fer, jusqu'alors exclusivement employés au transport des marchandises, purent également servir à celui des voyageurs. Dès ce moment aussi, les Anglais, comprenant l'utilité générale de ces merveilleuses voies de communication, se mirent à l'œuvre pour en sillonner leur pays. Le premier chemin construit en vue du transport des personnes fut destiné à joindre Manchester à Liverpool; on l'inaugura le 15 septembre 1830, en présence d'un foule immense accourue de plus de vingt lieues à la ronde.

2. A l'exemple de l'Angleterre, les autres contrées de l'Europe voulurent avoir aussi des chemins de fer. Le premier qu'ait possédé la France fut ouvert en 1828 : c'est celui de Saint-Etienne à Andrezieux, qui fut spécialement construit pour le transport de la houille. Quelques autres furent établis pendant les années suivantes; mais notre pays ne s'occupa sérieusement d'en multiplier le nombre et l'étendue qu'à partir de 1850. Il y a aujourd'hui des chemins de fer partout, jusqu'en Chine et au Japon; mais tous sont loin d'avoir la même importance, et l'on modifie leur construction suivant la destination spéciale qu'ils doivent recevoir. Il y en a même, appelés *chemins de fer américains* ou *tramways,* qui servent à transporter les personnes à de petites distances, soit dans l'intérieur des grandes villes, soit dans les campagnes environnantes, et dont les rails, pour ne pas gêner la circulation des voitures ordinaires, sont établis au niveau du sol, et portent une rainure pour recevoir le rebord des roues. Les chemins proprement dits n'ont d'autre moteur que la locomotive. Quant aux tramways, on y marche généralement avec des chevaux; quelquefois cependant avec de petites machines à vapeur ou à air comprimé.

———

CENT VINGT-SIXIÈME LEÇON

Les *voitures à vapeur* et la *locomotive*[1].

1. Au siècle dernier, quand la machine à vapeur se trouva suffisamment perfectionnée pour que l'industrie pût en tirer parti, l'idée vint naturellement de l'utiliser pour faire marcher les voitures sur les routes ordinaires, car les chemins de fer n'existaient pas encore. Quatre hommes, à peu d'années d'intervalle, conçurent la possibilité de cette application, le docteur écossais Robison, James Watt, déjà au comble de la célébrité, un officier suisse du nom de Planta, et l'ingénieur français Joseph Cugnot. Ce dernier fut le seul qui essaya de résoudre pratiquement la question. En novembre 1770, après de laborieux tâtonnements, il produisit un chariot à vapeur (*fig.* 70) qui, expérimenté à Paris, fut reconnu trop dé-

Fig. 70. — Premier essai de voiture à vapeur.

fectueux pour être d'un service utile[2]. Des tentatives analogues eurent lieu peu de temps après, en Angleterre et aux États-Unis, mais sans plus de succès.

2. Les choses prirent une tournure plus favorable au commencement de notre siècle. A cette époque, les houillères anglaises étaient déjà couvertes de petits

1. Voir pour les détails, HISTOIRE DE L'INDUSTRIE, quinzième partie, chap. II.

2. Ce chariot, communément désigné sous le nom de **fardier à vapeur**, existe encore ; il fait partie des collections du Conservatoire des arts et métiers, à Paris.

chemins à ornières, comme on appelait alors les chemins de fer, et les transports y avaient acquis une telle importance que les chevaux ne pouvaient plus suffire à la traction. Déjà même, s'agitait la question de savoir s'il n'y aurait pas quelque avantage à faire tirer les chariots par des cordes ou des chaînes mises en mouvement à l'aide de machines à vapeur fixes, placées de distance en distance tout le long du parcours.

3. Les esprits étaient dans cette disposition, quand Richard Trevithick, directeur des travaux dans une mine d'étain de Cornouailles, résolut de construire deux voitures à vapeur, l'une pour les routes ordinaires, l'autre spécialement destinée aux chemins de fer. En 1802, afin d'assurer ses droits d'inventeur, il prit une patente, tant en son nom qu'en celui de son cousin, André Vivian, qui devait fournir les fonds. La voiture pour les routes ordinaires fut exécutée la première. Elle marcha de manière à satisfaire son inventeur, qui la conduisit à Londres, où elle excita un très grand intérêt. Néanmoins, il la mit de côté, parce qu'il ne la crut pas capable de pouvoir être employée à un service régulier de transports. La voiture pour les chemins de fer fut construite, dans les derniers mois de 1803, aux forges de Pen-y-Darran, dans le pays de Galles. L'année suivante, elle servit, pendant quelque temps, à charrier le minerai et les produits de l'usine, après quoi on cessa de l'employer, parce que le chemin sur lequel on la faisait circuler, n'ayant pas été établi pour porter un poids si considérable, elle brisait à chaque instant les rails et les crampons qui les unissaient aux traverses. Tel fut le sort de la première **locomotive**. On voit par notre dessin (*fig.* 71) combien elle différait des machines de même nom qu'on emploie aujourd'hui.

4. Comme toutes les choses qui commencent, la machine de Trévithick était très grossièrement établie. Néanmoins, on l'avait vue à l'œuvre et la manière dont elle s'était comportée n'avait pas manqué d'attirer l'attention. Aussi, plusieurs mécaniciens se mirent-ils à étudier avec ardeur le nouveau mode de traction. Une difficulté singulière contraria longtemps leurs recherches. On

s'imaginait que la surface des rails et celle des roues étant polies, celles-ci devaient tourner sur place ou du

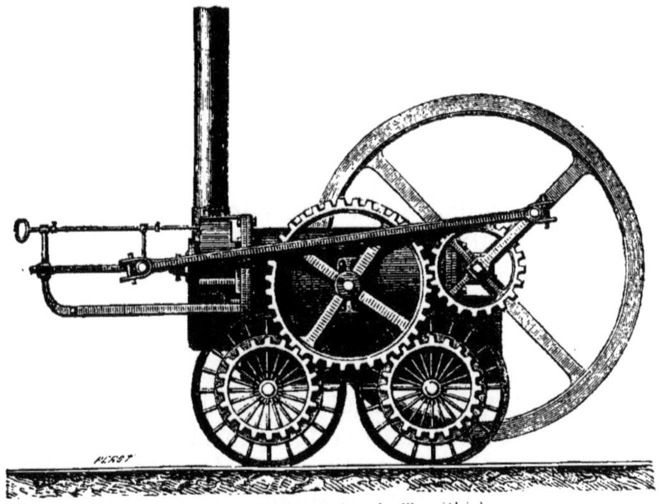

Fig. 71. — Locomotive de Trevithick.

moins n'avancer qu'en glissant. Cette erreur produisit des inventions plus ou moins bizarres. Enfin, dans le courant de 1813, un propriétaire de mines, Blackett, de Wylam, reconnut l'inutilité de toutes ces complications, et démontra expérimentalement qu'en raison des inégalités de surface que présente toujours le fer, aussi uni que le frottement puisse le rendre, les roues motrices des locomotives trouvent sur les rails un point d'appui suffisant, non seulement pour entraîner la machine, mais encore pour provoquer la marche de lourds convois, sous la condition cependant que la voie soit sensiblement de niveau ou du moins n'ait qu'une faible inclinaison.

CENT VINGT-SEPTIÈME LEÇON

Les voitures à vapeur et la locomotive. (Suite.)

1. La découverte de Blackett constitua un progrès très important. Néanmoins, pendant longtemps encore, les locomotives restèrent dans un état d'imperfection dont rien ne semblait pouvoir les faire sortir. Elles marchaient

10.

avec tant de lenteur et traînaient une si petite charge, qu'elles ne présentaient aucun avantage sur l'emploi des chevaux. Leur défaut capital provenait de la disposition de la chaudière qui, étant faite comme celle des machines fixes, n'avait pas, quelque dimension qu'on lui donnât, une surface de chauffe[1] assez considérable. Ce défaut ne disparut qu'en 1828, époque à laquelle un ingénieur français, Marc Séguin, alors directeur du chemin de fer de Saint-Etienne à Lyon, eut l'idée de remplacer la chaudière ordinaire par une *chaudière tubulaire* à tubes horizontaux[2]. Ce perfectionnement réalisé, une nouvelle difficulté se présenta. Elle résultait de l'impossibilité, due au peu d'élévation de la cheminée, d'obtenir un tirage suffisant à travers les petits tubes. Marc Séguin essaya d'y obvier en plaçant dans le foyer un ventilateur à force centrifuge qui était mis en mouvement par la machine elle-même; mais cette innovation ne produisit pas un effet satisfaisant. Ce fut Georges Stéphenson, devenu de simple ouvrier mineur un des plus habiles ingénieurs de l'Angleterre, qui eut le bonheur de résoudre définitivement la question. Depuis 1814, il s'occupait avec ardeur de la construction des locomotives. Il pensa que ces machines ne laisseraient plus rien à désirer si, adoptant la chaudière tubulaire de notre compatriote, on activait le *tirage par un jet de vapeur,* c'est-à-dire en lançant dans la cheminée la vapeur qui avait servi à faire mouvoir les pistons. La chaudière pourrait ainsi produire une plus grande quantité de vapeur, ce qui permettrait à la locomotive de traîner des charges plus lourdes et avec des vitesses plus considérables.

2. La première locomotive du nouveau système fut exécutée, en 1829, par Robert Stéphenson, sous la surveillance de son père, à l'occasion d'un concours ouvert par la compagnie du chemin de fer de Liverpool à Man-

---

1. On appelle **surface de chauffe** d'une chaudière l'étendue de la surface que cette chaudière présente à l'action directe du feu. Plus cette surface est grande, plus grande est la quantité de vapeur produite.

2. Les **chaudières tubulaires** sont ainsi nommées parce que, au lieu d'un seul gros cylindre soumis à l'action du feu, elles ont un grand nombre de petits tubes de cuivre de 30 à 50 millimètres de diamètre intérieur, et de 2 mètres 40 à 4 mètres de longueur. Le nombre de ces tubes est d'au moins 200, mais il dépasse souvent 300.

chester, et qui eut lieu du 6 au 14 octobre de la même
année. On la nomma la *Fusée,* en anglais *the Rocket.*
Elle satisfit seule, et au-delà, aux conditions imposées.
Le prix devait être accordé à la machine qui ferait en
moyenne 10 milles à l'heure. Or, sans être surmenée,
elle atteignit une vitesse de 25 milles[1]. Ce succès inouï
frappa d'étonnement. Il apprit au monde « qu'une puissance nouvelle venait de naître, puissance pleine d'activité et capable d'un travail illimité. » Dès ce moment, la
locomotive ne laissa plus rien à désirer ; et les chemins
de fer qui n'avaient encore servi qu'au transport des
marchandises, furent également propres à celui des
voyageurs, et devinrent la plus rapide des voies de
communication. Un progrès si extraordinaire était dû
uniquement, nous venons de le dire, à l'idée, si simple
en apparence, d'employer la chaudière tubulaire et de
placer dans la cheminée le tuyau d'échappement de la
vapeur.

3. Depuis Stéphenson, rien n'a été changé, quant aux
principes généraux, à la construction des locomotives.
On s'est borné à doter ces machines de tous les perfectionnements dont l'expérience a fait reconnaître l'utilité.
En outre, on y a introduit une foule de modifications de
détail suivant le service spécial qu'elles sont destinées
à faire, c'est-à-dire qu'elles doivent marcher à grande,
à moyenne ou à petite vitesse, ou être employées dans
des pays de plaines ou des pays de montagnes.

4. On a vu que la locomotive a dû son invention aux
essais entrepris, au siècle dernier, pour faire marcher
des voitures à vapeur sur les routes ordinaires. Depuis
1830, ces essais ont été renouvelés bien des fois à peu
près partout, et toujours sans succès pratique. On les a
repris de nouveau vers 1860, et cette fois on a obtenu
des résultats satisfaisants, parce qu'on a mieux compris
les circonstances dans lesquelles les **locomotives rou-
tières** ou **machines de traction**, comme on appelle
ces nouveaux véhicules, peuvent être d'un emploi
avantageux. Ces machines ne sont pas, en effet, destinées

---

1. En négligeant les fractions, le mille anglais vaut 1,609 mètres. Par
conséquent, 10 milles = 16.090 mètres et 25 milles = 37.225 mètres.

à marcher à de grandes vitesses, par conséquent, à transporter les personnes. Leur rôle véritable est de fonctionner à petite vitesse en traînant de lourds fardeaux. « Elles produisent alors moins d'encombrement que les attelages ordinaires et peuvent surtout rendre de grands services sur les routes accidentées, où elles peuvent dispenser des chevaux de renfort, et ainsi se suffire à elles-mêmes au moyen d'un accroissement momentané dans l'activité du foyer, sur les points de la route où la résistance est plus grande. »

TRAVAUX SOUS-MARINS

CENT VINGT-HUITIÈME LEÇON

Comment on travaille sous l'eau : *appareils de plongeur*[1].

1. De tout temps, le rêve de l'homme a été de pénétrer au fond de la mer, soit pour en sonder les mystères, soit pour en recueillir les trésors. Malheureusement, sa constitution ne lui permet pas de rester sous l'eau plus de deux minutes. Aussi le vœu de tous les siècles a été d'inventer des appareils propres à lui rendre possible le séjour sous-marin. Ces appareils sont la *cloche* et le *scaphandre*. On les emploie journellement, soit pour établir ou maintenir en bon état les fondations des ouvrages qui protègent les ports, soit pour détruire les écueils qui en rendent les abords dangereux ou réparer la carène des navires, soit enfin pour recouvrer les richesses englouties par les naufrages. On commence aussi à en faire usage pour la pêche du corail, des perles et des éponges.

2. La **cloche à plongeur** est ainsi appelée à cause de la forme qu'on lui donne habituellement, et qui ressemble assez à celle d'une cloche d'église. C'est une espèce de grande cuve de fonte (*fig.* 72), qui est suspendue, l'ouverture en bas et au moyen de chaînes, à une solide charpente établie sur un bateau ou sur le bord de l'eau, suivant le genre de travail qu'il s'agit

---

1. Pour les détails, voir HISTOIRE DE L'INDUSTRIE, dixième partie, chap. IV.

d'effectuer. Le haut de cette cuve est percé de plusieurs trous qui, fermés par des verres épais, sont destinés à laisser pénétrer la lumière du soleil. Une autre ouverture reçoit le bout d'un tuyau flexible, de cuir ou de forte toile caoutchoutée, qui communique par le bout opposé avec une pompe foulante placée dans le bateau. Enfin, dans l'intérieur de la cloche, règne une banquette et un marchepied circulaires, pour recevoir les hommes pendant la descente et la montée.

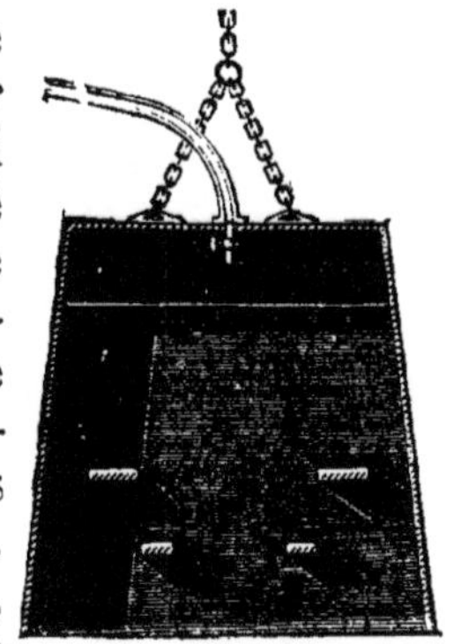

Fig. 72.
Coupe d'une cloche.

3. Pour entrer dans la cloche, on l'élève à un mètre ou un mètre et demi au-dessus de la surface de l'eau. Un bateau qui porte les ouvriers s'avance immédiatement au-dessous, et ceux-ci se hissent sur la banquette en s'aidant d'une corde pendante. Cela fait, le bateau se retire et la cloche s'enfonce graduellement. A mesure qu'elle descend, l'eau fuit sous les pieds des plongeurs, refoulée qu'elle est par l'air que la pompe, manœuvrée par de robustes compagnons, ne cesse d'envoyer. Enfin, quand elle est arrivée au fond de l'eau ou à une très faible distance, les ouvriers sautent à bas de leur siège et se mettent au travail (*fig.* 73). On conçoit qu'ils ne peuvent agir que dans les limites tracées par la cloche elle-même; aussi, quand ils ont achevé leur besogne sur un point,

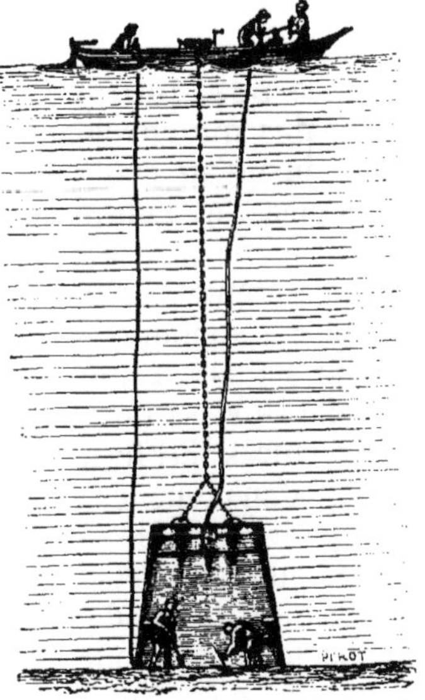

Fig. 73. — Cloche pendant le travail.

demandent-ils qu'on déplace leur prison.

4. Pour correspondre avec leurs camarades du bateau, les ouvriers de la cloche frappent sur le sommet de celle-ci avec un marteau, ou bien, se servant d'une cordelette qui a été disposée d'avance pour cela, ils leur envoient des planchettes sur lesquelles ils ont écrit avec de l'encre ou de la craie. Quand l'eau est très limpide, on y voit assez dans la cloche pour vaquer aux occupations les plus variées, même pour lire; mais aussitôt qu'elle devient agitée et boueuse, on est obligé d'avoir une lampe. Quant à la durée de l'immersion, il est assez rare qu'elle dépasse cinq heures consécutives.

CENT VINGT-NEUVIÈME LEÇON

Comment on travaille sous l'eau : *appareils de plongeur.* (*Suite.*)

1. Les cloches à plongeur sont faites pour recevoir deux à six hommes. Elles ont rendu et rendent encore de grands services. Toutefois, on ne les emploie plus guère aujourd'hui que dans les travaux sédentaires. Pour ceux qui demandent de la part des ouvriers du mouvement et de la liberté d'action, on leur préfère les scaphandres.

2. Le **scaphandre** consiste en un vêtement imperméable qui enveloppe le corps depuis la pointe des pieds jusqu'au cou (*fig.* 74). Ce vêtement est d'une seule pièce, et l'on y entre comme dans un sac. Pour que l'eau ne puisse pénétrer par les poignets, ceux-ci sont maintenus par des bracelets de caoutchouc, qui les forcent à s'appliquer sur la peau. Autour du cou, le vêtement s'ajuste à une espèce de collerette d'étain E, à laquelle se visse un casque d'acier. Ce dernier est muni d'ouvertures IBC fermées par des verres qui permettent de voir dans tous les sens. De plus, il porte deux trous, l'un pourvu d'une soupape s'ouvrant de dedans en dehors pour la sortie de l'air expiré, l'autre sur lequel se place un tuyau de cuir AT communiquant avec une pompe foulante, pour l'entrée de l'air frais. Au vêtement que nous venons de décrire, le plongeur ajoute des chaussures à semelles de plomb, et place sur la poitrine et les épaules des masses de même métal :

sans ces accessoires, il ne pourrait ni s'enfoncer dans l'eau, ni s'y maintenir.

3. Le *scaphandrier*, car c'est le nom que l'on donne à l'homme revêtu du scaphandre, descend dans l'eau au moyen d'une échelle de corde, ou bien se laisse glisser au moyen d'un câble. Arrivé au fond, il y travaille presque aussi facilement qu'à terre, l'air frais lui arrivant constamment par le tuyau de la pompe, et l'air vicié s'échappant à mesure par la soupape dont il vient d'être question. Il communique avec l'extérieur au moyen d'une cordelette attachée à sa ceinture, et dont le bout opposé est tenu par un homme assis dans un bateau, à côté de la pompe. En cas de danger, comme, par exemple, lorsque, ce qui est excessivement rare, un accident arrive à la pompe ou au tuyau, il se débarrasse de sa chaussure et

Fig. 74. — Le scaphandre.

des masses de plomb, et alors, à cause de l'air qui remplit le vêtement, il revient à la surface avec la rapidité d'une flèche. Observons, en passant, que la profondeur à laquelle il peut descendre n'est pas illimitée : elle ne dépasse pas 35 mètres. Au delà, la pression de l'eau compromettrait la vie du plongeur. A cette profondeur, on y voit assez pour travailler, pourvu que la mer soit limpide ; quand la lumière n'arrive pas d'une manière suffisante, on y pourvoit au moyen de lampes spéciales.

4. Les scaphandres sont d'autant plus utiles qu'ils permettent de former des ateliers aussi nombreux qu'on le juge nécessaire. On les emploie partout et à chaque instant, mais d'une manière beaucoup plus générale,

dans toutes les circonstances où l'on se servait autrefois des cloches. En outre, il y en a toujours au moins un à bord des grands navires de guerre.

5. Les appareils de plongeur étaient déjà connus, du moins dans un état rudimentaire, plusieurs centaines d'années avant Jésus-Christ. Toutefois, c'est seulement au siècle dernier qu'ils ont commencé à devenir d'un emploi véritablement utile, grâce aux perfectionnements de tout genre qu'ils reçurent en Angleterre. La première *cloche* propre à un bon service fut établie en 1716, par le physicien Edmond Halley. Les ingénieurs Smeaton, en 1788, et Rennie, en 1812, imaginèrent ensuite les dispositions générales qu'on donne aujourd'hui aux machines de ce genre. Quant aux *scaphandres*, les Anglais en avaient déjà à l'époque de Halley, même avant, dont ils se servaient avec avantage. Leur forme actuelle date de 1829, et paraît due aux ingénieurs Siebe et Deans. L'appareil de ces inventeurs jouit encore d'une grande faveur chez nos voisins : c'est celui que représente notre dessin ci-dessus.

AÉROSTATS

CENT TRENTIÈME LEÇON

Comment on s'élève dans les airs : *ballons et aérostats.*

1. Les **ballons** sont la contre-partie des appareils de plongeur. Tandis que les cloches et les scaphandres s'enfoncent dans l'eau, ils montent explorer les champs de l'atmosphère. Pour que ces machines puissent s'élever, il est indispensable qu'elles soient plus légères que le volume d'air qu'elles déplacent. Toutefois, leur ascension n'est pas indéfinie, car elles doivent toujours finir par rencontrer une couche d'air qui pèse autant qu'elles, à volume égal, et alors elles s'arrêtent forcément.

2. On distingue deux sortes de ballons : les *montgolfières* et les *aérostats.* Ce qui constitue essentiellement leur différence, c'est la nature de l'agent qu'on emploie pour les faire monter.

3. Les **montgolfières,** nous verrons bientôt pourquoi on les appelle ainsi, sont des globes de toile imperméable ou même simplement de papier, qu'on remplit d'air chaud. Pour les charger, il suffit de les gonfler, c'est-à-dire de chauffer fortement avec de la paille allumée ou tout autre combustible, l'air qu'elles contiennent, après quoi on leur donne la liberté. Elles s'élèvent alors, parce que l'air chaud qui les remplit pèse moins, à volume égal, que l'air froid qui les entoure ; mais, à mesure qu'elles montent, l'air chaud se refroidit graduellement, et quand ce refroidissement a amené la température de cet air au même degré que celle de l'air ambiant, elles ne tardent pas à tomber. On rend la chute un peu moins prompte en suspendant au-dessous de leur ouverture un réchaud rempli de matières enflammées, dont la chaleur conserve pendant quelque temps la température intérieure.

4. Les **aérostats** peuvent se faire avec les mêmes substances que les montgolfières, pourvu qu'elles soient imperméables. Quand ils sont destinés à emporter des personnes, on se sert d'étoffes de soie très fortes, fabriquées avec un soin tout particulier, et qu'on recouvre de plusieurs couches superposées de caoutchouc fluide. On les remplit avec du gaz hydrogène, qu'on obtient en mettant dans des tonneaux de l'eau, des morceaux de fer et de l'acide sulfurique. Ce gaz est éminemment propre à cet usage, car le mètre cube ne pèse que 90 grammes, tandis que le même volume d'air pèse 1,300 grammes : il reste donc 1,210 grammes, ou un peu plus d'un kilogramme, pour la force ascensionnelle, c'est-à-dire pour la force destinée à faire monter le ballon. Toutefois, comme il est assez dispendieux à fabriquer, on le remplace généralement, partout où il y a des usines à gaz, par le gaz d'éclairage, qui, ainsi que nous le savons, est de l'hydrogène carboné ; mais celui-ci est, en raison de sa composition, beaucoup moins léger que le précédent. Le mètre cube de ce gaz ne pèse, en effet, que 700 grammes, ce qui réduit sa force ascensionnelle à 610 grammes, et oblige d'augmenter proportionnellement les

dimensions du ballon pour emporter le même poids.

5. Les ascensions en ballon peuvent, à la rigueur, se faire avec les montgolfières. Néanmoins, en général, on emploie de préférence les aérostats, et, lorsqu'elles sont conduites avec toute la prudence convenable, elles ne présentent aucun danger. Les voyageurs se placent dans une légère nacelle d'osier suspendue à un solide filet qui enveloppe la machine. Une fois en l'air, ils sont dans l'impossibilité de se diriger. Ils peuvent seulement monter ou descendre. Pour s'élever davantage, ils vident un ou plusieurs sacs de sable, dont ils ont emporté une abondante provision en partant. Pour gagner la terre, ils font sortir une quantité convenable de gaz en ouvrant au moyen d'une corde une soupape établie au sommet du ballon. On conçoit que, dans le premier cas, l'aérostat devient plus léger du poids du sable qu'on a jeté, tandis que, dans le second, il devient plus lourd du poids de l'air qui s'y est introduit pour remplacer le gaz disparu. Quant à la hauteur à laquelle on peut s'élever, elle est excessivement variable. La plus grande qu'on ait atteinte est d'environ dix mille mètres : c'est celle qu'ont mesurée les aéronautes anglais Glaisher et Coxwel, le 5 septembre 1860. A cette distance de la terre, le froid est tellement intense, que les intrépides voyageurs faillirent périr, et ne durent qu'à un courage surhumain la force d'effectuer la manœuvre qui devait les ramener à terre.

6. Nous venons de voir qu'une fois en l'air, les aéronautes ne peuvent pas se diriger. Ils vont, en effet, à la garde de Dieu. Ce n'est pas qu'on n'ait cherché et qu'on ne cherche encore des moyens de direction; mais, jusqu'à présent, toutes les recherches ont absolument échoué.

CENT TRENTE ET UNIÈME LEÇON

Comment on s'élève dans les airs : *ballons* et *aérostats*. (*Suite.*)

1. A quoi servent les ballons? La réponse à cette question est fort simple. Les montgolfières ne sont employées que pour amuser la foule dans les fêtes publi-

ques. Les aérostats reçoivent également la même destination ; mais on y a aussi quelquefois recours, soit pour faire des expériences scientifiques, soit, en temps de guerre, pour exécuter des reconnaissances militaires. Mentionnons encore les services qu'ils ont rendus à notre pays dans les derniers mois de 1870 : sans eux, Paris assiégé n'eût pu communiquer avec le reste de la France.

2. Terminons par quelques notions d'histoire. L'idée de s'élever dans l'air se perd dans la nuit des temps. Néanmoins, c'est aux frères Etienne et Joseph Montgolfier, fabricants de papier à Annonay, qu'appartient véritablement l'invention des *ballons*. Après plusieurs essais exécutés en secret, et auxquels ils furent conduits par de profondes études scientifiques, ils lancèrent publiquement, le 5 juin 1783, dans leur ville natale, un immense globe de toile doublée de papier, qu'ils avaient rempli d'air chaud. C'est à cette circonstance que les ballons à feu doivent le nom de *montgolfières*, qui leur est resté.

3. L'expérience d'Annonay fit un bruit immense. Quand la nouvelle en arriva à Paris, on voulut la répéter aussitôt ; mais, comme on ne savait pas encore les moyens qu'avaient employés les Montgolfier, on résolut d'y suppléer. Le ballon fut fait en taffetas caoutchouté. Quant au gaz destiné à l'enlever, le physicien Charles indiqua l'hydrogène, et devint ainsi le créateur des *aérostats* proprement dits. L'ascension eut lieu au Champ-de-Mars, le 27 août 1783, en présence de plus de trois cent mille personnes, et avec le plus grand succès.

4. Le 12 septembre suivant, Etienne Montgolfier lança, dans la cour du château de Versailles, un ballon construit comme celui d'Annonay, et auquel il avait suspendu une cage contenant un mouton, un coq et un canard. Ces animaux étant arrivés à terre sans accident, on en conclut la possibilité des voyages aériens. Le physicien Pilâtre de Rozier et le marquis d'Arlandes exécutèrent la première entreprise de ce genre : le 21 novembre, dans le jardin de la Muette, au bois de Boulogne, ils osèrent monter dans une montgolfière qui alla les déposer à

l'extrémité opposée de Paris, après un trajet d'environ dix kilomètres. Quelques jours après, une deuxième ascension fut faite par le physicien Charles et un nommé Robert ; mais elle eut lieu dans des conditions bien différentes. De Rozier et d'Arlandes n'avaient fait qu'un acte d'audace, presque de folie ; les nouveaux aéronautes, au contraire, mûrirent parfaitement leur projet et préparèrent avec le soin le plus minutieux tout ce qui pouvait en assurer le succès. A cette occasion, Charles créa l'art aéronautique tel qu'il existe encore. L'ascension se fit avec un aérostat rempli d'hydrogène qui, parti le 1ᵉʳ décembre du jardin des Tuileries, alla descendre à neuf lieues de Paris. Dès ce moment, les voyages aériens se multiplièrent à l'infini, tant en France qu'à l'étranger. Le 7 janvier 1785, le Français Blanchard et le docteur anglais Jeffries exécutèrent le plus extraordinaire qu'on eût encore vu : ils traversèrent la Manche, de Douvres à Calais. Le 16 juin de la même année, Pilâtre de Rozier et un jeune homme du nom de Robert, en voulant faire une opération semblable, périrent misérablement près de Boulogne-sur-Mer, et furent ainsi les premières victimes de l'aérostation.

LA POSTE

CENT TRENTE-DEUXIÈME LEÇON

Utilité et histoire de la *Poste.*

1. Le transport régulier des correspondances est si utile, on peut même dire si indispensable, que, de tout temps, les grandes nations civilisées ont dû posséder, du moins à l'état rudimentaire, quelque chose d'analogue à notre **poste**. Malheureusement, nous n'avons que des renseignements très incomplets sur l'organisation de ce service aux époques antérieures au quinzième siècle.

2. La plus ancienne mention de la poste remonte au règne de Cyrus, roi de Perse, cinq cent soixante ans

av. J.-C. Les historiens racontent que ce prince, afin de pouvoir entretenir des communications régulières avec les provinces de son empire, avait établi sur les grands chemins une suite de stations, distantes l'une de l'autre d'une journée de marche, et où des hommes et des chevaux étaient prêts à partir au premier signal. Des relais de courriers royaux existaient aussi en Egypte et dans l'Inde[1].

3. Les Romains, malgré leur incontestable supériorité sur les autres peuples, connurent la poste fort tard, seulement à l'époque de Tibère ; mais, une fois qu'ils en furent en possession, ils lui donnèrent un développement régulier et considérable qu'elle n'avait jamais eu auparavant. Toutes leurs routes furent peu à peu pourvues de relais d'hommes, de chevaux, même de voitures, qui, d'abord, uniquement destinés aux transports des dépêches et des hauts fonctionnaires du gouvernement, finirent par être mis à la disposition du public.

4. Au cinquième siècle, les invasions des Barbares anéantirent les postes romaines, et il n'en restait plus qu'un vague souvenir quand on tenta de les restaurer en France. Ce fut Charlemagne qui l'essaya, mais l'œuvre qu'il était parvenu à réaliser sombra au milieu des troubles qui suivirent sa mort, et la poste française dut attendre le quinzième siècle pour reparaître, grandir et s'accroître jusqu'au point où nous la voyons aujourd'hui. Les mêmes faits durent se produire dans les autres parties de l'Europe ; mais nous ne nous occuperons ici que de notre pays.

CENT TRENTE-TROISIÈME LEÇON

Utilité et histoire de la *poste*. (*Suite.*)

1. L'origine de notre administration actuelle des postes date de Louis XI. Le 19 juin 1464, ce prince, adoptant un système de transport organisé, depuis 1296,

---

1. Au commencement du seizième siècle, quand les Espagnols arrivèrent au Pérou, ils y trouvèrent des relais, non de chevaux, mais d'hommes, établis de Cusco à Quito, les deux capitales du pays, sur une ligne d'environ cinq cents lieues.

par l'Université de Paris, pour faciliter les rapports de ses élèves avec leurs parents, établit sur les principales routes du royaume, des agents, appelés d'abord *maîtres tenant les chevaux du roy,* plus tard, *maîtres de poste,* pour faire porter, de relais en relais, les lettres et paquets qui leur seraient remis.

2. De même que chez les anciens, la *poste royale,* comme on l'appelait, ne servit d'abord qu'au roi, à ses ambassadeurs en pays étranger et à ses principaux officiers. A la fin du seizième siècle, les courriers furent autorisés à prendre les paquets des particuliers ; mais ils n'obtinrent la même latitude pour les lettres qu'en 1622, sous l'administration de M. d'Almeiras, directeur général ou, comme on disait, contrôleur général des Postes. Cette grande réforme fut complétée le 26 octobre 1627, par la publication du premier tarif régulier des lettres, dont la taxation avait été jusqu'alors presque entièrement laissée à l'arbitraire des commis. Enfin, 1629, on adopta un tarif semblable pour le transport des articles d'argent, en même temps qu'on organisa l'exception de la taxe pour les hauts fonctionnaires. Dès ce moment, la poste devint réellement et pour toujours un service public dont l'importance s'accrut d'année en année.

3. A l'époque de l'établissement de la poste, le transport des lettres se faisait à cheval. Plus tard, on y employa des voitures, auxquelles leur construction grossière ne permettait qu'une marche assez lente. En 1793, on importa d'Angleterre des véhicules moins lourds, qui furent appelés *malles-poste,* et qui faisaient en moyenne deux lieues à l'heure. En même temps, on multiplia le nombre des départs. Enfin, en 1840, on remplaça les malles par des voitures plus légères, nommées *briskas,* et également d'origine anglaise, qui franchissaient jusqu'à 16 kilomètres à l'heure, et qui n'ont disparu que devant les wagons des chemins de fer.

4. Jusqu'en 1829, toutes les communes rurales furent sans relations directes avec la poste. Pour retirer les lettres, les habitants des campagnes étaient obligés de se rendre au chef-lieu de canton, souvent même au chef-lieu d'arrondissement. Ce grand inconvénient commença

à disparaître dans le courant de cette année, où une loi spéciale établit le *factage rural*.

5. Remarquons, en passant, que pendant des siècles, les villes communiquaient entre elles et avec l'étranger, mais ne pouvaient pas communiquer avec elles-mêmes, c'est-à-dire que la poste ne se chargeait pas des lettres envoyées d'un quartier d'une ville dans un autre quartier de la même ville. En France, ce progrès fut réalisé, pour la première fois, à Paris, en 1760, par Pierron de Chamousset, conseiller à la Cour des comptes, qui prit pour modèle une institution analogue fondée à Londres, en 1680, par un nommé Dockwar[1]. Alors exista ce qu'on appela d'abord la *poste à un sou*, puis la *poste à deux sous* et, plus communément, la *petite poste*.

CENT TRENTE-QUATRIÈME LEÇON

Utilité et histoire de la poste. (Suite.)

1. Actuellement, l'administration française des postes se divise en deux branches distinctes : la *poste aux chevaux* et la *poste aux lettres*.

2. La **poste aux chevaux** a pour objet de transporter à grande vitesse les personnes et les choses, tant du gouvernement que des particuliers, moyennant, pour ces derniers, un prix fixé par un tarif spécial. Elle opère au moyen de relais établis de distance en distance et dirigés par des entrepreneurs particuliers, appelés *maîtres de poste*, qui, nommés par le gouvernement, sont tenus d'entretenir un nombre de chevaux déterminé. Ce service, très important autrefois, a disparu sur toutes les lignes où il existe des chemins de fer.

3. La **poste aux lettres** est exclusivement chargée du transport des lettres et, dans certains cas déterminés, des journaux et des articles de librairie. Elle se charge aussi de celui de l'argent et autres valeurs. Pour opérer ses transports, elle emploie, suivant les cas, la poste aux chevaux, des entreprises

---

1. Deux tentatives semblables avaient été faites à Paris, en 1653 et en 1662, mais sans pouvoir réussir.

à pied, à cheval ou en voiture, les chemins de fer, les navires du commerce ou des navires particuliers. Anciennement, elle avait des tarifs qui variaient avec les distances. Aujourd'hui, il n'existe qu'un seul tarif pour toutes les lettres qui ont la même destination et le même poids. Cette réforme capitale, qui existait déjà en Angleterre dès février 1840, a été introduite en France par une loi du 24 août 1848. Nous devons aussi à cette loi l'usage des *timbres-poste,* que les Anglais possédaient depuis 1839, et dont la première idée, émise à Paris en 1653 et reprise en Suède en 1823, n'avait pu, à aucune de ces époques, être réalisée pratiquement. Enfin, une loi du 20 décembre 1872 a établi la correspondance au moyen des *cartes-postales.*

4. Nous ne terminerons pas cette notice sur l'histoire de la poste sans dire quelques mots de l'emploi qu'on a fait des pigeons, à diverses époques, pour envoyer des dépêches. On sait que, lorsqu'on transporte un pigeon loin de son colombier, et qu'on le met ensuite en liberté, il part à tire d'aile et revient au point de départ. Pour en faire un messager, il suffit donc d'attacher une lettre légère à une partie de son corps, de manière qu'elle ne puisse gêner ses mouvements.

5. L'origine de la *poste aux pigeons,* comme on appelle ce mode de correspondance, se perd dans l'antiquité. Le fait date donc de loin. Toutefois, ce sont les Arabes qui ont su les premiers en tirer parti, du moins d'une manière suivie. Dès le huitième siècle, ils avaient établi un service de pigeons qui, se relayant de distance en distance dans des tours disposées à cet effet, transmettaient les nouvelles de Bagdad à Alep et plus tard au Caire, avec une rapidité prodigieuse. Ce service existait encore au dix-septième siècle. Dans l'Europe moderne, on a eu très souvent recours aux pigeons messagers ; mais c'est surtout pendant la guerre atroce que nous ont faite les hordes prussiennes qu'on a pu apprécier leur admirable utilité. Sans ces coureurs aériens et sans les ballons, Paris bloqué se fût trouvé, durant cinq longs mois, absolument isolé du reste de la France.

TÉLÉGRAPHIE

CENT TRENTE-CINQUIÈME LEÇON

Ce qu'on entend par *télégraphie*[1].

1. Conformément à son étymologie[2], la **télégraphie** est l'art de transmettre au loin des dépêches au moyen de signaux. Toutefois, des signaux convenus à l'avance et qui ne doivent servir qu'à un moment déterminé ne constituent pas un système télégraphique. La télégraphie n'existe réellement que lorsqu'on peut communiquer une pensée quelconque à une distance plus ou moins grande, avec une vitesse relativement considérable et sans déplacement de personnes ou de choses.

2. Dès les temps les plus anciens, les hommes ont su communiquer entre eux à des distances éloignées. L'histoire nous apprend, en effet, que les peuples de l'antiquité se servaient de feux, d'étendards et même du son des instruments de musique, surtout des trompettes, pour annoncer les mouvements des armées ou des événements attendus ; mais, ainsi que nous venons de le faire remarquer, ce n'était pas là de la vraie télégraphie. Les Macédoniens seuls eurent un système télégraphique proprement dit, qu'ils communiquèrent plus tard aux Romains, et dans lequel les signaux se faisaient au moyen de fanaux combinés de manière à représenter des lettres ou des mots.

3. Chez les modernes, l'art télégraphique n'est devenu pratique qu'à la fin du siècle dernier. Depuis cette époque, il s'est successivement enrichi de perfectionnements, qui l'ont amené à l'état de perfection où nous le voyons. Dans le principe, on opérait en plein air et à l'aide de signaux que l'œil reconnaissait : c'était la *télégraphie aérienne.* Actuellement, on se sert de l'électricité pour agent de transmission : c'est la *télégraphie électrique.*

1. Pour les détails, voir Histoire de l'Industrie, dix-septième partie.
2. Du grec *télé*, de loin, et *graphô*, écrire.

CENT TRENTE-SIXIÈME LEÇON
Télégraphie aérienne.

1. C'est en France qu'a été inventé le premier système de **télégraphie aérienne** dont on ait pu se servir. Voici à quelle occasion. Au commencement de la Révolution, notre pays se trouvant à la veille d'entrer en lutte avec toute l'Europe, il était d'une extrême importance que le gouvernement eût un moyen, à la fois rapide et secret, de transmettre ses ordres aux armées chargées de repousser l'ennemi. Ce moyen fut trouvé, vers la fin de 1791, par un ecclésiastique, du nom de Claude Chappe, qui, à ses moments de loisir, s'occupait de recherches de physique. Après de nombreuses expériences faites sous les yeux de commissaires désignés par le gouvernement, et qui réussirent admirablement, le système de cet ecclésiastique fut établi entre Paris et Lille. L'inauguration de cette ligne eut lieu le 1er septembre 1794, et la première dépêche qu'elle envoya fut une glorieuse nouvelle : la reprise de la ville de Condé sur les Autrichiens. Dès ce moment, le sort de la télégraphie aérienne se trouva définitivement assuré, et des mesures furent prises pour mettre nos principales places frontières en communication avec Paris. Presque aussitôt, les gouvernements étrangers, apprenant le succès de l'invention de notre compatriote, s'empressèrent d'en doter leurs États ; mais ce ne fut presque toujours qu'en y apportant des modifications plus ou moins heureuses.

2. Beaucoup de personnes ont pu voir fonctionner le télégraphe de l'abbé Chappe. Une ligne établie d'après ce système se composait d'une suite de tourelles construites sur des lieux élevés, et distantes de 12 à 15 kilomètres. Chacune de ces tourelles était surmontée d'un mât, haut de 4 à 5 mètres, à l'extrémité duquel se trouvait un fléau, mobile en son milieu, et portant à chaque bout une espèce de bras qui tournait également autour d'un axe. On faisait mouvoir ces trois pièces, soit isolément, soit deux à deux, soit toutes ensemble, à

l'aide de poulies et de cordes qui communiquaient, dans l'intérieur de la tourelle, à une manivelle placée sous la main d'un employé. Elles prenaient ainsi différentes positions relatives qui formaient des figures ayant un sens convenu, et, pour mieux les apercevoir, chaque poste était muni d'excellentes longues-vues. La rapidité des transmissions dépendait de l'état de l'atmosphère et de l'habileté des employés ; mais, en général, quand les conditions étaient très favorables, on ne pouvait guère envoyer, en moyenne, plus d'un signal par minute.

3. Le télégraphe aérien rendait d'immenses services. Néanmoins, il avait deux défauts excessivement graves. D'une part, il était sans utilité pendant la nuit. D'autre part, le brouillard empêchait d'apercevoir les signaux pendant une grande partie de l'année. Aussi, dans les moments où les messages étaient nombreux, la moitié seulement des dépêches arrivait à destination le jour de leur date. Quant à la seconde, elle ne faisait qu'une partie du trajet par le télégraphe et était réexpédiée par la poste. Ces inconvénients avaient vivement préoccupé tous les gouvernements ; mais l'invention de la télégraphie électrique fit abandonner les recherches entreprises pour y remédier, au moment même où le succès paraissait devoir les couronner.

CENT TRENTE-SEPTIÈME LEÇON

Télégraphie électrique.

1. La possibilité d'employer l'électricité à la transmission des dépêches a été exposée, pour la première fois, au mois de février 1753, par le physicien écossais Charles Marshal. Cette idée fut reprise plus tard par Lesage, en Suisse, Lomond, en France, Reiser, en Allemagne, Salva et Bettancourt, en Espagne ; mais tous ces savants se bornèrent à produire des appareils de cabinet, des espèces de joujoux, et leurs systèmes n'auraient pu être employés sur une échelle quelque peu considérable, parce que les moyens qu'on avait de leur temps pour développer le fluide électrique étaient trop imparfaits.

2. Les choses changèrent de face au commencement de ce siècle, après la découverte de la *pile* par le professeur italien Volta, surtout à partir de 1820, après les travaux du physicien danois Œrsted, et du physicien français Ampère, sur la déviation de l'aiguille aimantée par le courant de la pile. Dès ce moment, une foule de chercheurs se mirent à l'œuvre. Enfin, la **télégraphie électrique** fut pratiquement réalisée en 1837, et dans trois pays à la fois, en Angleterre, par Wheatstone, en Bavière, par Steinheil, aux Etats-Unis, par Samuel Morse. Les Anglais et les Américains adoptèrent aussitôt la nouvelle invention. Elle avait même déjà reçu chez eux un développement énorme, que les autres contrées en étaient encore aux essais. La première ligne qu'il y ait eu en France est celle de Paris à Rouen, qui, établie en vertu d'une ordonnance du roi Louis-Philippe, en date du 23 novembre 1844, fut inaugurée le 18 mai de l'année suivante.

3. Les appareils qu'emploie la télégraphie électrique sont beaucoup trop compliqués pour que nous puissions les décrire. Nous dirons seulement sous quelle forme ils transmettent les dépêches. Sous ce rapport, on distingue trois sortes principales de télégraphes : les *télégraphes à aiguilles*, les *télégraphes à cadran* et les *télégraphes écrivants*.

4. Dans les **télégraphes à aiguilles,** les signaux sont faits par la déviation d'une ou plusieurs aiguilles aimantées. Comme ils ont le défaut de ne conserver aucune trace des transmissions, on ne s'en sert plus aujourd'hui, du moins sur les lignes d'une certaine étendue. — Dans les **télégraphes à cadran,** une aiguille, semblable à celle des horloges, indique des lettres et des chiffres peints sur un cadran. Ils ont le même défaut que les précédents. Néanmoins, comme ils sont d'un maniement très facile, les administrations des chemins de fer en font un très fréquent usage pour les besoins de leur service.

5. Les **télégraphes écrivants** transmettent les nouvelles en traçant sur des bandes de papier des lignes plus ou moins longues ou des points qui for-

ment une écriture de convention. Les grandes lignes n'en emploient pas d'autres, parce qu'ils ont l'avantage de conserver les dépêches, ce qui met à l'abri de beaucoup d'erreurs, et donne un moyen de contrôle très utile dans beaucoup de circonstances. Parmi les appareils de ce genre, certains, et ce sont les *télégraphes écrivants proprement dits,* produisent les points et les lignes, tantôt à l'aide d'un poinçon qui perce le papier, tantôt à l'aide d'un crayon ou d'une espèce de plume munie d'encre. D'autres impriment les dépêches en caractères d'imprimerie, et sont appelés, pour ce motif, *télégraphes imprimants.* Enfin, d'autres transmettent l'écriture même de l'expéditeur : on les désigne sous le nom de *télégraphes autographiques.*

6. Malgré son extrême rapidité, la télégraphie électrique ne peut suffire, dans les grandes capitales, à transmettre en temps opportun les dépêches qu'on lui confie, tant le nombre de celles-ci est considérable. On y supplée depuis quelques années au moyen de la **télégraphie pneumatique** ou **poste atmosphérique**. A cet effet, on établit sous le sol des rues, entre les lieux à desservir, un tube hermétiquement clos, dans lequel circulent des boîtes renfermant les dépêches. Pour mettre ces boîtes en mouvement quand elles sont chargées, il suffit de tourner un robinet en rapport avec un réservoir d'air comprimé. L'air, s'échappant aussitôt avec violence, pénètre dans le tube et pousse les boîtes devant lui de la même manière que les gaz de la poudre chassent la balle ou le boulet.

ÉLECTRO-MÉTALLURGIE

CENT TRENTE-HUITIÈME LEÇON

En quoi consiste l'*électro-métallurgie*[1].

1. Disons d'abord quelques mots sur ce qu'on entend par *électricité*. On appelle ainsi un agent mystérieux

---

[1]. Pour les détails, voir ARTS ET MANUFACTURES, t. II, septième partie, chap. IX ; et HISTOIRE DE L'INDUSTRIE, seizième partie, ch. II, sect. 3.

qui, suivant les circonstances, produit des effets d'attraction, de répulsion, de chaleur, de lumière, de décomposition, etc., et qui se présente à nous avec tous les caractères d'un principe universel. La nature de cet agent est absolument inconnue; elle semble même destinée à rester impénétrable à notre esprit. Au contraire, les phénomènes auxquels il donne naissance sont appréciables aux yeux avec une facilité extrême, et leur puissance est aussi admirable que leur variété est inépuisable. Pour qu'ils se manifestent, il est toujours nécessaire que les corps soient soumis à certaines actions. Tantôt, l'électricité se développe par le simple frottement, tantôt, au contraire, par le contact de deux métaux. Dans le premier cas, on l'appelle *statique,* parce qu'elle se tient en repos à la surface des corps; dans le second, on la nomme *dynamique* ou *à courant continu,* parce que, au lieu d'être stationnaire, elle circule le long des corps conducteurs, c'est-à-dire qui se prêtent à cette circulation. C'est cette dernière qu'emploient la télégraphie et l'électro-métallurgie. Pour la produire, on se sert d'appareils spéciaux, appelés *piles électriques,* dont il existe un très grand nombre d'espèces, mais dans lesquelles les deux extrémités portent toujours le nom, l'une de *pôle positif,* l'autre de *pôle négatif.*

2. Après ces notions préliminaires indispensables, il est facile de comprendre l'objet de l'**électro-métallurgie**. Si, après avoir dissous un métal dans un liquide convenable, on plonge dans cette dissolution, après l'avoir suspendu au pôle négatif d'une pile, un objet naturellement conducteur de l'électricité ou rendu tel par un moyen quelconque, et qu'ensuite on réunisse le pôle positif au pôle négatif de cette même pile, sous l'influence de l'électricité qui se développe aussitôt, la dissolution se décompose et abandonne le métal, qui va se déposer, à l'état de pureté parfaite, sur l'objet destiné à le recevoir. On peut donc définir l'électro-métallurgie : l'art de précipiter, par l'action d'un courant électrique, un métal dissous dans un liquide, sur un corps conducteur de l'électricité. Cet art se divise en deux branches :

si le métal précipité ne doit pas adhérer sur l'objet, on fait de la *galvanoplastie;* si, au contraire, il doit être adhérent, on fait de l'*électro-chimie.*

3. La **galvanoplastie** emploie surtout le cuivre. Elle sert principalement à produire des pièces pour la décoration des meubles et des habitations. On y a également recours pour faire des planches à l'usage des graveurs en taille-douce, et des clichés typographiques. L'**électro-chimie** met en œuvre tous les métaux; elle en recouvre les objets faits de métaux communs, tantôt pour leur donner l'aspect des métaux précieux, tantôt seulement pour les rendre moins altérables. Suivant le métal employé, elle se nomme *dorure, argenture, cuivrage,* ou *nickelage galvanique.*

4. L'*électro-métallurgie* a son origine dans l'invention de la pile (1799), dont elle peut être regardée comme une des plus belles conséquences. Quoique le fait sur lequel elle repose ait été connu dès 1800, ce n'est cependant qu'après plus de trente ans qu'il a pu devenir le point de départ d'applications utiles. Des deux branches qui la constituent, la *galvanoplastie* parut la première. Elle fut réalisée en 1837, à quelques mois d'intervalle : d'une part, en Russie, par le physicien Jacobi; d'autre part, en Angleterre, par le physicien Thomas Spencer. Les travaux de ces savants eurent un immense retentissement, et bientôt dans toute l'Europe, on rivalisa d'efforts pour en faire profiter l'industrie.

5. La galvanoplastie inventée, la pensée d'en appliquer les procédés à la dorure et à l'argenture vint naturellement à une foule d'esprits. Ce nouveau problème fut résolu, en 1840, par deux manufacturiers de Birmingham, les frères Henri et Richard Elkington, et, l'année suivante, un de nos compatriotes, le physicien Henri de Ruolz, dont le nom est devenu populaire, formula, pour la première fois, les conditions indispensables au succès des opérations. A partir de ce moment, l'*électro-chimie* se trouva un fait accompli. On s'est borné depuis à en perfectionner les procédés et en multiplier les usages.

INVENTIONS DIVERSES

CENT TRENTE-NEUVIÈME LEÇON

Horloges, pendules, montres[1].

1. Jusqu'au dixième siècle, on s'est servi, pour mesurer la durée, de *cadrans solaires*, de *clepsydres* et de *sabliers*. Dans les cadrans, l'heure était marquée par la coïncidence de l'ombre d'une verge de fer avec des lignes tracées sur une surface préparée pour cela. Dans les clepsydres, c'était par l'écoulement d'une certaine quantité d'eau d'un vase dans un autre. Les sabliers fonctionnaient de la même manière que les clepsydres, sauf que l'eau y était remplacée par du sable fin. Tous ces appareils remontaient à l'origine même de la civilisation, mais ils avaient le défaut de ne donner que des indications simplement approximatives.

2. Plus heureux que les anciens, les modernes possèdent des instruments qui, établis et entretenus avec soin, marquent l'heure avec une exactitude rigoureuse. Ce sont les *grosses horloges* pour l'extérieur des édifices, les *pendules* pour l'intérieur des maisons, et les *montres* pour être portées par les personnes. Tous ces instruments se composent d'un assemblage de roues et de pignons qui font marcher des aiguilles sur un cadran ; mais ils diffèrent par le moteur qui actionne les roues. En outre, ils ont paru à des époques différentes.

3. Les **grosses horloges** sont les plus anciennes ; elles datent du dixième siècle. On sait que le mouvement y est produit par la descente d'un *poids* attaché, à l'aide d'une corde, à l'arbre de la roue principale. On en attribue l'invention au moine Gerbert, d'Aurillac, un des hommes les plus savants de son temps, qui devint pape en 999 sous le nom de Silvestre II. A la fin du treizième siècle, parurent les premières **pendules**, qu'on appela d'abord *horloges de chambre*. Elles étaient absolument construites comme les précédentes, sauf qu'elles

_____
1. Pour les détails, voir Histoire de l'Industrie, dix-neuvième partie.

avaient de moindres dimensions. Très rares dans le principe, elles devinrent peu à peu communes, surtout à partir de 1460, époque à laquelle on imagina de remplacer leur poids par un *ressort* tourné en spirale. Cette innovation, dont on fait honneur à l'horloger parisien Carovage, suggéra l'idée de faire des instruments assez petits pour être portés par les personnes. Alors parurent les *horloges de poche*, auxquelles on donna aussi le nom de **montres**, qui seul est resté. Il y en avait déjà au commencement du seizième siècle, peut-être même à la fin du quinzième.

4. Pendant longtemps, les instruments dont nous venons d'indiquer l'origine, furent loin de marcher avec régularité; mais, dès le milieu du dix-septième siècle, les savants et les principaux horlogers de tous les pays se mirent à la recherche de perfectionnements et leurs efforts furent couronnés du plus éclatant succès. En 1656, le mathématicien hollandais Huyghens fit adopter l'emploi du *pendule* pour régulariser la marche des grosses horloges et des horloges de chambre. En 1675, le même savant dota les montres du même progrès en y adaptant le régulateur à *ressort spiral*. En 1676, trois horlogers anglais, Tompion, Quare et Barlow, inventèrent les *montres à répétition*. Enfin, vers 1736, John Harisson, autre horloger anglais, fit les premières *montres marines*, que Julien Leroy introduisit presque aussitôt en France.

CENT QUARANTIÈME LEÇON

Poudre à canon[1].

1. Une invention a eu le privilège d'exciter la susceptibilité des moralistes : c'est celle de la **poudre à canon** ou **poudre de guerre**. Suivant le point de vue auquel on se place, cette substance est une bonne ou une mauvaise chose ; si elle permet d'attaquer, elle permet aussi de se défendre ; d'ailleurs elle a rendu et elle rend chaque jour à l'industrie des services si nom-

1. Pour les détails voir HISTOIRE DE L'INDUSTRIE, neuvième partie, section 3, et dixième partie, chap. II.

breux et si considérables, que si elle n'existait pas, on serait obligé de l'inventer.

2. On sait que la poudre est un mélange de charbon de bois, de soufre et de salpêtre[1] ; mais, pour qu'elle possède les propriétés qui la font rechercher, il faut que ces substances soient employées dans un grand état de pureté et dans des proportions déterminées. Ces proportions varient suivant l'usage particulier qu'on veut faire de la poudre, c'est-à-dire qu'elle doit servir à tuer le gibier (*poudre de chasse*), à charger les armes de guerre (*poudre de guerre*), ou à exploiter les mines et les carrières (*poudre de mine*).

3. Aucune invention n'a donné lieu à autant de controverses que celle de la poudre. On en a fait honneur aux Chinois, aux Indiens, aux Arabes, ainsi qu'à plusieurs savants du moyen âge, surtout au moine anglais Roger Bacon et aux moines allemands Albert le Grand et Berthold Schwartz. La vérité est qu'on ignore absolument où, par qui et à quelle époque elle a été faite. Tout ce qu'il est permis de présumer, c'est que la poudre n'a pas été le résultat de recherches savantes : elle s'est rencontrée accidentellement, on ne sait à la suite de quelles circonstances, parmi les compositions incendiaires dont les peuples orientaux se servaient, de temps immémorial, dans leurs guerres. Dans tous les cas, elle était déjà connue, vers 1250, chez les Grecs de Byzance, les Arabes du nord de l'Afrique et les Maures d'Espagne, et une cinquantaine d'années plus tard, on commençait à l'employer en Italie, en France et en Allemagne.

4. En inventant la poudre, on s'était uniquement proposé de fournir aux hommes un moyen de destruction supérieur à ceux qui existaient. Aussi pendant longtemps n'a-t-elle eu d'emploi que dans les sièges et sur les champs de bataille. Ce n'est même qu'assez tard qu'on lui a trouvé des applications pacifiques, car son usage dans l'exploitation des carrières n'est pas antérieur à la

---

1. On appelle **salpêtre** ou **nitre** une matière qui existe toute formée dans la nature, et qui résulte de la combinaison de l'acide nitrique et de l'oxyde de potassium : c'est le *nitrate* ou *azotate de potasse* des chimistes.

fin du seizième siècle, et dans celle des mines au commencement du dix-septième. Depuis cette époque, elle est devenue, entre les mains des ingénieurs, un moyen d'action tellement précieux, aussi bien pour l'extraction des richesses souterraines et des matériaux de construction, que pour l'exécution des travaux publics, que sans elle une multitude de grandes entreprises eussent été impossibles. De nos jours, on a plusieurs fois essayé de la remplacer par de nouvelles compositions, les unes moins coûteuses, les autres douées d'une plus grande puissance. Une seule de ces compositions, la **dynamite**[1], a pu devenir pratique. Inventée en 1866 par M. Alfred Nobel, ingénieur suédois, elle est devenue, depuis cette époque, d'un usage universel : d'une part dans l'industrie, pour exploiter les mines et les carrières, percer les tunnels, extraire les roches sous-marines, etc. ; d'autre part, dans l'art militaire, pour démolir les maçonneries, renverser les obstacles et charger les torpilles. On y a également recours, en agriculture, pour faire des défonçages profonds.

CENT QUARANTE-UNIÈME LEÇON

Caoutchouc et *Gutta-percha* [2].

1. Un grand nombre d'arbres ou d'arbustes renferment des substances plus ou moins liquides qui en découlent, soit spontanément par les gerçures naturelles de l'écorce, soit artificiellement par des entailles faites à dessein. Les *gommes* et les *résines* sont des substances de ce genre. Il en est de même du *caoutchouc* et de la *gutta-percha*, dont les applications sont devenues si importantes depuis une quarantaine d'années, que nous devons leur consacrer une de nos petites leçons.

2. Le **caoutchouc**, appelé aussi **gomme élastique**, est fourni par différents arbres du Brésil, du Pé-

---

1. La **dynamite** n'est autre chose que du sable poreux imprégné de *nitroglycérine*, et l'on donne ce dernier nom à un liquide huileux qui s'obtient en traitant la glycérine par un mélange d'acide sulfurique et d'acide nitrique.

2. Pour les détails, voir HISTOIRE DE L'INDUSTRIE, vingtième partie.

rou, de la Guyane, de l'Inde et de la côte occidentale d'Afrique. On se le procure en incisant le tronc des arbres. Il est fluide quand il s'écoule ; mais, au contact de l'air, il s'épaissit peu à peu et finit par devenir solide : il ressemble alors à du cuir mou. Celui d'Amérique a été connu le premier. En 1736, le voyageur français la Condamine, qui avait eu l'occasion de le connaître dans les forêts du Pérou, en signala l'existence à l'Europe. Quelques années plus tard, le commerce s'en étant procuré de petites quantités, des savants purent en étudier avec soin les propriétés. Toutefois, on ne sut d'abord l'utiliser que pour effacer les traces du crayon sur le papier et faire des balles à jouer ; mais à mesure qu'il devint plus abondant, on s'empressa de lui chercher de nouveaux emplois. Ce ne fut cependant qu'en 1820 que ses applications commencèrent à se développer sérieusement, et en 1836, l'Américain Charles Goodyear, en imaginant d'y incorporer du soufre, donna le moyen de les multiplier en quelque sorte à l'infini.

3. La **gutta-percha** est produite par un arbre qui n'a encore été trouvé que dans les îles de la Malaisie. Elle se récolte de la même manière que le caoutchouc. Certains de ses caractères le rapprochent de celui-ci, mais elle s'en distingue par des propriétés spéciales qui permettent de l'employer dans une foule de circonstances où il serait inapplicable. On ne la connaît en Europe que depuis 1844, époque à laquelle, sur les indications du docteur Montgomerie, de Singapore, les Anglais commencèrent à la travailler. Dans le courant de la même année, des renseignements semblables arrivèrent, de la même ville à Paris, par les soins d'une ambassade que le gouvernement français avait envoyée en Chine.

CENT QUARANTE-DEUXIÈME LEÇON

Plumes à écrire, encre, crayons.

1. C'est avec des *roseaux* d'un très petit diamètre qu'on a d'abord écrit avec de l'encre sur le parchemin et le papier. Il est déjà question de cet usage dans la Bible à l'époque du roi David. Il existe même encore

chez plusieurs peuples orientaux. Les *plumes d'oiseau* commencèrent à être employées environ cent ou cent cinquante ans après Jésus-Christ, mais elles ne remplacèrent entièrement les roseaux que vers le neuvième ou le dixième siècle. Quant aux *plumes métalliques,* bien qu'elles ne soient devenues à la mode qu'à notre époque, elles ont cependant une origine très ancienne. Il a été, en effet, établi que, dès le sixième siècle, les patriarches de Constantinople s'en servaient pour signer leurs actes; on sait aussi que, pendant le moyen âge, dans plusieurs couvents, elles faisaient partie du bagage des copistes, et qu'au dix-septième siècle, les instituteurs de Port-Royal en donnaient à leurs écoliers. Dans tous les cas, elles n'ont commencé à se répandre qu'à partir de 1820, époque à laquelle, en employant des matières bien choisies et des moyens d'exécution perfectionnés, les Anglais réussirent à les faire meilleures et à bon marché.

2. De tout temps, pour l'usage ordinaire, on s'est universellement servi d'*encre noire.* Celle des anciens était un simple mélange d'eau gommée et de noir de charbon préparé de différentes manières. Celle des modernes a pour éléments principaux la noix de galle et le sulfate de fer. Inventée au commencement du dixième siècle, elle n'a cessé depuis d'être employée dans tous les pays. Ce qui la caractérise, c'est, quand elle est bien faite, d'être très fluide, pénétrante, d'une durée presque indéfinie, et d'une nature telle, que si, avec le temps, elle s'affaiblit assez pour rendre la lecture difficile, on peut toujours la faire reparaître. On a imaginé de nos jours de la remplacer par divers liquides dans lesquels il n'y a ni sulfate de fer, ni noix de galle; mais la plupart de ces préparations ont le grave inconvénient de n'être pas à l'abri de l'épreuve du temps.

3. Pour rayer le parchemin, les anciens se servaient de poinçons de métal. Quand on connut le papier, on remplaça ces poinçons par des bâtonnets de plomb. Plus tard encore, on reconnut que l'espèce de charbon minéral qu'on appelle *plombagine, graphite* ou *mine de plomb,* possède la propriété de laisser sur le papier une trace grise et luisante, et l'on tira parti de cette décou-

verte pour y tailler des bâtonnets que l'on appliqua au même usage que ceux de plomb. Alors prit naissance, en Angleterre ou en Allemagne, et peu avant le seizième siècle, l'industrie des *crayons modernes*. Toutefois, comme le graphite de bonne qualité est fort rare, on imagina plus tard de le remplacer par des pâtes diversement composées. On obtint ainsi des *crayons artificiels,* dont la fabrication, d'abord très imparfaite, fut tellement perfectionnée, vers 1795, par le chimiste français Jacques Conté, que ce savant peut en être regardé comme le véritable inventeur.

CENT QUARANTE-TROISIÈME LEÇON

Allumettes chimiques.

1. Dans le principe, les *allumettes* étaient de simples bûchettes de bois ou de chènevotte trempées par un bout dans du soufre fondu ; elles ne donnaient pas elles-mêmes du feu, car on ne pouvait les enflammer qu'en les mettant en contact avec un corps en ignition. Celles qu'on emploie aujourd'hui, et qu'on appelle **allumettes chimiques** doivent leur origine à la découverte, en 1786, par le chimiste français Berthollet, d'un sel particulier auquel les savants donnent le nom de *chlorate de potasse*. Elles ont été inventées en 1832 par Frédéric Kammerer, d'Ehmingen, dans le Wurtemberg, après des essais laborieux dont les premiers, qui remontent à 1805, appartiennent à un jeune homme des environs de Gap, J.-L. Chancel, alors élève en pharmacie à Paris.

2. La fabrication des allumettes chimiques constitue aujourd'hui une industrie importante qui, libre partout, appartient en France, depuis 1871, à une compagnie privilégiée. Depuis qu'elles sont connues, beaucoup de savants ont fait des recherches très nombreuses en vue de les débarrasser des propriétés dangereuses qu'elles présentaient à l'origine. Toutefois, malgré les succès obtenus sous ce rapport, elles ne sont pas encore suffisamment inoffensives pour qu'on puisse les laisser à la disposition des enfants et des personnes peu prudentes.

CENT QUARANTE-QUATRIÈME LEÇON

Utilisation des *déchets*.

1. On a dit bien souvent que la quantité de savon, de fer ou de papier qu'un peuple emploie, le nombre de bibliothèques qu'il crée et l'usage qu'il en fait, peuvent servir à déterminer le degré de civilisation auquel il est parvenu. On pourrait, avec non moins de raison, considérer comme une mesure de son développement industriel, le parti qu'il sait tirer des déchets ou résidus, si variés et parfois si incommodes, que fournissent chaque jour les ateliers grands et petits, ainsi que la demeure du pauvre et le palais du riche. Aussi, dant les pays où les arts industriels sont très avancés, cherche-t-on à tout retenir dans le cercle de la production : d'une part, en tirant parti de substances autrefois négligées parce qu'on n'en connaissait pas les qualités ; d'autre part, en utilisant des matières qui, regardées comme usées, semblaient sans valeur. Chaque effort dans cette direction crée une branche nouvelle de travail, et augmente en même temps la richesse publique. Aujourd'hui, rien n'est perdu pour l'industrie. Quelques exemples suffiront pour donner une idée des progrès déjà accomplis.

2. Les *chiffons de laine,* qui ne servaient autrefois qu'à faire de mauvais papier et un peu de bleu de Prusse, sont détissés, mêlés à un peu de laine neuve, puis cardés, filés et convertis en étoffes à bon marché pour vêtements et couvertures. On recueille aussi les *vieilles soies* et l'on en confectionne des velours. Les *scories* des hauts-fourneaux ont été, pendant des siècles, un embarras des plus grands pour les maîtres de forges ; depuis quelques années, elles sont employées dans les verreries et, moyennant une préparation fort simple, on les fait entrer dans la construction des édifices, l'établissement et l'entretien des routes. Nous savons qu'on fabrique les agglomérés avec les houilles pulvérulentes, anciennement sans emploi, et les *charbons moulés* avec les poussiers des marchands de charbon de bois.

3. La *glycérine*, que produit en si grande abondance

la fabrication de l'acide stéarique, et à laquelle on ne connaissait jadis aucun usage est devenue l'un des éléments de la dynamite, et une matière presque indispensable pour la parfumerie et la savonnerie. Le *goudron de houille* a eu un sort encore plus remarquable : il n'a d'abord été qu'un embarras pour les usines à gaz, mais, quand on l'a mieux connu, on est parvenu à en retirer une multitude de produits utiles, entre autres ces magnifiques couleurs de teinture qu'on appelle, d'une manière générale, *couleurs de houille*. Les *vinasses* des distilleries de betteraves, qu'on jetait autrefois dans les rivières, sont maintenant soumises à un traitement spécial qui en extrait des sels de potasse et une foule d'autres substances également utiles à l'agriculture ou aux arts. Il n'y a du reste aucune industrie chimique dont les résidus ne puissent fournir quelque produit dont il ne soit possible de tirer parti.

4. Les *pyrites de fer,* composés naturels de soufre et de fer, qui se trouvent en abondance presque partout, ont été délaissés jusqu'à nos jours, parce qu'on ne pouvait en préparer que des fers de mauvaise qualité ; depuis quelques années, on les exploite sur une grande échelle pour en séparer le soufre, ce qui a délivré les fabriques d'acide sulfurique, du moins en partie, de l'obligation où elles étaient de tirer à grands frais cette matière des mines de la Sicile. Les *eaux d'égout,* source d'inconvénients de tout genre pour les grandes villes, sont devenues, dans plusieurs pays, un agent fertilisateur de premier ordre. D'autres substances, encore plus rebutantes, celles des *fosses d'aisances,* commencent à recevoir la même destination ; c'est à elles que la Chine et le Japon doivent la prospérité de leur agriculture si renommée, et, si l'on en croit un des plus illustres savants de notre époque, elles seules seraient capables de conserver au sol de l'Europe la fertilité qu'une production excessive tend à lui enlever.

5. Rien n'est perdu pour l'industrie. Avec les déchets de *liège,* on fait des tapis ; avec les rognures de *cuir,* des plaques et des pâtes pour les selliers, les carrossiers, les tabletiers ; avec les *vieux clous,* du fer excellent pour

les canons des fusils de chasse ; avec les *bois de teinture* usés, du papier et du carton ; avec la *sciure de bois, d'os, d'ivoire,* une multitude d'objets d'utilité ou de simple agrément, etc. Enfin, du cadavre d'un chien ramassé au coin d'une borne, on retire des matières, peau, graisse, os et chair, qui, une fois travaillées, représentent une somme relativement assez grande, en sorte que l'expression populaire : « ça ne vaut pas un chien mort », pour exprimer qu'une chose ne vaut absolument rien, manque aujourd'hui d'exactitude.

FIN.

TABLE GÉNÉRALE DES MATIÈRES

46ᵉ, 47ᵉ leçon, la *laine*, pag. 78-79 ; — 48ᵉ, 49ᵉ leçon, la *soie;* pag. 80-84 ; — 50ᵉ, 51ᵉ leçon, la *filature*, pag. 84-88 ; — 52ᵉ, 53ᵉ leçon, le *tissage*, pag. 89-93 ; — 54ᵉ, 55ᵉ, 56ᵉ, 57ᵉ, le *blanchiment*, pag. 93-98 ; — 58ᵉ, 59ᵉ, 60ᵉ leçon, la *teinture*, pag. 98-102 ; — 61ᵉ, 62ᵉ, 63ᵉ leçon, l'*impression des tissus*, pag. 102-106.

Industries des cuirs et peaux : 64ᵉ 65ᵉ, 66ᵉ leçon, *cuirs tannés, corroyés, hongroyés*, pag. 108-111 ; — 67ᵉ, 68ᵉ leçon, *peaux chamoisées, mégies ; maroquins, chagrins, cuir de Russie,* pag. 112-115 ; — 69ᵉ leçon, *parchemin, pelleteries, fourrures,* pag. 115-117.

Industries du vêtement : 70ᵉ leçon, *confection des vêtements* pag. 117-118 ; — 71ᵉ, 72ᵉ leçon, fabrication des *chapeaux* (chapeaux de femme, d'homme, de feutre, de soie, de paille de bois), pag. 119-123 ; — 73ᵉ leçon, fabrication des *chaussures* (chaussures cousues, clouées, vissées), pag. 123-125 ; — 74ᵉ leçon, fabrication des *gants* (gants de peau, gants tissés), pag. 125-126.

Industries alimentaires : 75ᵉ, 76ᵉ, 77ᵉ leçon, fabrication du *pain*, pag. 127-135 ; — 78ᵉ, 79ᵉ leçon, industries de la *viande*, pag. 135-137 ; — 80ᵉ leçon, fabrication du *beurre*, pag. 138-140 ; — 81ᵉ leçon, fabrication du *fromage*, pag. 140-142 ; — 82ᵉ, 83ᵉ leçon, fabrication du *sucre*, pag. 142-147 ; — 84ᵉ, 85ᵉ, 86ᵉ leçon, fabrication du *vin*, pag. 147-151 ; — 87ᵉ, 88ᵉ leçon, fabrication de la *bière*, pag. 151-155 ; — 89ᵉ leçon, fabrication du *cidre*, pag. 155-156 ; — 90ᵉ, 91ᵉ, 92ᵉ leçon, fabrication de l'*eau-de-vie*, pag. 157-161 ; — 93ᵉ, 94ᵉ leçon, *café*, 162-164 ; — 95ᵉ leçon, *thé*, pag. 164-166 ; — 96ᵉ, 97ᵉ leçon, fabrication du *chocolat*, pag. 166-169.

Industrie du papier : 98ᵉ, 99ᵉ, 100ᵉ, 101ᵉ leçon, fabrication du *papier ordinaire*, 169-176 ; — 102ᵉ leçon, fabrication des *papiers peints*, pag. 177-179.

Industries des livres et des estampes : 103ᵉ, 104ᵉ, 105ᵉ, 106ᵉ leçon, *imprimerie typographique*, pag. 179-186 ; — 107ᵉ, 108ᵉ leçon, *gravure*, pag. 186-189 ; — 109ᵉ leçon, *lithographie*, pag. 190-192.

Industries des corps gras : 110ᵉ, 111ᵉ leçon, ce qu'on entend par *corps gras*, pag. 192-196 ; — 112ᵉ leçon, fabrication des *chandelles*, pag. 196-197 ; — 113ᵉ leçon, fabrication des *bougies*, pag. 198-200 ; — 114ᵉ, 115ᵉ leçon, fabrication du *savon*, pag. 200-203.

Moteurs : 116ᵉ, 117ᵉ leçon, ce qu'on entend par *moteurs*, notions sur la *machine à vapeur*, pag. 203-207.

Industries de la navigation : 118ᵉ leçon, *navigation fluviale, navigation maritime*, pag. 207-209 ; — 119ᵉ leçon, la *boussole* (aimant, aiguille aimantée), pag. 209-211 ; — 120ᵉ, 121ᵉ leçon, *ca-*